Kohlhammer

Zur Autorin

Dr. med. Helga Simchen war zunächst Oberärztin der Kinderklinik und dann wissenschaftlich sowie klinisch in der Kinder- und Jugendpsychiatrie und Neurologie der Medizinischen Akademie Magdeburg tätig. Dort arbeitete sie in enger Kooperation mit dem Institut für Neurobiologie und Hirnforschung auf dem Gebiet der Aufmerksamkeits-, Lern- und Leistungs- sowie Verhaltensstörungen bei Kindern und Jugendlichen. In der ehemaligen DDR galt sie als Spezialistin für die Problematik der hyperaktiven Kinder. Schwerpunkte waren dabei die Früherfassung von Teilleistungsstörungen (z. B. Legasthenie), der Komorbiditäten des Hyperkinetischen Syndroms (HKS) sowie der Tic- und Tourette-Symptomatik. Im Vorstand der Gesellschaft für Rehabilitation war sie über viele Jahre als Arbeitsgruppenleiter tätig. Sie hielt Vorlesungen über Kinder- und Jugendpsychiatrie und Entwicklungsneurologie und hatte einen Lehrauftrag am Institut für Rehabilitationspädagogik. Ihr Arbeitsschwerpunkt waren die neurobiologischen und psychosozialen Ursachen der Aggressivität bei Kindern und Jugendlichen. Dr. med. Helga Simchen hat eine abgeschlossene Ausbildung als Facharzt für Kinderheilkunde, Kinder- und Jugendpsychiatrie und Neurologie, Verhaltenstherapie und tiefenpsychologische Psychotherapie und Systemische Familientherapie. Der breite Fundus ihres Wissens und die täglichen Erfahrungen aus ihrer Spezialpraxis für ADS und Teilleistungsstörungen verleihen Frau Dr. Simchen eine besondere Befähigung, sich mit dem zukunftsweisenden Thema der Begleiterscheinungen und Folgeerkrankungen des ADS zu beschäftigen. Dabei behandelt sie nicht nur die betroffenen Kinder und Jugendlichen, sondern ebenso die mit dem ADS verknüpfte Problematik der Familie und des sozialen Umfeldes in deren Psychodynamik.

Helga Simchen

AD(H)S – Hilfe zur Selbsthilfe

Lern- und Verhaltensstrategien für Schule, Studium und Beruf

3., überarbeitete Auflage

Verlag W. Kohlhammer

Dieses Werk einschließlich aller seiner Teile ist urheberrechtlich geschützt. Jede Verwendung außerhalb der engen Grenzen des Urheberrechts ist ohne Zustimmung des Verlags unzulässig und strafbar. Das gilt insbesondere für Vervielfältigungen, Übersetzungen und für die Einspeicherung und Verarbeitung in elektronischen Systemen.

Pharmakologische Daten verändern sich ständig. Verlag und Autoren tragen dafür Sorge, dass alle gemachten Angaben dem derzeitigen Wissensstand entsprechen. Eine Haftung hierfür kann jedoch nicht übernommen werden. Es empfiehlt sich, die Angaben anhand des Beipackzettels und der entsprechenden Fachinformationen zu überprüfen. Aufgrund der Auswahl häufig angewendeter Arzneimittel besteht kein Anspruch auf Vollständigkeit.

Die Wiedergabe von Warenbezeichnungen, Handelsnamen und sonstigen Kennzeichen berechtigt nicht zu der Annahme, dass diese frei benutzt werden dürfen. Vielmehr kann es sich auch dann um eingetragene Warenzeichen oder sonstige geschützte Kennzeichen handeln, wenn sie nicht eigens als solche gekennzeichnet sind.

Es konnten nicht alle Rechtsinhaber von Abbildungen ermittelt werden. Sollte dem Verlag gegenüber der Nachweis der Rechtsinhaberschaft geführt werden, wird das branchenübliche Honorar nachträglich gezahlt.

Dieses Werk enthält Hinweise/Links zu externen Websites Dritter, auf deren Inhalt der Verlag keinen Einfluss hat und die der Haftung der jeweiligen Seitenanbieter oder -betreiber unterliegen. Zum Zeitpunkt der Verlinkung wurden die externen Websites auf mögliche Rechtsverstöße überprüft und dabei keine Rechtsverletzung festgestellt. Ohne konkrete Hinweise auf eine solche Rechtsverletzung ist eine permanente inhaltliche Kontrolle der verlinkten Seiten nicht zumutbar. Sollten jedoch Rechtsverletzungen bekannt werden, werden die betroffenen externen Links soweit möglich unverzüglich entfernt.

3., überarbeitete Auflage 2024

Alle Rechte vorbehalten
© W. Kohlhammer GmbH, Stuttgart
Gesamtherstellung: W. Kohlhammer GmbH, Stuttgart

Print:
ISBN 978-3-17-044144-6

E-Book-Formate:
pdf: ISBN 978-3-17-044145-3
epub: ISBN 978-3-17-044146-0

Inhalt

Vorwort 11

1 Anders sein und viele Fähigkeiten haben – das ist AD(H)S ... 13
    1.1   Menschen mit AD(H)S haben besondere Fähigkeiten, über die sie meist nicht jederzeit verfügen können 13
    1.2   Gut informiert sein über AD(H)S hilft, therapeutischen Strategien zu verstehen und eigene für sich zu entwickeln .. 16
    1.3   Es sind immer die gleichen Probleme, die den Erfolg verhindern und einer Behandlung bedürfen 19
    1.4   Probleme bewältigen durch aktive Mitarbeit mit individuellen Strategien 23

2 Nur wenn ich weiß, warum ich so bin, kann ich bewusst etwas dagegen tun 28
    2.1   Am Anfang der Therapie steht die Problemanalyse des Betroffenen 28
    2.2   Die neurobiologischen Ursachen des AD(H)S und deren Folgen 29
    2.3   Das AD(H)S-Gehirn lässt sich therapeutisch verändern 33
    2.4   Hürden nehmen, Klippen meistern, Hilfe zur Selbsthilfe 34
    2.5   Verhaltenstherapeutische Strategien zur Selbsthilfe 36
    2.6   Die große Bedeutung der Selbsthilfegruppen für AD(H)S-Betroffene 37
    2.7   Strategien zur Verbesserung von Konzentration und Daueraufmerksamkeit 38
    2.8   Gefühle besser steuern, aggressives Verhalten vermeiden..... 41
    2.9   Verhaltensstrategien zum Beherrschen der äußeren und inneren Unruhe 43

3 Sport und Bewegung – wichtige Bestandteile jeder AD(H)S-Therapie 44
    3.1   Warum Bewegung und Sport so wichtig sind 44
    3.2   Praktische Anleitung zum Bewegungstraining 45
    3.3   Welche Sportart ist bei AD(H)S zu empfehlen? 47

4 Erfolgreich lernen und studieren, den Lernprozess automatisieren ... **49**

4.1 Sein eigener Therapeut sein ... 49
4.2 So gelingt bei AD(H)S das Lernen leichter ... 50
4.3 Die Bedeutung von Frühdiagnostik und Frühbehandlung ... 52
    4.3.1 Was ist Eltern zu raten, wenn sie bei ihrem Kind AD(H)S vermuten? ... 53
    4.3.2 Zur Frühdiagnostik des ADS ohne Hyperaktivität ... 55
    4.3.3 Methodische Grundlagen der Frühdiagnostik – der Entwicklungstest ET 6–6–R ... 56
    4.3.4 Warum sind Frühdiagnostik und gegebenenfalls Frühbehandlung erforderlich? ... 58
    4.3.5 Therapeutische Strategien im Rahmen von Frühförderung und Frühbehandlung ... 58

5 Selbstwertgefühl und soziale Kompetenz auf Dauer verbessern ... **62**

5.1 Individuelle Therapieziele erarbeiten ... 62
5.2 Positives oder negatives Selbstwertgefühl, wovon hängt das ab? ... 64
5.3 Die große Bedeutung der sozialen Kompetenz ... 65
5.4 Die wichtigsten Strategien zur Verbesserung der sozialen Kompetenz ... 66
    5.4.1 Die Kinderzimmerordnung ... 68
    5.4.2 »Mein Platz in der Familie« ... 69
    5.4.3 Mein Wochenplan: »Was ich erreichen will« oder »Ich bin mein eigener Detektiv« ... 71
5.5 Die Eltern als Coach ... 74
    5.5.1 Drohende Folgen einer verwöhnenden Erziehung ... 75
5.6 Die schwere Erziehungsarbeit der Eltern, besonders der Mütter, verdient große Anerkennung ... 76
5.7 Wie können Eltern ihrem AD(H)S-Kind helfen, damit für beide das Leben einfacher wird? ... 77
5.8 Ein schwieriges Problem, wenn die Mutter selbst ein ausgeprägtes AD(H)S hat ... 80

6 Konkrete Strategien zur Verbesserung von Leistung und Verhalten ... **82**

6.1 Der Lern- und Leistungsbereich ... 82
    6.1.1 Die Mitarbeit in der Schule und im Seminar verbessern ... 82
    6.1.2 Strategien für ein erfolgreiches Studium mit AD(H)S ... 84
    6.1.3 Hausarbeiten erledigen ... 84
    6.1.4 Auswendiglernen, eine besondere Herausforderung ... 86
    6.1.5 Gezielt üben, gute Aufsätze zu schreiben ... 86
    6.1.6 Schriftliche Arbeiten termingerecht erledigen ... 88

	6.2	Therapeutische Strategien zur Verhaltensänderung	89
		6.2.1 Was beeinflusst die Entwicklung des Verhaltens?	89
		6.2.2 Lieben und belohnen, ohne zu verwöhnen – ein schwieriger Spagat	91
		6.2.3 Manchmal sind Sanktionen erforderlich, aber welche?	92
7	**Besonderheiten bei der Behandlung von Jugendlichen**		**95**
	7.1	Behandlungsbedürftige AD(H)S-Symptome bei Jugendlichen	96
	7.2	Therapieziel: eine altersentsprechende soziale Reife	98
		7.2.1 Die Arbeit mit Gruppen	99
8	**Erwachsene mit AD(H)S**		**102**
	8.1	Die AD(H)S-Symptomatik ändert sich	102
		8.1.1 Diagnosefindung	103
		8.1.2 Zeitmanagement – ein Problem für viele Erwachsene	104
		8.1.3 Geschlechtsspezifische Besonderheiten der AD(H)S-Symptomatik	105
		8.1.4 Auf der Suche nach einer Erklärung für das eigene Anderssein	107
	8.2	Den richtigen Therapeuten finden	108
	8.3	Therapeutische Möglichkeiten bei AD(H)S im Erwachsenenalter	110
	8.4	Auf die richtige Berufswahl kommt es an!	115
		8.4.1 AD(H)S und Mobbing – ein häufig gemeinsames Paar	116
		8.4.2 Berufliche Schwierigkeiten, die bei AD(H)S oft auftreten	117
		8.4.3 Arbeits-/Berufsunfähigkeit – ein nicht umkehrbares Schicksal?	118
9	**AD(H)S bedeutet Stress von Anfang an**		**120**
	9.1	Den Umgang mit Stress erlernen, seine Folgen kennen und negativen Dauerstress vermeiden	120
		9.1.1 Stress reduzieren durch aktives Entspannen	121
	9.2	Langzeitfolgen von negativem Dauerstress.................	123
	9.3	Strategien zur Vermeidung stressbedingter Krankheiten	124
		9.3.1 Stress und Blackout-Reaktionen	124
		9.3.2 Stress und Burnout	125
		9.3.3 Stress und Schlafstörungen	125
		9.3.4 AD(H)S – Stress – Muskuläre Verspannungen	126
	9.4	Menschen reagieren unterschiedlich auf Stress	126
	9.5	AD(H)S: eine Hauptursache für emotionalen Stress und für Essstörungen	127

| | 9.6 | Die eigenen negativen Stressfaktoren kennen und vermeiden | 130 |

10		**Versagen trotz sehr guter Intelligenz**	**132**
	10.1	AD(H)S und Hochbegabung – eine Balance zwischen hohem Selbstanspruch und ständiger Enttäuschung	132
	10.2	Diagnostische Strategien bei Lern- und Verhaltensauffälligkeiten trotz sehr guter Begabung	134
	10.3	Therapeutische Hilfen bei AD(H)S und Hochbegabung	138

11		**Strategien zur Diagnostik und Behandlung von AD(H)S-bedingter Leserechtschreib- und Rechenschwäche**	**142**
	11.1	Wenn Üben allein nicht reicht, könnte AD(H)S die Ursache sein	142
	11.2	Diagnostische Kriterien einer AD(H)S-bedingten Rechtschreibschwäche	144
	11.3	Therapeutische Besonderheiten der AD(H)S-bedingten Rechtschreibschwäche	145
	11.4	AD(H)S-bedingte Leseschwäche	150
	11.5	AD(H)S-bedingte Rechenschwäche	154

12		**Smartphones, Computerspiele, Fernsehen und AD(H)S**	**159**
	12.1	Auf den richtigen Umgang mit den Medien kommt es an	159
		12.1.1 Strategien zum richtigen Umgang mit Computer, Fernsehen, Smartphone und sozialen Medien	161
	12.2	Warum Fernsehen, Internet und Computerspiele das Lernen beeinträchtigen	162
	12.3	Umgang mit der Sucht nach Fernsehen, Internet und Computer	164
		12.3.1 Über die Schwierigkeiten, eine Computersucht zu erkennen und zu behandeln – Vier Fallbeispiele aus der AD(H)S-Praxis	166

13		**Wie kann die Schule bei AD(H)S unterstützen und fördern?**	**169**
	13.1	Häufigkeit und Schwere der AD(H)S-Problematik nehmen zu	169
	13.2	Was könnte von Seiten des Schulsystems und der Lehrer getan werden, um Kindern mit einer AD(H)S-Problematik die Schullaufbahn zu erleichtern?	170
	13.3	AD(H)S-Kinder möchten so wie ihre Mitschüler sein. Sie wollen erfolgreich lernen, können es aber oft nicht, darunter leiden sie!	174

14		**Die Wirkungsweise der Medikamente und was man darüber wissen sollte**	**176**
	14.1	Besonderheiten im Umgang mit Stimulanzien	176

14.2	Wie wirken Stimulanzien?	177
	14.2.1 Methylphenidat	177
	14.2.2 Atomoxetin	179
	14.2.3 Amphetamine	179
	14.2.4 Allgemeine Aspekte der Stimulanzienbehandlung	180
14.3	Wann sollte bei AD(H)S der Einsatz von Stimulanzien unbedingt erwogen werden?	181
14.4	Therapeutische Ziele einer multimodalen AD(H)S-Behandlung (mit Einbeziehung von Stimulanzien)	184
14.5	Empfehlungen zur Vermeidung von Nebenwirkungen der Stimulanzientherapie	185
	14.5.1 Ein Hauptproblem: Die Appetitstörungen	186
	14.5.2 Ein häufiges Problem: Kopfschmerzen	187
	14.5.3 Erhöhung der Herzfrequenz (Tachykardie)	188
	14.5.4 Bauchschmerzen	189
	14.5.5 Einschlaf- und Durchschlafstörungen	190
14.6	Wichtige Hinweise zum Umgang mit Methylphenidat	191
	14.6.1 Methylphenidat und die Einnahme anderer Drogen	191
	14.6.2 AD(H)S und Tic-Symptomatik	191
	14.6.3 AD(H)S und Krampfanfälle	192
	14.6.4 Schilddrüsen-Überfunktion und Glaukom	193
	14.6.5 Besonderheiten bei Auslandsreisen	193
	14.6.6 Methylphenidat und Fahrverhalten	194

15 Wie können die wichtigsten Therapiefehler vermieden werden? ... **198**

16 Leistungsstark, selbstbewusst und psychisch stabil – therapeutische Strategien und ein gutes Selbstmanagement machen es möglich ... **202**

Literatur ... **205**

Hilfreiche Websites ... **208**

Vorwort

Anders sein und viele Fähigkeiten haben, das ist AD(H)S. Menschen mit AD(H)S haben besondere Fähigkeiten, außergewöhnliche Wege zu gehen. Sie brauchen dazu Selbstvertrauen, erreichbare Ziele, viel Motivation, Eigeninitiative und Kenntnisse, um das Beste aus ihrem Leben zu machen. Wenn es ihnen gelingt, ihre Pläne selbstbewusst, zielstrebig und sozial angepasst durchzusetzen, können sie von ihren besonderen Fähigkeiten profitieren.

AD(H)S als eine Persönlichkeitsvariante prägt alle Altersstufen und kann bei ständiger Überforderung und negativem Dauerstress zur Krankheit werden. Um das zu verhindern, ist eine Frühbehandlung erforderlich, die immer eine aktive Mitarbeit der Betroffenen erfordert, egal ob mit oder ohne Tabletteneinnahme. Eine Anleitung zur Durchführung eines erfolgreichen Selbstmanagements, das jedem offensteht und möglich ist, möchte dieses Buch sowohl den Betroffenen als auch deren Eltern, Erziehern, Therapeuten und Partnern vermitteln.

Konkrete Hilfen zur Selbsthilfe, die sich in der AD(H)S-Praxis bewährt haben und ohne die keine AD(H)S-Therapie auf Dauer erfolgreich sein kann. Eine solche aktive Mitarbeit ist bei vielen anderen chronischen Erkrankungen schon längst fester Bestandteil der Behandlung. Bei AD(H)S dagegen ist noch immer viel zu wenig darüber bekannt, was man alles selbst tun kann und muss, um AD(H)S nicht als Schicksal oder Krankheit zu erdulden, sondern es als Chance nutzen, von seinen besonderen Fähigkeiten zu profitieren, die viel zu häufig unerkannt bleiben und noch immer viel zu früh ungenutzt verkümmern.

Einfache, aber wissenschaftlich fundierte und in der Praxis erprobte therapeutische Strategien ermöglichen Leistungsvermögen und Sozialverhalten zu verbessern, und zwar in jedem Alter – auch dann, wenn gerade kein Therapeut verfügbar ist. Wie können Studierende mit AD(H)S oder Berufstätige erfolgreicher sein, welche Berufe sind bei AD(H)S zu empfehlen, welche Sportarten und welche Therapien, und was bewirken die Medikamente? Diese Fragen beantwortet das vorliegende Buch.

Erfolgreiches Handeln setzt spezielle Kenntnisse und aktive Mitarbeit voraus. Es gilt, die jeweils individuell wichtigsten Lernmethoden für sich herauszufinden, um sie dann fest in den Alltag zu integrieren. Wie man am besten gehirngerecht lernt und welche Strategien dabei erfolgreich sind zur Verbesserung von Leistung und Verhalten, darüber wird ausführlich informiert. Weil Erfolge der Motor für motivierte Mitarbeit sind, kann jeder mit den im Buch beschriebenen problemorientierten Selbsthilfe-Strategien unabhängig von einem Therapeuten sofort beginnen, um kostbare Zeit nicht ungenutzt verstreichen zu lassen.

Vorwort

Erfolgreich sein mit AD(H)S bedeutet auch, im Leistungs- und Verhaltensbereich das Niveau zu erreichen, über das man verfügen könnte, wenn man kein AD(H)S hätte. Dazu sollte man wissen, was AD(H)S überhaupt bedeutet und was man konkret selbst tun kann, um seine bereits vorhandenen Defizite erfolgreich anzugehen. Da es immer noch zu wenig Lern- und Verhaltenstherapeuten für AD(H)S gibt und keine noch so gute Therapie jederzeit immer und über Jahrzehnte zur Verfügung stehen wird, ist es von größtem Wert, über eine Anleitung zur Selbsthilfe zu verfügen, die – wenn man sie verstanden hat – auch gut umsetzen kann. Das Buch soll Anleitung zum Handeln sein und informieren, was man trotz seiner AD(H)S-Problematik in Eigeninitiative alles tun kann, um den eigenen Ansprüchen und den Anforderungen seines sozialen Umfeldes gerecht zu werden. Denn AD(H)S ist eine genetisch bedingte besondere Art der Vernetzung von Nervenbahnen im Gehirn, was einer Reifungsstörung mit Beeinträchtigung der Ausbildung dichter Lernbahnen und deren Zentren im Langzeitgedächtnis entspricht. Dadurch entstandene störende Symptome lassen sich reduzieren, je früher man mit einem regelmäßigen Lern- und Verhaltenstraining beginnt. Vieles kann dabei allein oder mit Hilfe eines Coachs erreicht werden. Die dafür notwendigen Informationen sind Inhalt dieses Buches. Es ist sowohl für Anfänger und Einsteiger in die AD(H)S-Problematik als auch für AD(H)S-erfahrene Betroffene, Eltern, Erzieher und Therapeuten gedacht. Auch Lehrer werden angesprochen, denn die Schule ist für Kinder und Jugendliche mit AD(H)S das wichtigste Bewährungsfeld und nicht selten für sie eine mit negativem Dauerstress besetzte Institution. Während der Schulzeit gerät bei den meisten Betroffenen ihr Selbstwertgefühl in eine Negativspirale. Ein weiteres Anliegen des Buches ist die Information über mögliche Zusammenhänge von AD(H)S und Leserechtschreib- und Rechenschwäche, Essstörungen und Hochbegabung, um diesen Betroffenen neue therapeutische Möglichkeiten aufzuzeigen, die bisher zu wenig genutzt wurden.

In den letzten 20 Jahren habe ich über die gesamte AD(H)S-Problematik bundesweit und im Ausland viele Vorträge gehalten. Deren Inhalt und die Erfahrungen aus einer fast 30-jährigen anfangs wissenschaftlichen, seit 1995 praktischen Tätigkeit sind prägende Bestandteile dieses Buches. Nach Aufgabe meiner Praxis im Mainz hatten es besonders meine jugendlichen und erwachsenen Patienten schwer, einen Therapeuten zu finden. Für sie schrieb ich noch einmal auf, was ich ihnen als ihr Therapeut immer wieder versucht habe zu vermitteln. Nun wünsche ich mir, dass dieses Buch für alle AD(H)S-Betroffenen zur konkreten Hilfe wird, um bei ihrem täglichen Bemühen selbstbewusst, mit sich zufrieden und mit guter Lebensqualität ihre persönlichen Ziele verwirklichen zu können.

Klein-Winternheim, im Frühjahr 2024
Helga Simchen

1 Anders sein und viele Fähigkeiten haben – das ist AD(H)S

Menschen mit AD(H)S gleichen Edelsteinen, die wie Diamanten strahlen können, wenn sie rechtzeitig einen Schliff und eine passende Fassung bekommen. Sie müssen lernen, ständig an ihrer Ausstrahlung zu arbeiten, um nicht zu verblassen.

1.1 Menschen mit AD(H)S haben besondere Fähigkeiten, über die sie meist nicht jederzeit verfügen können

Menschen mit AD(H)S faszinieren durch die Vielfalt ihrer Symptomatik, von der sie selbst auch profitieren können, wenn sie frühzeitig lernen, richtig damit umgehen. Sie können aber auch stark unter dieser Symptomatik leiden, wenn sie sich ihr hilflos ausliefern. Das Krankheitsbild AD(H)S erfordert einen hohen Anspruch an Diagnostik und Therapie. Seine neurobiologischen Ursachen und die Zusammenhänge von AD(H)S bedingten Funktionsstörungen und deren Symptomatik kennen, sind wichtige Voraussetzungen für eine erfolgreiche Behandlung. Ohne Mitarbeit der Betroffenen gelingt eine AD(H)S-Therapie auf Dauer nicht. Das erfordert die Kenntnis ihrer Besonderheiten, denn die Betroffenen sind sehr feinfühlig, sehr kritisch, sie hinterfragen alles und erwarten eine gründliche und verständliche Information, um zu verstehen, warum gerade sie diese Probleme haben und was sie dagegen tun können. Sie spüren ganz genau, ob sie verstanden und ihre Beschwerden ernst genommen werden. Sie erwarten Hilfsangebote, die sie verstehen und somit auch akzeptieren können.

Deshalb empfiehlt es sich, die Betroffenen beim ärztlichen oder psychologischen Erstkontakt nicht nur über ihre Problematik zu befragen, sondern auch ihre positiven Eigenschaften und ihre besonderen Fähigkeiten zu erkunden, um diese als Ressourcen für die angestrebte Therapie einzusetzen. Über viele positive Fähigkeiten verfügen alle AD(H)S-Betroffenen, die als »strategische Stützpfeiler« therapeutisch zu benutzen sind. Deshalb immer nach diesen sehr wertvollen Fähigkeiten suchen und Beispiele für deren praktische Anwendung gemeinsam erarbeiten und notieren.

1 Anders sein und viele Fähigkeiten haben – das ist AD(H)S

Menschen mit AD(H)S besitzen viele positive Fähigkeiten, die sie sich möglichst erhalten sollten:

- Kreativ sein, alles hinterfragen und »mehrdimensionales« Denken
- Sehr interessiert an allem Neuen und wissbegierig sein
- Über eine ausgeprägte Phantasie mit viel Kreativität zu verfügen
- Sie haben einen ausgeprägten Gerechtigkeitssinn und dulden keine Ungerechtigkeit
- Ihre Fähigkeit, Situationen und Menschen schnell zu durchschauen
- Von einer Sache fasziniert, können sie konzentriert, ausdauernd und »bärenstark« arbeiten, sie »hyperfokussieren«, dann sind sie vorübergehend konzentrierter als andere, aber eben nur vorübergehend, solange die Sache für sie neu und interessant ist
- Sie haben ein gutes visuelles Gedächtnis mit einem außergewöhnlichen bildhaften Vorstellungsvermögen
- Bei motivierter Tätigkeit profitieren sie von ihrem flexiblen Verstand und können viele neue Ideen entwickeln, auf die andere nicht so schnell kommen
- Sie sind sehr sozial, sofort hilfsbereit und spüren, wenn jemand in Not ist

Diese positiven Fähigkeiten sollten Ärzte bzw. Psychologen zeitig erkennen und fördern, damit sie erhalten bleiben und als Grundlage für die aufzubauende therapeutische Beziehung dienen. Im weiteren Verlauf der Anamneseerhebung sollten folgende Fragen gestellt werden, deren inhaltliche Beantwortung wichtig für Planung und Verlauf einer späteren Therapie sind.

Denn folgende persönliche Gegebenheiten beeinflussen den Behandlungserfolg wesentlich, wenn die Betroffenen z. B.:

- Ihre AD(H)S-bedingten Besonderheiten kennen, sowohl positive als auch negative
- Ein mögliches Schulversagen vermeiden und dabei ihr Selbstvertrauen einigermaßen erhalten konnten
- Rechtzeitig diagnostiziert und behandelt wurden
- Einen kompetenten Therapeuten fanden, der ihnen zeigte, wie sie ihre Probleme lösen konnten, der sie zur Mitarbeit anleitete und dazu motivierte. Denn ohne eigene Mitarbeit ist kein dauerhafter Erfolg möglich
- Eltern oder Partner haben, die über Geduld, Verständnis, ausreichend Kraft und Toleranz verfügen
- Einen guten Coach haben, der ihnen bei der Bewältigung von Alltagsaufgaben hilft und ihnen Anleitung zur Einhaltung von Struktur, Regeln und Ritualen im Tagesablauf gibt
- Über ein Selbstwertgefühl und eine soziale Kompetenz verfügen, die noch nicht so stark gelitten haben oder besser, noch altersentsprechend vorhanden sind
- Bisher noch keine Therapieabbrüche hatten
- Einen Beruf oder eine Beschäftigung haben, die abwechslungsreich ist, fasziniert und Erfolge ermöglicht
- Besondere Lernmethoden für sich entwickelten und erfolgreich praktizieren

- Ihre Lern- und Arbeitsbedingungen akzeptieren und sie eine berufliche Perspektive haben
- Möglichst nicht ständig einer zu starken Reizüberflutung ausgesetzt sind
- Sich bemühen, erst zu überlegen, bevor sie etwas sagen und sehr kritisch gegenüber Menschen sind, die sich ihnen als Freunde anbieten
- Sich nicht ausnutzen lassen, »nein« sagen und sich abgrenzen können

Bei der Diagnosestellung gilt es die Schwere des Betroffenseins zu erfassen, denn sie bestimmt Art und Dauer der Therapie. In der Praxis kann das AD(H)S mit keinem einzelnen Test oder einzig und allein mit Hilfe einer Punkteskala diagnostiziert werden. Die wichtigsten Kriterien müssen immer erfüllt sein, die zur Standardisierung der Diagnostik konkret in den wissenschaftlichen Leitlinien benannt sind und dort auch immer wieder aktualisiert werden. So hat das 2013 erschienene Diagnostische und Statistische Manual der Amerikanischen Psychiatrischen Gesellschaft (DSM V) das Alter, vor dem die ersten AD(H)S-Symptome vorhanden sein müssen, um ein AD(H)S bestimmen zu können, vom 7. auf das 12. Lebensjahr verlegt. Für die AD(H)S-Diagnose bei Erwachsenen müssen ab dem 17. Lebensjahr nur noch 5 statt 6 von 9 Kriterien, sowohl für den Unaufmerksamkeits-Subtyp als auch für den Subtyp mit Hyperaktivität/Impulsivität, vorhanden sein.

Wichtige Bestandteile der AD(H)S-Diagnostik sind:

- die aktuelle Problematik, die Stärke der Beeinträchtigung und den Leidensdruck erfassen
- die Lebensgeschichte der Betroffenen und ihrer Familie in Bezug auf AD(H)S erfragen
- die vom Therapeuten selbst gemachte aktuelle Beobachtung des Verhaltens und der Leistungsfähigkeit notieren
- den Verlauf von Kindheit und Schulzeit erfragen
- die Auswertung der Schulzeugnisse
- die neurologische Untersuchung
- die psychometrische Testung, einschließlich der intellektuellen Ausstattung
- das Vorhandensein von reaktiven Fehlentwicklungen, Wahrnehmungs- und Teilleistungsstörungen, sowie weitere Begleit- und Folgeerkrankungen nicht übersehen

1.2 Gut informiert sein über AD(H)S hilft, therapeutischen Strategien zu verstehen und eigene für sich zu entwickeln

Die zehn wichtigsten Symptome – ein Kind mit ausgeprägter AD(H)S-Symptomatik:

- ist unaufmerksam und leicht ablenkbar
- ist hyperaktiv und in der Reaktion zu schnell oder verträumt und zu langsam
- ist impulsiv, handelt, ohne nachzudenken
- ist vergesslich mit schlechtem Kurzzeitgedächtnis
- wirkt zerstreut, hat eine geringe Eigenorganisation
- kann Regeln nur schwer einhalten und lernt nicht aus Fehlern
- hat eine schlechte Arbeitsorganisation
- ist stimmungslabil, zeigt eine »Achterbahn« seiner Gefühle
- leidet unter seinem Selbstwertgefühl, traut sich wenig zu
- ist in seinem Sozialverhalten nicht altersgerecht entwickelt

Das Erscheinungsbild des AD(H)S kann sehr unterschiedlich sein und trotz seiner vielen positiven Seiten können die negativen Symptome überwiegen. Diese verursachen einen Leidensdruck und beeinträchtigen die altersgerechte Entwicklung von Selbstwertgefühl und Sozialverhalten auf Dauer. Die Kernsymptome, wie auffällige innere oder äußere Unruhe, beeinträchtigte Konzentration und Daueraufmerksamkeit, schlechte Merkfähigkeit, hohe Ablenkbarkeit verbunden mit unüberlegtem Handeln, sollten immer nachweisbar sein. Das alles verbunden mit zu großem Energiepotenzial oder Antriebsschwäche, Zurückgezogenheit, Überempfindlichkeit, zu langsamen und verträumten Handeln, Kraftlosigkeit, Selbstbeschuldigung und Versagensängsten kann AD(H)S sein, je nach Erscheinungsform. Die wesentlichen neurobiologischen Ursachen sind jedoch bei allen gleich. Die Verschiedenheit in der Symptomatik ist genetisch bedingt und erfordert in einigen Bereichen auch eine *unterschiedliche* Herangehensweise, wodurch Diagnosestellung und Behandlung manchmal schwierig sind und nicht nach einem Schema erfolgen können!

Zwischen den beiden Haupttypen des ADS mit und ohne Hyperaktivität – ADHS und ADS – gibt es viele Zwischenformen (Subtypen) mit unterschiedlicher Symptomatik.

> Die typische Symptomatik beim ADS *mit* Hyperaktivität (ADHS) wird dominiert von innerer und äußerlicher Unruhe, Unbeständigkeit, einem Mangel an Konzentration, Daueraufmerksamkeit und Flexibilität bei der richtigen Auswahl von Handlungsmustern sowie Impulsivität. Diese Verhaltensauffälligkeiten haben neurobiologische Ursachen, deren Behandlung auch neurobiologisch orientiert erfolgen sollte.

Worunter leiden Menschen mit ADHS und was würden sie gern ändern?

1.2 Gut informiert sein über AD(H)S hilft

- Ihre ständige Unruhe und den nicht zu unterdrückenden Bewegungsdrang
- Ihre deutliche Beeinträchtigung von Konzentration und Daueraufmerksamkeit
- Ihre hohe Ablenkbarkeit und Vergesslichkeit
- Ihre Schwäche, Verhalten, Kraft und Sprache angemessen steuern zu können
- Ihre zu spontanen und überschießenden Reaktionen, sowohl verbaler als auch körperlicher Art, die sie selbst schwer bremsen und kontrollieren können
- Ihre Unfähigkeit, in kritischen Situationen schnell und sozial angepasst zu reagieren
- Ihre Unfähigkeit, etwas zügig anzufangen sowie das Angefangene auch zu beenden
- Ihre emotionale Labilität mit veränderter Eigenwahrnehmung (»Ich war das nicht, die anderen haben Schuld«)
- Ihren Drang, vieles gleichzeitig zu machen, keine Prioritäten zu setzen
- Ihr schnelles Arbeitstempo bei fehlendem Zeitgefühl
- Ihre verzögerte Entwicklung in der Informations- und Wahrnehmungsverarbeitung, bei der sozialen Reife und den motorischen Funktionen

Das ist eine ganze Reihe von möglichen Problemen, die aber längst nicht immer alle vorhanden sein müssen. Erst aus der Summe der genannten Symptome und vor allem aus der gründlichen ärztlichen Untersuchung mit mehreren Patientenkontakten kann die Diagnose gestellt werden. Wobei die wichtigen Symptome, wie Hyperaktivität, Konzentrationsschwäche und Ablenkbarkeit nicht immer beim ersten Kontakt sichtbar vorhanden sein müssen, denn wenn alles neu und interessant für den Betroffenen ist, kann er kurzzeitig hochkonzentriert sein.

> Kinder und Jugendliche ohne Hyperaktivität, auch »hypoaktiv« oder wissenschaftlich als »ADS vom unaufmerksamen Typ« bezeichnet, leiden vorwiegend unter Lernschwierigkeiten und sozialer Ausgrenzung, weniger unter nach außen hin auffallender und somit störender Hyperaktivität.

Diese Betroffenen leiden jedoch meist mehr als die Hyperaktiven, ihre häufigsten und typischen Symptome sind:

- Sie sind im Denken und Reagieren zu langsam, wirken manchmal regelrecht umstellungserschwert
- Sie können Handlungsabläufe und kognitive Fähigkeiten nur zeitlich verzögert abrufen
- Sie haben immer zu viele Gedanken und zu viele visuelle Bilder im Kopf
- Sie träumen vor sich hin und »klinken« sich aus dem aktuellen Geschehen aus, dadurch bekommen sie weniger vom sozialen Umfeld (Unterricht! Vorlesung!) mit
- Sie merken sich Nebensächlichkeiten oft sehr gut, besonders wenn diese emotional eingebunden sind
- Sie sind leicht ablenkbar, erfassen und behalten Wichtiges nicht
- Sie sind sehr empfindlich, schnell gekränkt und weinen leicht

- Stress blockiert ihr Handeln und Denken
- Sie sind innerlich und auch äußerlich unruhig, aber letzteres meist viel diskreter
- Sie suchen immer zuerst die Schuld bei sich und entwickeln zeitig ein schlechtes Selbstwertgefühl
- Sie leiden unter Versagensängsten und Schwierigkeiten bei der sozialen Eingliederung
- Sie können sich nicht sozial angepasst schnell genug verteidigen
- Ihr Arbeitstempo ist ausgesprochen langsam, ihr Antrieb gering
- Sie wiederholen immer wieder die gleichen Beschäftigungen, um ihre Gedanken auszurichten und ihre innere Unruhe abzureagieren (z. B. malen, lesen, spielen mit Puppen oder Legosteinen, Nägel knabbern)
- Sie ziehen sich zurück, man kommt nur sehr schwer an sie heran
- Sie führen einen täglichen, aber meist erfolglosen Kampf um Anerkennung und Erfolge, bis sie schließlich resignieren
- Sie sind innerlich verunsichert, psychisch labil und werden leicht zum Mobbingopfer
- Ohne wirksame Hilfe läuft mit zunehmender Belastung für sie alles schlechter als erwartet, trotz eifrigen Übens und Lernens erleben sie viele Misserfolge
- Sie fühlen sich hilflos, vor allem unverstanden und ausgegrenzt

Alle die aufgeführten Symptome zeigen sich stärker unter Belastung, weshalb sie in der Schule, die Leistung und ein entsprechendes Verhalten abfordert, stärker und früher auftreten als im häuslichen Milieu. So sind es häufig die Lehrer, die diese Auffälligkeiten zuerst bemerken und dann eine typische AD(H)S-Symptomatik meist unbewusst sehr gut beschreiben. Im Zeugnistext beschreibt eine Lehrerin ihren Schüler mit fast allen typischen ADS-Symptomen wie folgt:

> »*Kevin* arbeitet im Unterricht kaum mit, lässt sich leicht ablenken, muss immer wieder zur Weiterarbeit aufgefordert werden und hatte Mühe mit seiner Zeit zurechtzukommen. Ständiger Zweifel an der eigenen Leistungsfähigkeit lähmte seine Arbeit. Beim Erfassen neuer Inhalte brauchte er viel Zeit. An die Inhalte zurückliegender Unterrichtsstunden erinnerte er sich meist nur lückenhaft. Bei der Gruppenarbeit, im Umgang mit den Mitschülern und bei der Mitarbeit war er sehr zurückhaltend.«

1.3 Es sind immer die gleichen Probleme, die den Erfolg verhindern und einer Behandlung bedürfen

Symptome, nach denen gefahndet werden sollte, um sie rechtzeitig behandeln zu können

a) Im Bereich der Wahrnehmungsverarbeitung
- Mangel an Konzentration und Daueraufmerksamkeit
- Geringe Merkfähigkeit bei oberflächlicher Wahrnehmung und Vergesslichkeit
- Große Ablenkbarkeit, fehlendes Durchhaltevermögen
- Blicksteuerungsschwäche, beeinträchtigtes beidäugiges Sehen bei Blickänderung zur Seite
- Hören: Nebengeräusche werden nicht ausgeblendet, sondern gleich stark wahrgenommen, Wichtiges wird überhört

b) Im Bereich des Verhaltens
- Innere und äußere Unruhe
- Gefühlsschwankungen mit Impulssteuerungsschwäche
- Selbstwertproblematik mit innerer Verunsicherung
- Soziale Konflikte infolge beeinträchtigter Verhaltenssteuerung
- Unüberlegtes und spontanes Handeln
- Negativer Dauerstress bei niedriger Frustrationstoleranz
- Der Antrieb ist extrem gesteigert oder reduziert

c) Im Bereich der motorischen Fähigkeiten
- Ständiger Bewegungsdrang
- Defizite in der Grob- und Feinmotorik
- Koordinationsprobleme einzelner Muskelbereiche, die Sprache, Schrift und Sehfähigkeit betreffen können

d) Als mögliche Folgen der o. g. Probleme:
- Selbstwertproblematik
- Sozialer Reiferückstand
- Pubertätskrisen
- Teilleistungsstörungen
- Angst- und Zwangsstörungen
- Suchtentwicklung
- Depressive Verstimmungen
- Essstörungen

Um diese Symptome zu erkennen, ist das in ▶ Abb. 1.1 dargestellte Diagnoseschema zu empfehlen, das von mir in der Praxis über viele Jahre erfolgreich angewendet wurde und sich besonders für die Diagnostik des ADS ohne Hyperaktivität im Kindes- und Jugendalter bewährt hat. Denn diese Betroffenen werden noch immer

1 Anders sein und viele Fähigkeiten haben – das ist AD(H)S

viel zu oft nicht erkannt oder für depressiv gehalten und dann mit entsprechenden Medikamenten behandelt.

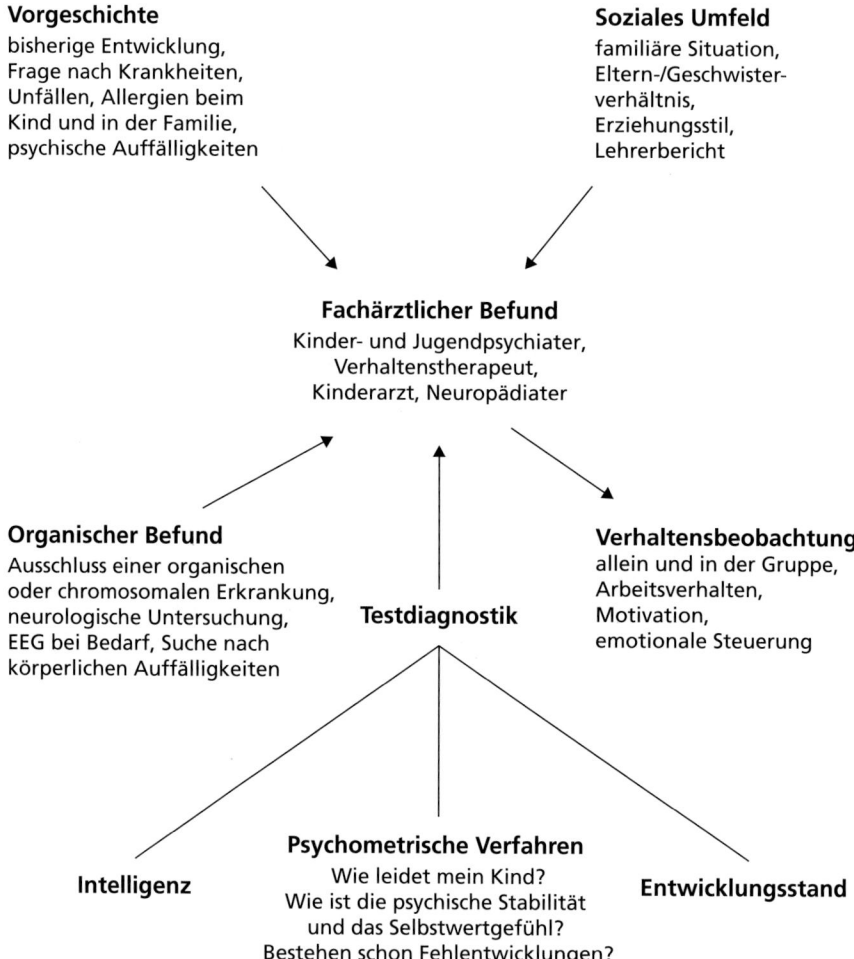

Abb. 1.1: Diagnoseschema des AD(H)S bei Kindern und Jugendlichen

Das AD(H)S als eine Reifungsstörung hinterlässt Spuren, die mit zunehmendem Alter ihr Erscheinungsbild ändern können. Z. B. werden die nach außen gerichtete Hyperaktivität und die motorischen Auffälligkeiten dann meist geringer.

Allen Altersstufen gemeinsam sind bei AD(H)S folgende *neurobiologisch bedingte Funktionsstörungen*, die je nach Schwere des Betroffenseins unterschiedlich ausgeprägt sein können:

- Mangelhafte Automatisierung der kognitiven Abläufe zwischen Arbeits- und Langzeitgedächtnis
- Sich nicht konzentrieren können
- Die Daueraufmerksamkeit konstant aufrecht zu halten
- Eine ständige innere Unruhe und viele Gedanken im Kopf
- Schlechte Merkfähigkeit, Vergesslichkeit
- Probleme in der Gefühlssteuerung
- Innere Verunsicherung mit Selbstbeschuldigungen bei schlechtem Selbstwertgefühl
- Mangelnde Fähigkeit, sich sozial angepasst zu verteidigen
- Probleme, sich zu entscheiden
- Schlechtes Zeitgefühl
- Überempfindlichkeit gegenüber Stress
- Beeinträchtigungen in der feinmotorischen Abstimmung und in der Koordination

Hieraus ergeben sich die Schwerpunkte der Behandlung von AD(H)S. Dabei ist es wichtig, dass die Betroffenen wissen, warum sie so sind und was sie selbst ganz konkret dagegen tun können. Sie müssen die Ursache ihres Verhaltens verstehen und begreifen, damit Hilflosigkeit mit innerer Verunsicherung und Selbstverachtung gar nicht erst aufkommen. Deshalb kann nur eine *mehrdimensionale (multimodale)* Behandlung den Lebenslauf und die Lebensqualität dauerhaft verbessern und ist bei einem ausgeprägten AD(H)S unbedingt zu empfehlen.

Für AD(H)S-Kinder besteht das Hauptproblem darin, sich nicht konzentrieren können. Sollen beispielsweise in einer Freistunde Hausaufgaben gemacht werden, tritt diese Schwierigkeit im besonderen Maße zutage. Das Ergebnis sieht dann häufig entsprechend aus (▶ Abb. 1.2).

1 Anders sein und viele Fähigkeiten haben – das ist AD(H)S

Textaufgaben

1. Firma Lutz bestellt für die Büroräume 13 Schreibtische zu je 693 €, dazu passende Bürosessel zu je 478 € und 26 Besucherstühle zu je 245 €.

   Wie viel muss die Firma bezahlen?

   Rechnung:

2. Peter kauft sich einen Computer. Er zahlt 480 € an. Den Rest bezahlt er in 12 Monatsraten zu je 126 €.

   Wie viel kostet der Computer?

   Rechnung:

3. Frau Maier und ihre Tochter haben im Monat 1650 € zur Verfügung. Für ihre Wohnung geben sie ein Drittel und für Ernährung ein Sechstel aus.

   Wie viel bleibt ihnen im Monat noch übrig?

   Rechnung:

4. Herr Walter hat mit seinen sieben Freunden 38 472 € im Lotto gewonnen. Jeder spendet ein Drittel für einen guten Zweck.

   Wie viel EURO spendet jeder?

   Rechnung:

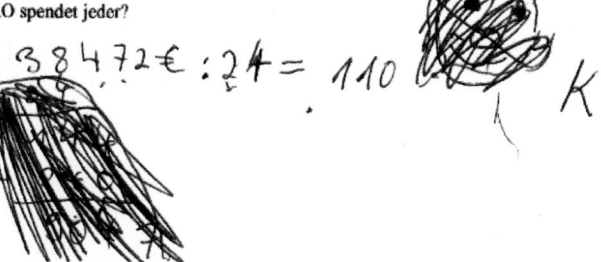

Abb. 1.2: Beispiel einer Hausaufgabe eines 11-jährigen AD(H)S-Kindes, die in einer Freistunde angefertigt wurde. Das AD(H)S-Kind konnte sich überhaupt nicht konzentrieren, weil es viel zu laut und unruhig war.

1.4 Probleme bewältigen durch aktive Mitarbeit mit individuellen Strategien

An sich zu arbeiten, damit kann jeder sofort beginnen, auch wenn er (noch) kein diagnostiziertes AD(H)S, aber ähnliche Probleme hat – vielleicht bei einer entsprechenden Veranlagung oder wenn die Diagnostik noch aussteht, um die Zeit sofort für sich positiv zu nutzen. Die Anwendung gezielter Lern- und Verhaltensstrategien ist für alle – Kinder, Jugendliche und Erwachsene gleichermaßen – hilfreich, sie wird von vielen schon täglich erfolgreich praktiziert und ist gar nicht so schwer, wie es anfangs scheinen mag. Haben sich diese Vorgehensweisen nach mehrfachem Üben erst einmal automatisiert, d. h. verselbständigt, sind sie viel weniger anstrengend.

Im Folgenden gebe ich einen Überblick über in der Praxis bewährte Erziehungsstrategien, die Schwierigkeiten in allen Leistungs- und Verhaltensbereichen wirkungsvoll reduzieren.

Strategie Nr. 1: Tages- und Wochenstruktur mit schriftlich festgelegtem Tages-/Wochenplan einführen

- Beginnen mit einer Aufgliederung des Tagesablaufs und der Zuordnung von Tätigkeiten
- Eine Liste anfertigen von den Aufgaben bzw. Arbeiten, die heute unbedingt erledigt werden müssen
- Einen Wochenplan für alle wichtigen Aufgaben machen und diesen möglichst einhalten
- Klare Ziele definieren, die in dieser Woche auch erreichbar sind und wenn erledigt, dann abhaken
- Täglich schriftlich seine Erfolge kurz notieren
- Positive Abendreflexion im Familienkreis, wo jeder kurz über das spricht, was er heute gut gemacht und erledigt hat und was unbedingt noch morgen zu erledigen ist
- Mit Disziplin, Selbstvertrauen und viel Lob sich immer wieder motivieren, den Tagesplan auch einzuhalten
- Sein Verhalten und seine Leistungen versuchen, realistisch zu beurteilen
- Bei Konflikten nach Lösungswegen und Vermeidungsstrategien suchen
- Sich in der Familie um eine warmherzige und vertrauensvolle Atmosphäre bemühen
- Keine Vorwürfe dulden, keine Beschuldigungen, aber Kritik annehmen und Selbstkritik üben
- Seine Vorsätze ständig aktualisieren und schriftlich formulieren
- Den Terminkalender in der Familie miteinander abgleichen

Strategie Nr. 2: Konzentration verbessern

- Für Ruhe sorgen, Reizüberflutung vermeiden
- Eine Aufgabe möglichst mit konkreter Zeitvorgabe angehen
- Keine Störung zulassen, Handy und Medien ausschalten
- Sich innerlich auf diese Aufgabe einstellen
- Sich befehlen: »Ich muss mich jetzt konzentrieren« (wichtigste Selbstinstruktion!), keine anderen Gedanken zulassen
- Keine überflüssigen Dinge auf dem Arbeitstisch, die ablenken
- Nach Erledigung sich loben und eine zeitlich festgelegte Pause machen

Diese Strategien aufgabenbezogen mehrmals täglich wiederholen, Schwierigkeitsgrad und Dauer der Aufgabe allmählich erhöhen.

Strategie Nr. 3: Umgang mit unruhigen und verhaltensauffälligen Kindern

- Als Eltern selbst immer Ruhe bewahren
- Eindeutige Regeln von Anfang an schriftlich festlegen und einhalten, keine Ausnahme dulden! Einmal Ausnahme ist immer Ausnahme!
- Alle unnötigen Reize aus der Umgebung vermeiden, sonst kann sich das Kind nicht konzentrieren und wird ständig abgelenkt
- Das Kind konsequent, aber liebevoll ohne emotional spürbare Erregung führen
- Wer sich aufregt provoziert das Kind, es reagiert mit Stress, was die Situation verschärft und endlose Diskussionen auslösen kann, auf die man sich nicht einlassen sollte
- Zuwendung durch Blick- und Körperkontakt signalisieren
- Viel Bewegung zulassen, Bewegungsspiele kurz einbauen
- Abwarten und Beenden einer Tätigkeit zuerst mit Hilfe von Spielen üben
- Abwarten und eine Belohnung aufschieben können, sollte zeitig gelernt werden
- Rituale einführen, sie erleichtern den Umgang
- Selbständigkeit fördern und auch einfordern, nur Anleitungen dazu geben
- Kurze Spiel- und Arbeitszeiten mit Steigerung von Dauer und Schweregrad
- Bei Verweigerung Steuerungshilfen einsetzen, werden sie nicht angenommen, Tätigkeit unterbrechen und sich abwenden. Warten bis das Kind von selbst kommt, dann ganz ruhig und freundlich das eben Verweigerte einfordern. Keine andere Tätigkeit mit ihm beginnen, sture Konsequenz zeigen! Die braucht das Kind, denn es prüft ständig, wie weit es gehen kann und ob die gestellten Grenzen auch wirklich eingefordert werden
- Dem Kind zeigen, wie es seinen inneren Frust abreagieren kann. Z. B. das Zimmer verlassen, auf ein Kissen schlagen, in die Luft boxen, auf dem Hof Ball spielen usw.
- AD(H)S-Kinder brauchen Grenzen, sie geben ihnen Sicherheit. Wer nachgibt, ist der Verlierer und das nicht nur für den Augenblick!
- Aggressives Verhalten oder Verhalten allgemein, was nicht erwünscht ist, nicht beachten! Es wird dadurch aufgewertet. Oft will das Kind damit nur provozieren, auf sich aufmerksam machen oder sein Gefühl der langen Weile unterbrechen.

Das Kind sich erst beruhigen lassen, zeitversetzt und entspannt das Geschehen besprechen und kurze, klare Verhaltensregeln als Schlussfolgerungen benennen
- Niemals viel reden, kein Polemisieren oder Vergangenes wieder hervorholen!
- Ein Stoppsignal vereinbaren und dessen Einhaltung verlangen und üben

Strategie Nr. 4: Wie verhalte ich mich, wenn mein Kind trotzt?

- Möglichst Anlässe zu trotzigem Verhalten vermeiden, Absprachen treffen
- Konsequenz in der Erziehung! Bei inkonsequenter Erziehung lernt das Kind seinen Willen über die Trotzreaktion durchzusetzen
- Nichtbeachten der Reaktion, sich abwenden, Blickkontakt meiden, Stimme senken, Ruhe bewahren, sich räumlich trennen für kurze Zeit
- Gleichgültiges Begegnen des Kindes nach dem Trotzanfall
- Aber weiterhin auf das Erledigen der gestellten Forderung bestehen
- Bewusste Förderung des kindlichen Willens, indem man versucht, seinen eigenen Willen zu dem des Kindes zu machen. Das kostet Überzeugungsarbeit, die dem Kind aber das Gefühl der freien Entscheidung gibt, damit es sich nicht eingeengt fühlt

Strategie Nr. 5: Ordnung im Kinderzimmer herstellen

- Anleitung zur Selbständigkeit, Kind nur anlernen, wie man am effektivsten aufräumt und Ordnung hält, nur dranbleiben und kontrollieren. Das Kind muss selbst aufräumen, nicht seine Mutter oder seine Geschwister!
- Termin zum Aufräumen vereinbaren, am besten täglich vor dem Abendessen oder vor der vereinbarten Fernsehzeit
- Keinen Stress erzeugen, keine Vorwürfe machen, aber selbst auch Ordnung halten!
- Aufräumstrategie in drei Etappen:
  – 1. Etappe: Alles vom Fußboden aufheben, was dort nicht hingehört
    – Das Aufgehobene gleich an Ort und Stelle legen
    – Alles möglichst nur einmal in die Hand nehmen, damit es nicht von einer Ecke in die andere gestapelt wird
  – 2. Etappe: Sortieren, was sich im Zimmer auf den Möbeln befindet und dort nicht hingehört:
    – Schmutzwäsche in die Wäschetruhe
    – Saubere Wäsche in den Schrank
    – Bücher in das Regal
    – Schreibsachen in die Schreibtischfächer oder in die Schulmappe
    – Benutztes Geschirr in die Küche
    – Leere Flaschen in die dafür vorgesehene Kiste
  – 3. Etappe: Die Schreibtischplatte völlig leerräumen, damit beim Arbeiten nichts ablenkt oder stört und ausreichend Platz vorhanden ist
    – Auf den Schreibtisch soll nur das liegen, was aktuell unbedingt zum Arbeiten oder Lernen gebraucht wird!

Solche und/oder ähnliche Strategien können Eltern mit ihren Kindern oder auch für sich selbst aufschreiben und an die Tür oder anderswo gut sichtbar aufhängen. Anfangs etappenweise aufräumen und die erledigten Tätigkeiten abhaken, denn der Arbeitsablauf soll sich automatisieren, damit er dann ohne Anleitung, ständige Ermahnungen oder Strafandrohungen erfolgen kann. Dabei jeden Stress oder Streit vermeiden, beides blockiert die Motivation.

Diese Strategien zeigen zumeist rasch einen therapeutischen Erfolg, sie können allen nutzen, ob mit oder ohne AD(H)S. Werden sie schon praktiziert, ist schon ein Meilenstein auf dem Weg zum Therapieerfolg geschafft.

Weitere wichtige Strategien für ein Selbstmanagement bei der AD(H)S-Behandlung sind:

- Eine AD(H)S-Diagnose sollte mit umfassender Information über Ursachen, deren mögliche Vor- und Nachteile und den therapeutischen Möglichkeiten rechtzeitig erfolgen
- Die neurobiologischen Ursachen des AD(H)S akzeptieren und verstehen, um sich nicht durch unwissenschaftliche Polemik verunsichern zu lassen
- Eine autoritative Erziehung praktizieren mit guter Vorbildwirkung, Grenzen setzen und Strukturen vorgeben und deren Einhaltung konsequent einfordern
- Gemeinsam mit den Betroffenen nach vorherigen Problemanalysen wie z. B. »Was stört mich?«, »Wie kann ich das ändern?«, »Warum musste das so kommen?«; Problemlösungsstrategien entwickeln
- Sich selbst motivieren können, um gestellte Therapieziele zu erreichen
- Eine gute soziale Einbindung mit Verständnis und Vertrauen als wichtige Basis schaffen
- Selbst gemachte positive Erfahrungen im Umgang mit Stress und zur Konfliktvermeidung immer wieder erfolgreich anwenden
- Seine Lernbahnen durch ständiges Wiederholen und Üben festigen
- Lernen mit aktiver Pausengestaltung nach Plan
- Regelmäßig Sport und Entspannungsübungen betreiben, um Stress abzubauen und sich zu konditionieren
- Medikamentöse Therapie, sofern notwendig, als eine wichtige Hilfe akzeptieren und bei Bedarf rechtzeitig, regelmäßig und lange genug anwenden
- Routinemäßig Selbstinstruktion und Kontrolltechniken praktizieren
- Seine Fähigkeiten kennen und lernen, sie erfolgreich einzusetzen
- Misserfolge und Kritik tolerieren können, um negativen Dauerstress und Selbstwertkrisen zu vermeiden
- Mit Hilfe der AD(H)S-Therapie nicht nur die Konzentration, sondern auch gezielt Selbstwertgefühl und Sozialverhalten verbessern

1.4 Probleme bewältigen durch aktive Mitarbeit mit individuellen Strategien

Exkurs »Autoritative Erziehung« – Was bedeutet sie und warum ist dieser Erziehungsstil für Kinder und Jugendliche mit ausgeprägtem AD(H)S besonders geeignet?

Eine autoritative Erziehung erfolgt mit Konsequenz und Liebe, klaren Regeln und Anforderungen, muss aber gleichzeitig mit einem hohen Maß an Vertrauen und Zuwendung einhergehen. Dieser Erziehungsstil wird von den Erziehungswissenschaftlern als optimal angesehen. Er wurde in den 1960er Jahren entwickelt und seitdem erfolgreich praktiziert. Hierbei wird das Kind in seinen Bedürfnissen und Gefühlen geachtet, lernt aber gleichzeitig klare Grenzen kennen, in denen es sich in Ruhe entwickeln kann.

Eltern, die ihre Kinder autoritativ erziehen, stellen hierbei große Anforderungen an diese, sie fördern und fordern sie. Sie fordern die Einhaltung von Regeln, wobei sie ihre Kinder aber auch als ernst zu nehmende Gesprächspartner akzeptieren und mit Hilfe gemeinsamer Absprachen lenkend auf ihr Kind oder ihren Jugendlichen einwirken. Dieser Erziehungsstil stellt große Anforderungen an soziale und intellektuelle Kompetenzen, an Eigenkontrolle und Unterstützung. Dabei beharren die Eltern auf ihren Forderungen auch gegen den Willen ihrer Kinder und Jugendlichen. Für entstehende Konfrontationen werden gemeinsam Lösungswege erarbeitet. Das verbessert die Selbstsicherheit, Kommunikationsfähigkeit und die soziale Kompetenz der Kinder. Dieser Erziehungsstil fördert erfahrungsgemäß die eigenen Fähigkeiten und das Erlernen von verantwortungsvollen Bewältigungsstrategien zur Problemlösung am besten.

Ich empfehle diesen Erziehungsstil den Eltern betroffener Kinder und Jugendlicher mit AD(H)S und habe damit gute Erfahrungen gemacht. In vielen Familien wird dieser Erziehungsstil schon seit Generationen erfolgreich praktiziert, ob mit oder ohne AD(H)S. In jedem Fall ist auch hierbei die Vorbildwirkung der Eltern das A und O für das Gelingen der Erziehung.

2 Nur wenn ich weiß, warum ich so bin, kann ich bewusst etwas dagegen tun

AD(H)S verstehen heißt, seine Dimensionen zu begreifen.
AD(H)S erkennen bedeutet, sein Labyrinth zu durchschreiten.
AD(H)S behandeln erfordert, Körper, Psyche und Umwelt als Einheit zu sehen.

2.1 Am Anfang der Therapie steht die Problemanalyse des Betroffenen

Die Behandlung des AD(H)S beginnt mit einer Problemanalyse, der Betroffene, seine Eltern und wenn erforderlich sein Therapeut besprechen danach gemeinsam die angestrebten Ziele. Daraufhin wird ein individueller Therapieplan formuliert, eingeteilt in kurz- und langfristig zu erreichende Ziele, wobei das Endziel als roter Faden für den Therapieverlauf fungiert. Dabei gilt es immer, die vorhandenen Ressourcen zu nutzen und gemachte positive Erfahrungen zu verstärken!

> Das Positive am AD(H)S herausarbeiten, seine Diagnose so weit wie möglich positiv sehen, das ist nicht nur ein wichtiger Therapiebestandteil, sondern kann als Motor der Behandlung dienen.

Deshalb empfehle ich, am Anfang einer Therapie stets den Betroffenen aufzufordern, zunächst darüber nachzudenken: »Was kann ich besonders gut?«. Im Anschluss gilt es, seine Probleme aufzuschreiben: »Was stört mich am meisten?«. Siehe ▶ Abb. 2.1.

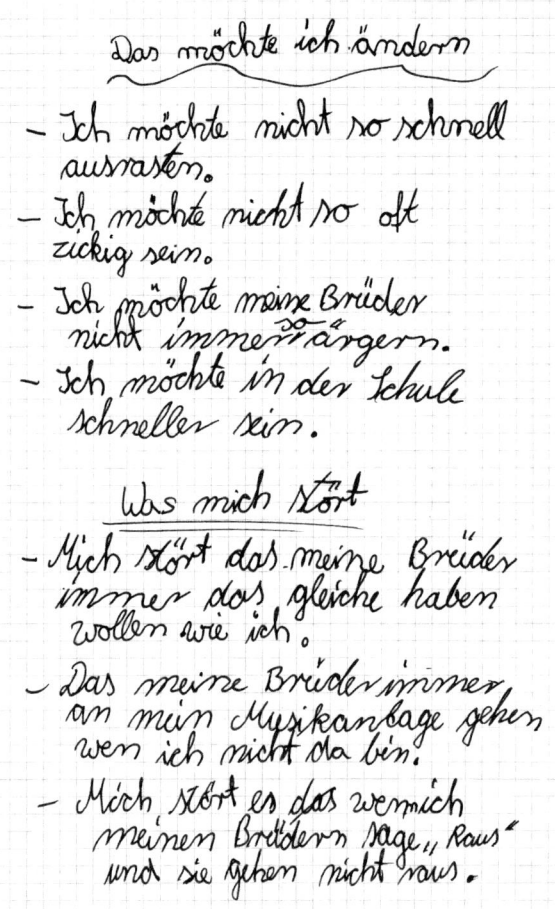

Abb. 2.1: »Was möchte ich ändern?« Beispiel einer Aufzeichnung, in der ein Junge zu Beginn seiner Therapie seine wichtigsten Probleme festgehalten hat.

2.2 Die neurobiologischen Ursachen des AD(H)S und deren Folgen

Die Ursache von ADS mit und ohne Hyperaktivität, deshalb AD(H)S genannt, ist eine genetisch bedingte, also angeborene veränderte Informationsverarbeitung mit Beeinträchtigung des Verhaltens, der kognitiven und motorischen Fähigkeiten sowie der Gefühlssteuerung. Neurobiologisch betrachtet besteht eine Reifungsstörung mit einer Unterfunktion im Stirnhirnbereich, einer Reizfilterschwäche und einem Botenstoffmangel (▶ Abb. 2.2).

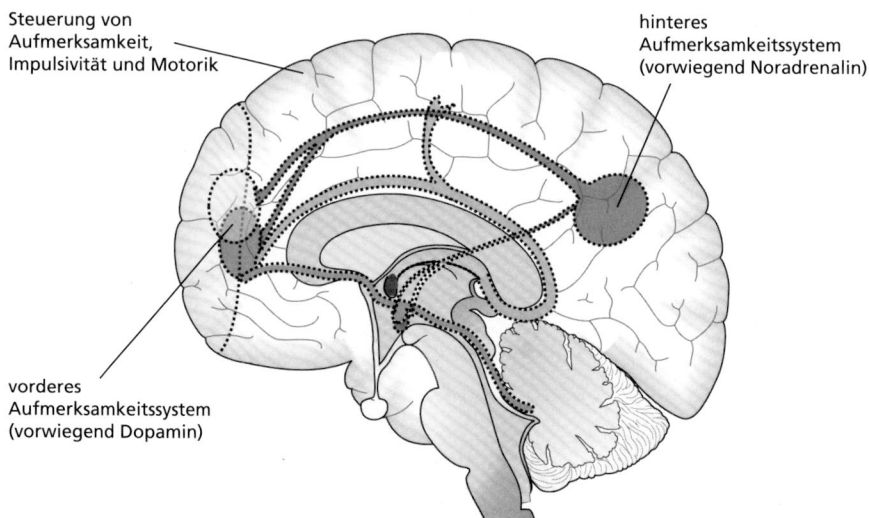

Abb. 2.2: Der neurobiologische Hintergrund des AD(H)S: Mangel an den Botenstoffen Dopamin und Noradrenalin (schematische Darstellung)

Die Unterfunktion des Stirnhirns verursacht eine Reizüberflutung, dadurch wird ein viel zu fein verzweigtes Netz von Nervenbahnen angelegt, was wegen seiner vielen Nebenstrecken die Informationsweiterleitung verzögert. Das Abrufen von bereits abgespeicherten Informationen und Verhaltensweisen aus dem Langzeitgedächtnis erfolgt über diese Umwege. Dadurch wird die Entwicklung von wichtigen Lernbahnen beeinträchtigt. Hinzu kommt noch ein Mangel an Botenstoffen in den Verbindungsstellen der Gehirnnerven (Synapsen), die für die Informationsweiterleitung verantwortlich sind.

Beides kann zu folgenden AD(H)S-typischen Funktionsstörungen in den kognitiven und Verhaltensbereichen führen:

- Die Aufmerksamkeit, die Konzentration und die Arbeitsgeschwindigkeit für eine Tätigkeit können nicht konstant aufrecht gehalten werden
- Die Informationsverarbeitung erfolgt zu langsam, zu ungenau und zu oberflächlich
- Die Ausblendung unwichtiger Informationen gelingt nicht, deshalb besteht eine hohe Ablenkbarkeit
- Das Lernen ist viel anstrengender und der erwartete Erfolg bleibt oft aus
- Bereits abgespeichertes Wissen und Handlungsabläufe können nicht sofort und sicher abgerufen werden. Was zu Hause gekonnt wurde, gelingt nicht in der stressbesetzten Prüfungssituation
- Die Erfolglosigkeit demotiviert und macht hilflos
- Angemessen und schnell mit Worten oder Taten zu reagieren, gelingt nicht
- Denken und Handeln werden nicht zukunftsorientiert ausgerichtet

- Sich zu entscheiden, fällt schwer
- Lernen und Verhalten können sich nur sehr schwer automatisieren

Die Wahrnehmung von Informationen erfolgt nur oberflächlich, weil das Gehirn mit Informationen überflutet wird und dadurch der Arbeitsspeicher überlastet ist. Viele Informationen gehen so verloren und werden nicht zum Langzeitgedächtnis weitergeleitet. Manches wird auch an anderer Stelle abgespeichert und ist schon deshalb nicht schnell genug abrufbar.

Weil die Lernbahnen nicht dick und stabil genug sind, können sich Lernen und Verhalten nur schwer automatisieren, deshalb ist beides für die Betroffenen anstrengender und zeitaufwendiger. Deshalb gelingt ihnen meist nicht, schnell und sozial angepasst zu regieren, sich schnell genug auf eine neue Situation einzustellen und kurzfristig Entscheidungen zu treffen. Auch motorische Handlungsabläufe, die Dosierung der Kraft und die Schrift können beeinträchtigt sein.

Vom Stirnhirn aufgenommene Informationen werden über den Balken zum Arbeitsgedächtnis (Hippocampus) geleitet (▶ Abb. 2.3). Dieser sortiert die Informationen und leitet sie über Nervenbahnen weiter in die entsprechenden Zentren des Langzeitgedächtnisses. Dort werden sie abgespeichert und können bei Bedarf wieder abgerufen werden. Je dichter die entsprechenden Nervenbahnen sind und über je mehr Nervenverbindungen (Synapsen) mit ausreichenden Transportstoffen (Botenstoffen) sie verfügen, umso schneller können Informationen weitergeleitet werden.

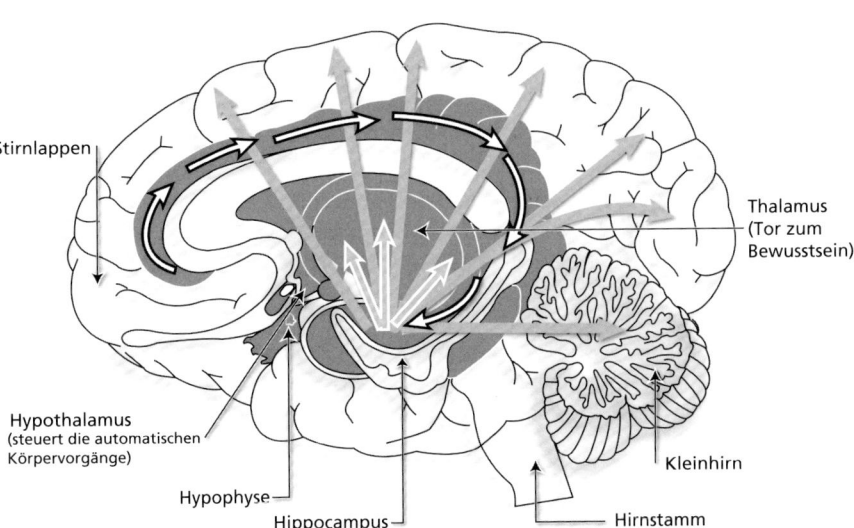

Abb. 2.3: Gehirnlängsschnitt mit Verlauf einiger Lernbahnen, die vom Arbeitsgedächtnis (Hippocampus) zum Langzeitgedächtnis führen (schematisch)

Die Struktur der Vernetzung der Nervenbahnen ist entscheidend für die Lernfähigkeit (▶ Abb. 2.4). Links: das Makronetz mit normalen, dichten Lernbahnen, die eine schnelle Weiterleitung von Informationen und eine Automatisierung von Lernen und Handlungsabläufen ermöglichen. Rechts: beim AD(H)S die feinmaschige wabenartigen Mikrovernetzung der Nervenbahnen infolge von Reizüberflutung; Informationen werden auf Umwegen und Nebenstraßen weitergeleitet und sind nicht sofort abrufbar (Spitzer 2002, Braus 2012).

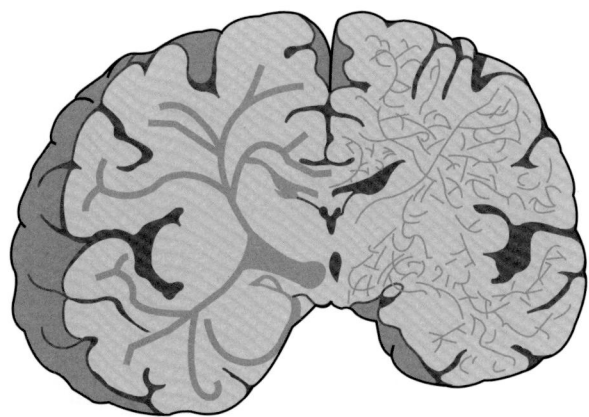

Abb. 2.4: Schematische Darstellung der neuronalen Vernetzung im Gehirn, ohne AD(H)S (links) und bei Vorliegen von AD(H)S (rechts)

Diese besondere Art der neuronalen Vernetzung verursacht eine genetisch bedingte Reifungsstörung des Stirnhirns, das für die folgenden Funktionen eine »Cheffunktion« ausübt.

Was das Stirnhirn bewirkt:

- Es blendet alle unwichtigen Informationen der Umgebung aus
- Es speichert Erfahrungen, mit deren Hilfe man Handlungsfolgen abschätzen kann
- Es ermöglicht, Prioritäten zu setzen
- Es hilft, Angefangenes zu beenden, Impulse zu steuern und zu unterdrücken
- Es hilft, abwarten zu können
- Es hilft, Mitgefühl zu entwickeln

Über die Synapse leiten die Botenstoffe alle Informationen weiter (▶ Abb. 2.5). Bei AD(H)S herrscht dort ein Mangel an Botenstoffen. Dieser wird durch Stimulanziengabe verringert, wodurch sich die Weiterleitung der Informationen beschleunigt.

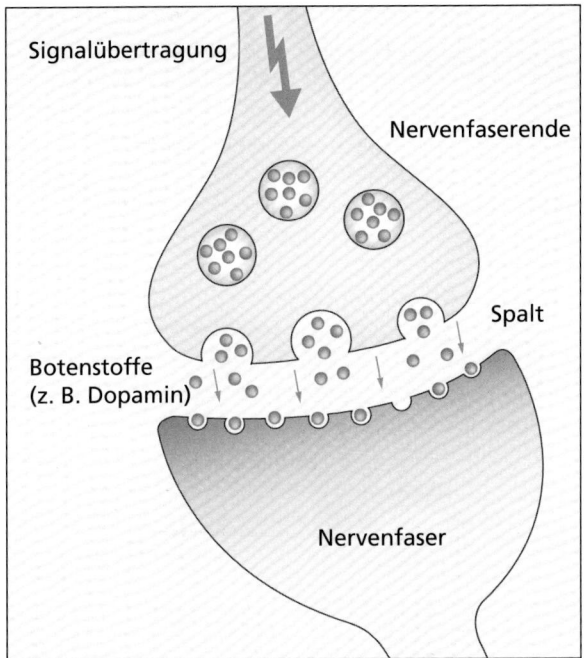

Abb. 2.5: Darstellung einer Nervenverbindungsstelle (Synapse)

Für AD(H)S typisch ist ein Botenstoffmangel in den Verbindungsstellen der Nervenbahnen (Synapsen) als Folge einer genetisch bedingten Transporterstörung. Ein wichtiger Grund, warum bei AD(H)S das Lernen viel anstrengender ist und man immer, wenn Üben allein keinen Erfolg bringt, die Gabe von Stimulanzien erwägen sollte (Krause 2011).

2.3 Das AD(H)S-Gehirn lässt sich therapeutisch verändern

Trotz Beeinträchtigungen sollte sich niemand entmutigen lassen, an den Erfolg einer Therapie zu glauben. Eine positive Veränderung ist in jedem Fall in allen Altersgruppen möglich, vorausgesetzt die Betroffenen arbeiteten aktiv mit. Bleiben alle Anstrengungen erfolglos, sollte man ein seit mehr als 50 Jahren erprobtes Medikament anwenden, das die Unterfunktion des Stirnhirns, die Reizüberflutung des Gehirns und den Botenstoffmangel weitgehend ausgleicht. Es wirkt umso besser, je intensiver dem Gehirn in Form von Selbstinstruktionen vermittelt wird, worauf es sich im Augenblick konzentrieren soll. Diese Selbstkommandos gemeinsam mit dem Medikament in richtiger Dosierung helfen, Reizüberflutung und Ablenkbarkeit zu verringern und die Konzentration zu verbessern. Wiederholtes Üben aktiviert und festigt dann die entsprechenden Lernbahnen, was das Lernen erleichtert. Lernen und Verhaltensweisen können sich mit der Zeit automatisieren und werden dadurch besser abrufbar. Eine therapeutische Option, die von Betroffenen, die trotz massiver Anstrengung keine wesentliche und anhaltende Verbesserung ihrer AD(H)S-Problematik verspüren, unbedingt genutzt werden sollte. Medikamente, die auf der Substanz Methylphenidat basieren, sind heute feste Bestandteile eines wissenschaftlich fundierten Therapieprogramms für AD(H)S und verbessern nachweislich Funktion und Zusammenarbeit von wichtigen Gehirnabschnitten, die für Lernen und Verhalten und damit für die gesamte Entwicklung von entscheidender Bedeutung sind.

Eine wichtige Rolle für die Entwicklung unseres Verhaltens kommt vom frühesten Kindesalter an den Spiegelneuronen zu: Jede Beobachtung, die wir bei unseren Mitmenschen machen, jede Geste eines anderen löst in unserem Gehirn Handlungsparallelen aus. Besagte Spiegelneuronen aktivieren die entsprechenden Zentren in unserem Gehirn so, als würden wir die Handlungen selbst ausführen. Immer wieder bewusst und auch unbewusst registrierte Handlungen können dadurch in das eigene Handlungsschema übernommen werden.

> Spiegelneuronen tragen entscheidend dazu bei, dass vorgelebtes Verhalten erziehen kann, ohne viele Worte zu machen. Gerade bei AD(H)S-Kindern ist diese Art der Erziehung, die positive Vorbildwirkung, besonders wirksam (Spitzer).

Spiegelneuronen ermöglichen auch, dass wir uns über die Körpersprache der anderen in deren Empfinden hineinversetzen und schließlich Mitgefühl entwickeln können. Ein angeborener Mangel an Spiegelneuronen könnte u. a. auch für die Entwicklung autistischer Verhaltensweisen von Bedeutung sein.

2.4 Hürden nehmen, Klippen meistern, Hilfe zur Selbsthilfe

Voraussetzung einer erfolgreichen Behandlung des AD(H)S ist zunächst immer eine sichere Diagnose und damit der Nachweis von dessen Kernsymptomen Hyperaktivität, Konzentrationsmangel, emotionale Steuerungsschwäche und beeinträchtigte Wahrnehmungsverarbeitung.

Für die Therapie bedeutet das, die entsprechenden Defizite möglichst früh zu erkennen und gezielt zu beüben, am besten täglich mit Hilfe der Eltern, die, wenn erforderlich, durch professionelle Therapeuten eine Anleitung erhalten. Sollten sich dennoch keine Erfolge einstellen und ein Lernzuwachs ausbleiben, muss nach den Ursachen hierfür gesucht werden. Sind diese AD(H)S bedingt, sollte eine Erweiterung der Therapie durch Zugabe von Methylphenidat erwogen werden. Methylphenidat, ein Stimulans, beschleunigt die Nachreifung des Stirnhirns und gleicht den Botenstoffmangel aus, wodurch intensives Üben dann erfolgreicher wird.

Übungen, um Lernen und Verhalten zu verbessern, können je nach Bedarf individuell zum täglichen Gebrauch zusammengestellt werden. Kinder und Studenten benutzen als Grundlage den von Schule oder im Studium geforderten Lernstoff, Erwachsene ihre Schwachstellen bei der täglichen Bewältigung der von ihnen erwarteten Leistungen.

Wie sich Lernen und Verhalten ab sofort verbessern lassen:

- Trainieren der Gedächtnisbahnen durch wiederholtes Lernen und Abfragen
- Sich immer wieder selbst motivieren, seine positiven Fähigkeiten einsetzen
- Anfangen können, Rituale, Struktur und Zeitplan einführen
- Dranbleiben, Angefangenes auch beenden
- Ordnung halten
- Störendes und Ablenkendes ausschalten
- Prioritäten setzen, sich nicht überlasten, sondern sich selbst loben können
- Seine Vorsätze täglich aktualisieren und überprüfen
- Kleine Päckchen lernen und wiederholen, den Arbeitsspeicher nicht überlasten
- Reizüberflutung, Stress und Erschöpfung vermeiden
- Pausen einlegen mit aktiver körperlicher Betätigung
- Fehlverhalten unterbrechen und korrigieren
- Gewünschtes Verhalten immer wieder üben und sich einprägen

Diese Schritte sind für jeden machbar, vorausgesetzt er will und hat sich noch nicht aufgegeben. Seine AD(H)S-Problematik zum Positiven verändern kann man in jedem Alter. Aber, je älter man wird, umso schwerer kann man die schon eingeschliffenen und automatisierten Gewohnheiten ändern, und desto schwieriger und langwieriger ist die Behandlung. Bei ausgeprägter Symptomatik ist eine Langzeittherapie mit Zugabe von Methylphenidat meist unumgänglich. Sie dauert immer über mehrere Jahre, manchmal auch Jahrzehnte. Je später der Behandlungsbeginn ist, umso mehr AD(H)S-bedingte Komorbiditäten, wie depressive Verstimmungen, Angst- und Zwangsstörungen, Selbstwertkrisen, Essstörungen und Burnout, können die Behandlung zusätzlich erschweren.

Aber Menschen mit einem ADHS (also der hyperaktiven Form des ADS) haben viel Power, sie sind »Stehaufmännchen«, was ihre Behandlung erleichtert. Menschen mit einem ADS ohne Hyperaktivität sind viel schwieriger zu behandeln, sie sind schwerer zu motivieren und geben schneller auf. Sie neigen zum Rückzug mit Selbstwertkrisen und kurzen depressiven »Abstürzen«.

> Wenn Sie als AD(H)S-Betroffene(r) den festen Willen haben, sich zu ändern, einen guten Therapeuten und einen guten Coach gefunden haben, dann ist vieles möglich.

Unser Gehirn ist in der Lage, lebenslang zu lernen, indem es seine Nervenbahnen umbaut, was mit zunehmendem Alter jedoch leider deutlich langsamer erfolgt und viel mehr Zeit und Anstrengung erfordert. Durch wiederholtes Einüben von Handlungsabläufen und ständiges Wiederholen von Lerninhalten kann auch ein AD(H)S'ler seine Verhaltensweisen und seine kognitiven Leistungen verbessern, vorausgesetzt, sein Gehirn ist noch umbaufähig, d. h. es dürfen keine hirnorganischen Erkrankungen wie Alzheimer, Demenz oder schwere psychiatrische Erkrankungen vorliegen. Noch so gute Medikamente als alleinige Therapie bringen auf Dauer wenig, wenn die Lernbahnen nicht durch ständiges Üben trainiert werden. Ihnen geht es dann ähnlich wie Muskeln, die sich durch Training verstärken, aber in langen Ruhezeiten schrumpfen. Auch störendes Verhalten kann mittels Training durch gewünschte Verhaltensweisen ersetzt werden. Je häufiger trainiert wird, umso besser automatisiert sich das gewünschte Verhalten, ähnlich dem Lernen eines Musikinstrumentes oder des Autofahrens.

2.5 Verhaltenstherapeutische Strategien zur Selbsthilfe

Der Verhaltenstherapie entlehnte Strategien zur Selbsthilfe kann jeder Betroffene auch ohne einen Therapeuten erfolgreich für sich anwenden. Es empfiehlt sich dabei folgende Vorgehensweise:

- Zu Beginn das störende Fehlverhalten mit dem Ziel beschreiben, es durch ein anderes und entsprechend gewünschtes Verhalten zu ersetzen
- Sich motivieren, Mut machen, an den Erfolg glauben und die dadurch bedingten und erwarteten Vorteile als Ziele formulieren
- Gewünschte Verhaltensweisen sich bildlich vorstellen, sein gutes visuelles Gedächtnis unterstützend einsetzen
- Beim Erreichen von Teilzielen sich loben und belohnen, das setzt Botenstoffe frei, die motivieren zum Weitermachen
- Eltern, Freunde oder Autoritätspersonen (Lehrer, Vorgesetzte) einbeziehen zur Unterstützung beim Lösen der sich selbst gestellten oder sozial erforderlichen Verhaltensänderung
- Mut haben, eigene Entscheidungen zu treffen, sich abgrenzen und nicht bevormunden lassen, »Nein« sagen lernen
- Wenn nötig, sich wehren und nicht einfach unterordnen
- Soziale Reize und Signale lernen, richtig zu deuten
- Die eigene soziale Wahrnehmung realitätsgerecht überprüfen und hinterfragen
- Selbstzweifel vermeiden, keine negativen Gedanken und Selbstabwertungen zulassen
- Blockierende Ängste mit Hilfe positiver Aktivitäten unterbrechen

- Immer wieder mit Selbstinstruktionen arbeiten
- Erfolge genießen und erhaltene Anerkennung registrieren
- Die eigenen Grenzen kennen und akzeptieren

Beispiele für Selbstinstruktionen, die jeder individuell für sich formulieren und nacheinander abarbeiten sollte:

- Ich muss mich jetzt konzentrieren
- Ich nehme mir Zeit, arbeite gründlich und trödele nicht
- Ich bleibe ganz ruhig, atme langsam und tief
- Ich höre und sehe genau hin
- Ich bin freundlich und lasse mich auf eine gemeinsame Tätigkeit ein
- Was ich begonnen habe, beende ich, bevor ich etwas Neues beginne
- Wenn etwas nicht gleich gelingt, bleibe ich ganz ruhig
- Ich denke gründlich nach, bevor ich reagiere
- Nicht ärgern, sondern es besser machen
- Wenn mich etwas stört, denke ich erst nach, bevor ich losschimpfe
- Ich verteidige meinen Standpunkt, aber angemessen

Solche Vorsätze sind ein wichtiger Bestandteil jedes multimodalen Therapieprogramms für AD(H)S. Bei schwerer AD(H)S-Problematik gilt es, möglichst schnell und vielschichtig zu behandeln, ehe die Betroffenen resignieren, d.h. auch mit Einsatz von Medikamenten. Hier sind Eltern und professionelle Therapeuten gefragt und als wichtiges Bindeglied zwischen beiden können die Selbsthilfegruppen fungieren.

2.6 Die große Bedeutung der Selbsthilfegruppen für AD(H)S-Betroffene

Die Selbsthilfegruppen sind für alle, die sich mit AD(H)S beschäftigen, von großer Bedeutung. Es sind häufig die Betroffenen, die durch eigene Erfahrungen besser überzeugen als tatsächliche oder zuweilen auch nur vermeintliche Experten mit theoretischen Abhandlungen und Zitieren von Studienergebnissen. Die erfahrenen Mitglieder der Selbsthilfegruppen sind eine große Hilfe für alle, die sich im Meer der verschiedenen Meinungen über AD(H)S und seiner Behandlung zurechtfinden wollen und müssen. Sie kennen Therapeuten und wissen, was, wer und wie am besten ihnen oder ihren Kindern half. Das Engagement dieser freiwilligen Helfer ist immens, ihre Bedeutung kann nicht hoch genug geschätzt werden.

Der Umfang der Arbeit der Selbsthilfegruppen wurde sehr treffend vom Bundesverband der Betriebskrankenkassen schon im Jahre 2003 in »Fördern und Fordern« vom Wort her wie folgt abgeleitet:

- **S**uchen und finden
- **E**insamkeit überwinden
- **L**ebenssituation verbessern
- **B**eziehungen aufbauen und vertiefen
- **S**chwierigkeiten zusammen meistern
- **T**eilnehmen und verstehen
- **H**andeln in eigener Sache
- **I**nformationen geben
- **L**ösungen entwickeln und entdecken
- **F**ördern und fordern
- **E**rkenntnisse weitergeben
- **G**leichberechtigt miteinander umgehen
- **R**egelmäßige Treffen
- **U**nterstützen und beraten
- **P**robleme selbst in den Griff bekommen
- **P**ersönlichkeit stärken
- **E**rfahrungen austauschen
- **N**eue Kontakte und Kooperationspartner finden

2.7 Strategien zur Verbesserung von Konzentration und Daueraufmerksamkeit

Die multimodale Therapie des AD(H)S umfasst die Behandlung der gesamten Persönlichkeit in ihrem sozialen Umfeld mit Training der kognitiven Fähigkeiten, des Verhaltens, der emotionalen Steuerung und der neurobiologisch bedingten Defizite in der Wahrnehmungsverarbeitung. Sofern erforderlich, schließt die Therapie auch die Gabe von Medikamenten ein, meist Methylphenidat als Mittel der ersten Wahl. Eine solche Behandlung zielt nicht nur auf einzelne Symptome, sondern auch auf deren Ursachen ab.

Säulen der Therapie des AD(H)S sind:

- Erziehung im Elternhaus
- Leitlinien und wissenschaftlich fundierte Studien
- Der AD(H)S-Therapeut für Diagnose und Therapie
- Die Verhaltenstherapie
- Die Zusammenarbeit mit Kindergarten und Schule

2.7 Strategien zur Verbesserung von Konzentration und Daueraufmerksamkeit

- Bewegung und Sport
- Das soziale Umfeld mit Anleitung der Eltern
- Die medikamentöse Therapie

Grundsätzliche, für jeden AD(H)S-Betroffenen wichtige therapeutische Maßnahmen sind:

- Außenreize reduzieren, Schaffung einer entspannten und ruhigen Atmosphäre
- Alle möglichen Unterbrechungen von vornherein vermeiden
- Viele kurze Übungsphasen nach schriftlichem Zeitplan festlegen
- Atem- und Konzentrationsübungen (bspw. sich Ruhe befehlen, einige Male langsam und tief in den Bauch hineinatmen, die Augen dabei schließen und sich sagen: »Ich bin ganz ruhig!«, einige Male ruhig durchatmen, dann tief Luft holen und sich befehlen: »Und jetzt muss ich mich konzentrieren«)
- Aktives Abschalten aller Ablenkungsquellen: Kein Handy, keine Haustiere und kein laufendes Fernsehgerät im Zimmer, keine Freunde, die während der Arbeitszeit anrufen, keine Geschwister, die ständig gewollt oder ungewollt stören
- Arbeiten nach Zeitplan
- Kleine Abschnitte lernen, deren Inhalte sofort wiederholen (eine Buchseite oder ein Kapitel aus dem Fachbuch), sich den Inhalt bewusst einprägen, dann im Zimmer auf und abgehen und den Inhalt laut wiedergeben
- Wichtiges mit Textmarker unterstreichen
- Randnotizen machen oder Karteikarten anlegen
- Wenn möglich, sein gutes visuelles Gedächtnis nutzen
- Selbständig arbeiten, Lösungen möglichst allein finden, Selbsterarbeitetes prägt sich immer besser ein
- Schwierigkeitsgrad allmählich steigern
- Wichtiges gedanklich durch inneres Sprechen mehrfach wiederholen
- Lob und Ermutigung erhalten, keine Selbstbeschimpfung oder Ungeduld zulassen
- Dranbleiben, Aufgabe zu Ende führen, dann sich abfragen lassen

Jeder AD(H)S'ler nimmt mit Hilfe seines weit verzweigten neuronalen Nervennetzes viel mehr Informationen auf als ein Nichtbetroffener. Deshalb hat er beim Lernen schnell das Gefühl: »Das kann ich!« und er wundert sich dann, dass ihm das Abrufen des Gelernten doch nicht so gelingt wie erwartet. Seine aufgenommenen Informationen kommen in dem dafür vorgesehenen Bereich des Langzeitgedächtnisses nur verzögert an und sind danach nicht wieder schnell genug abrufbar, wenn die dazu erforderlichen Gedächtnisbahnen noch unzureichend entwickelt sind.

Wiederholen und Abfragen aktiviert und verstärkt die Neubildung von Nervenbahnen und Nervenzellen. Regelmäßiges Lernen erhöht die Synapsendichte und verändert die Mikrostruktur der Nervenbahnen, sie werden dichter und leistungsfähiger. Ähnlich wie körperliches Training die Muskeln aufbaut und

> kräftigt oder regelmäßiges Üben das Beherrschen eines Musikinstrumentes ermöglicht.

Training der Gedächtnis- oder Lernbahnen:

- Ständiges Wiederholen trainiert die Gedächtnisbahnen, so dass sich das Gelernte automatisieren kann! Dazu eignen sich folgende Lernstrategien:
- Der Vokabeltest: Er überprüft konkret die Merkfähigkeit und damit auch einen Teilbereich der Therapie. Dazu überprüfen, wie viele Vokabeln noch verfügbar sind von denen, die am Vortag gelernt und beherrscht wurden
- Die Kontrolle der Daueraufmerksamkeit:
  – Durch Wiedergabe von Textinhalten: Hierbei soll der Inhalt einer gelesenen Buchseite oder eines Kapitels aus dem Geschichts-, Erdkunde-, Bio- oder Chemiebuch wiedergegeben werden, um festzustellen, ob das Wichtigste auch verstanden und behalten wurde
  – Durch Lösen von Rechenaufgaben: Besonders geeignet sind Minusaufgaben mit Zehnerüberschreitung, das Lernen des Einmaleins (auch des großen) und das Lösen von Textaufgaben
  – Durch Auswendiglernen von Gedichten und Liedertexten
  – Durch Nacherzählen von vorgelesenen oder erzählten Geschichten, von Filmen oder Fernsehsendungen

Lernen erfordert bei AD(H)S auch eine *aktive Pausengestaltung*, wenn möglich mit Verlassen des Zimmers und körperlicher Betätigung. Jonglieren, Tanzen oder andere sportliche Übungen, auch häusliche Aktivitäten wie das Ausräumen von Spül- oder Waschmaschine, den Hund kurz »Gassi« führen usw. sind Alternativen. Die Lernpausen gilt es individuell, je nach Veranlagung, zu gestalten, doch sind diese im Arbeitsplan zeitlich festzulegen und einzuhalten. Die Dauer der aktiven Lernphase sollte je nach Alter zwischen 10–60 Minuten betragen. Nach großen Lernabschnitten sind ca. 20–30 Minuten Pause erforderlich, damit das Gelernte im Langzeitgedächtnis abgespeichert werden kann. Danach heißt es wieder, sich erneut Konzentration zu befehlen, pünktlich anzufangen und sich zu motivieren, also die Vorteile eines positiven Lernerfolges fest im Blick zu haben.

Ich arbeitete bei meinen Patienten zum Training von Konzentration, Daueraufmerksamkeit und Merkfähigkeit immer mit den Aufgaben, mit denen sie sich gerade aktuell in Schule oder Studium beschäftigen. Führt dieses Training zu einer Notenverbesserung, wird dessen Erfolg für alle sichtbar und messbar. Auf diese Weise verbessert sich das Vertrauen in die eigene Leistungsfähigkeit der Betroffenen am wirksamsten.

2.8 Gefühle besser steuern, aggressives Verhalten vermeiden

Wie bekomme ich meine Gefühlsausbrüche besser unter Kontrolle?
Zuerst folgende Empfehlung als Voraussetzung zum Einüben von motorischer Ruhe mit Hilfe eines Entspannungstrainings, siehe ▶ Kap. 2.9 und ▶ Kap. 9.1.
Weitere wichtige Fähigkeiten zur Verbesserung der Gefühlssteuerung, die vielleicht in einem ersten Schritt mit Hilfe eines Therapeuten eingeübt werden, der die Eltern oder den Coach anleitet, sollten mit folgenden Aufgaben dann zu Hause täglich, aber nacheinander trainiert werden:

- Andere Menschen differenziert wahrnehmen und ihre Körpersprache deuten
- Eigene Vorurteile und eingeschliffene Verhaltensweisen erkennen und verändern
- Angemessene Selbstbehauptung als positive Form der Aggression zulassen
- Ruhig und überlegt reagieren, andere erst ausreden lassen, dann nachdenken, sich beruhigen und sodann erst antworten
- Nicht alles persönlich nehmen und überbewerten
- Dem anderen und sich selbst Schwächen eingestehen
- Unter Stress geht schnell die Kontrolle über das, was gesagt wird verloren, da Stress die Kontrollfunktionen im Stirnhirn blockiert, gute Vorsätze und die innere Stimme werden ausgeblendet. Es folgen Reue und tausendfache Entschuldigungen. Deshalb ist es wichtig, dass beim Streit im Zorn Gesagte nicht überzubewerten und nicht sofort darauf zu reagieren, sondern besser alles zeitversetzt zu besprechen und richtigzustellen.
- Unbedingt an einer besseren Eigenkontrolle arbeiten, da manchmal das im Zorn Gesagte unverzeihlich sein und eine Beziehung auf Dauer belasten kann.
- Droht ein akuter Konflikt zu eskalieren, ist es ratsam, eine kurzzeitige räumliche Trennung der beiden Streithähne vorzunehmen, um den Abbau von Aggressionen zu ermöglichen. Dies sollte so früh wie möglich, am besten schon im Vorschulalter und in der Familie, praktiziert werden.

Wichtig ist es, von Anfang an so weit wie möglich ein gutes soziales Umfeld zu pflegen, in dem mit gegenseitiger Achtung und Wertschätzung emotional liebe- und verständnisvoll miteinander umgegangen wird. Folgende Strategien sind Familien mit AD(H)S-Betroffenen zu empfehlen, um mit aggressivem Verhalten, auch präventiv, umzugehen:

- Wichtig ist die positive Vorbildwirkung aller Familienmitglieder! Denn die meisten Verhaltensmuster übernehmen die Kinder von ihren Eltern. Also dem Kind das vorleben, was von ihm erwartet wird. Dabei nicht viel polemisieren, sondern mit kurzer klarer Ansprache dem Kind zeigen, wie es sich verhalten soll. Oder besser noch: wichtige Verhaltenskorrekturen vormachen, gewünschtes Verhalten üben, schriftlich vereinbaren und dann auf dessen konsequente Einhaltung achten und diese loben

- Klar definierte Grenzen formulieren
- Auf unerwünschtes Verhalten möglichst nicht sofort reagieren. Aber zeitversetzt, wenn sich die Situation beruhigt hat, darüber sprechen und dieses gemeinsam korrigieren
- Dabei keine negativen Dinge aus der Vergangenheit hervorholen, keine gegenseitigen Vorwürfe dulden, immer mit Lob beginnen
- Bei aggressiven Ausbrüchen das Gespräch sofort abbrechen, sich räumlich trennen, um sich zu beruhigen und erst wieder das Zimmer betreten, nachdem die Erregung abgeklungen ist
- Dem Kind zeigen, wie es sich sozial angepasst abreagieren kann: z. B. gegen einen Boxsack oder auf ein Kissen schlagen
- AD(H)S'ler haben typischerweise ein schnelles und hohes Erregungspotenzial, das sie nur schwer beherrschen können. Da sich AD(H)S vererbt, können die Eltern ungewollt ähnliches Verhalten zeigen: Deshalb auch als Mutter und Vater sich selbst gegenüber Selbstkontrolle und Aggressionsabbau einfordern und mit Einfühlungsvermögen und Verständnis zeigen und erklären, wie z. B. ein solches Verhalten auf andere wirkt; deshalb sich immer wieder als Eltern auch selbstkritisch fragen: »Wie beurteilen andere unser eigenes Verhalten?«
- Mögliche Handlungsfolgen aus Sicht des Gegenübers aufzeigen und mit versöhnender Geste erwünschtes Verhalten als Anleitung zum Üben vormachen
- Kritische Situationen durch Humor entschärfen

Flippt das Kind aus und die Situation droht zu eskalieren, ist Eltern und Lehrern folgendes Krisenmanagement zu empfehlen:

- Bewahren Sie Ruhe und reagieren Sie möglichst gleichgültig
- Handeln Sie nicht vorschnell und verzichten Sie auf unüberlegte Schuldzuweisungen
- Meiden Sie Blickkontakt, senken Sie die Stimme, verhalten Sie sich ruhig und wenden Sie sich ab
- Reden Sie nicht auf das Kind ein, denn es ist gestresst und nicht aufnahmefähig
- Lassen Sie das Kind zunächst sich beruhigen, stellen Sie dann eventuell Körperkontakt her
- Lassen Sie genügend Zeit verstreichen, bis die Erregung bei allen abgeklungen ist, verlassen Sie dafür eventuell das Zimmer für eine kurze räumliche Trennung
- Nehmen Sie aggressive Äußerungen nicht persönlich
- Führen Sie mit dem Kind nach einem angemessenen Zeitraum (nicht zu kurz, nicht zu lang) ein klärendes Gespräch mit gemeinsamer Aussprache, vereinbaren Sie dabei gemeinsam eine Lösungsvariante

2.9 Verhaltensstrategien zum Beherrschen der äußeren und inneren Unruhe

Das Schaukeln oder mit dem Stuhl-Kippeln läuft bei hyperaktiven Kindern automatisch ab, genau wie viele andere Handlungen, die die Betroffenen selbst nicht bewusst wahrnehmen und nur kurzzeitig unterdrücken können. Je mehr das ADHS-Kind kritisiert und aufgefordert wird, dieses Verhalten endlich zu unterlassen, umso mehr steigt sein Erregungspotenzial, was es dann automatisch wieder über Bewegung (z. B. Schaukeln) abreagiert (und auch abreagieren muss). Zeigen Sie als Mutter, Vater oder Lehrer deshalb dem Kind in einer entspannten Situation, wie es seinen Bewegungsdrang und seine innere Unruhe kurzzeitig angemessen abreagieren kann, ohne andere zu stören. Dazu haben sich in meiner Praxis drei Übungen bewährt, die in jedem Alter erfolgreich angewandt werden können:

1. Beiderseits eine Faust machen, möglichst unsichtbar z. B. unter dem Tisch, den Daumen innen fest zusammendrücken und ruhig atmen. Den Druck so lange wie möglich aushalten, dann die Faust öffnen, ruhig atmen und die Entspannung genießen.
2. Die Sitzfläche des Stuhles seitlich fest mit den Handflächen umfassen, die Handflächen fest zusammendrücken und dabei den Stuhlrand so lange wie möglich fest drücken. Danach Hände öffnen, Entspannung genießen, ruhig, bewusst und langsam atmen.
3. Beide Fußsohlen im Sitzen fest auf den Boden drücken, bis die Waden zu schmerzen beginnen, dann lockerlassen, Beine ausstrecken, tief atmen und die Entspannung genießen.

Alle drei Übungen helfen, die innere und äußere Unruhe abzureagieren. Sie erleichtern das Stillsitzen und verbessern die Konzentrationsfähigkeit.

Auch hier ist es wichtig, diese Übungen mehrmals vorher zu Hause üben, damit sie automatisch und nebenbei ablaufen können, ohne die geforderte Aufmerksamkeit zu beeinträchtigen.

Weitere Möglichkeiten Unruhe abzureagieren, bieten alle Arten von anstrengender körperlicher Bewegung. Stets gilt dabei das Prinzip: Erst kurz sich auspowern, danach die Ruhe bewusst genießen.

3 Sport und Bewegung – wichtige Bestandteile jeder AD(H)S-Therapie

Sport und Bewegung verbessern die kognitiven Fähigkeiten, die Konzentration und bauen Stress ab.

3.1 Warum Bewegung und Sport so wichtig sind

Schon Säuglinge und Kleinkinder sollten gezielt spielerisch motorisch ihrem Alter entsprechend üben, was ihrer gesamten Entwicklung zugutekommt. Die dabei geförderten motorischen Nervenbahnen bilden eine Basis für die Entwicklung der kognitiven Bahnen, also der Denk- und Lernbahnen. Diese aus der Entwicklungsneurologie gewonnene Erkenntnis ist für beide Haupttypen des AD(H)S sehr wichtig. So können hyperaktive Kinder aufgrund ihres großen Bewegungsdranges, verbunden mit ihrer kreativen Neugierde, ein stabiles Netzwerk von motorischen Nervenbahnen aufbauen, das ihnen schon früh Sicherheit und Selbstvertrauen gibt. Sie klettern beispielsweise sehr geschickt und sicher hoch hinauf und genießen den Erfolg. Ihre motorischen Bahnen bilden so ein dichtes und festes Nervengeflecht, das von den kognitiven Bahnen genutzt wird, so dass diese Kinder später häufig viel schneller als ihre nicht vom AD(H)S betroffenen Altersgenossen denken und reagieren können.

Hyperaktive Kinder und Jugendliche sind oft sehr erfolgreiche Sportler, besonders in den Disziplinen, die schnelles Reagieren und viel Körpereinsatz erfordern (z. B. Ballsportarten, Skiabfahrtslauf, Tischtennis, Rudern).

Die Motorik der Kinder mit einer Anlage zum ADS ohne Hyperaktivität entwickelt sich dagegen viel langsamer und schwächer. Sie sind von Anfang an weniger bewegungsaktiv, stehen mehr herum und beobachten. Sie sind viel zu ängstlich, um wie die Hyperaktiven auf Schränke und Bäume zu klettern. Ihre motorischen Nervenbahnen entwickeln sich dadurch weniger dicht und fest, Bewegungsmuster können sich weniger schnell und gut automatisieren. Jede ihrer Bewegungen müssen sie planen und die vorhandene Unsicherheit überwinden. Die kognitiven Bahnen dieser hypoaktiven Kinder haben eine viel geringere Basis, so dass ihr Denken und Handeln später in aller Regel langsamer sein wird. Neurobiologisch gesehen ist somit der Begriff der »Hypoaktivität« für Betroffene mit einem ADS ohne Hyperaktivität aus meiner Sicht durchaus gerechtfertigt, denn sie sind nicht nur unaufmerksam, sondern eben auch überdurchschnittlich weniger bewegungsfreudig und flexibel.

Eine gezielte spielerische motorische Frühförderung beeinflusst positiv die gesamte Entwicklung der Kinder mit einem AD(H)S ohne Hyperaktivität. Leider wird dies in der Praxis bisher noch viel zu wenig berücksichtigt.

Schon den älteren Säuglingen sollte z. B. das Krabbeln gezeigt werden: Immer wieder schauten mich viele Eltern ganz entsetzt an, wenn ich sie fragte, ob sie ihrem Kind auch gezeigt haben, wie es krabbeln soll. Dabei ist die Fähigkeit zu krabbeln, die ein Kind um den 8. Lebensmonat entwickeln sollte, für die Ausbildung seiner Koordination so wichtig. Begeben Sie sich als Mutter oder Vater zu Ihren Kleinsten auf den Fußboden und machen Sie ihm oder ihr die Krabbelbewegungen vor.

> Spielen Sie mit Ihren Kindern so früh wie möglich mit (Soft)Bällen, schießen Sie Tore, üben Sie Fangen und Werfen, Balancieren Sie mit Ihren Kindern – natürlich alles bitte altersentsprechend und ohne Ihre Tochter oder Ihren Sohn zu überfordern. Ihr gemeinsames Spielen muss Spaß machen, denn Ihre Kinder wollen sich bewegen und dabei immer etwas Neues lernen.

3.2 Praktische Anleitung zum Bewegungstraining

Viele Schulkinder mit AD(H)S konnten, wenn sie zu mir zum ersten Mal in die Praxis kamen, weder den Ball fangen, den sie vorher an die Wand geworfen hatten, noch einen Hampelmannsprung, einen Seiltänzergang rückwärts, eine Standwaage oder für kurze Zeit auf einem Bein stehen. Sie brachten in aller Regel weitreichende motorische Defizite mit, die ihre Koordinationsfähigkeit grundlegend beeinträchtigten. Diese Bewegungsabläufe in der Praxis gemeinsam zu üben, machte den Kindern jedoch sichtlich Spaß und sie waren danach beim Lösen von kognitiven Aufgaben stets deutlich motivierter und konzentrierter.

Manche Eltern und Kindergartenerzieherinnen berichteten stolz, dass ihre vier- bis fünfjährigen Kinder schon mit dem Computer und Smartphone umgehen könnten. Das Erlangen von motorischen Fähigkeiten und die Freude an spielerischer kreativer Bewegung hielten sie dagegen bisher für zweitrangig. Dies ist leider ein fataler Trugschluss, der die Entwicklung ihrer Kinder dauerhaft beeinträchtigen könnte. Meiner Meinung nach gehören Computer und Fernsehgeräte nicht in den Kindergarten und in diesem Alter ebenso wenig in das Kinderzimmer. Tatsächlich schadet es einem AD(H)S-Kind sehr, wenn zu Hause den ganzen Tag über das Fernsehgerät läuft oder sie sich ungeregelt über längere Zeit mit dem Smartphone oder Tablet beschäftigen. Nicht nur für AD(H)S-Betroffene bedeutet das Reizüberflutung und damit Stress.

3 Sport und Bewegung – wichtige Bestandteile jeder AD(H)S-Therapie

Das Vorbild der Eltern ist maßgebend, damit Kinder Freude an der Bewegung und am Sport entwickeln. Aus meiner Praxis als Therapeutin könnte ich hierfür viele Beispiele benennen:

Sitzen beide Elternteile in ihrer Freizeit viel vor dem Fernsehgerät, wird ihr hypoaktives Kind von sich aus kaum Lust verspüren, sich sportlich zu betätigen. So bemühte ich mich immer wieder, Eltern zu überzeugen, mit ihren oft übergewichtigen hypoaktiven Kindern Spaziergänge und kleine Wanderungen zu machen, Schwimmen zu gehen oder Fahrrad zu fahren. Natürlich kostet es Überwindung, wenn man als Vater und/oder Mutter ebenfalls eine AD(H)S-Veranlagung hat und nach der Arbeit besonders geschafft ist, weil man sich unbewusst mehr anstrengen muss als die anderen, um im Job die gleichen Leistungen zu erbringen. Diese Eltern kommen dann erschöpft nach Hause, setzen sich verständlicherweise gern an den Kaffeetisch oder vor den Fernseher. Zugegeben, das wirkt entspannend, wenn da nur nicht die Tochter oder der Sohn wäre, die bzw. der schon wieder genüsslich essend sich zu den Eltern setzt und sich bis zum Schlafengehen keinen Schritt mehr vom Fernsehgerät entfernt. Dabei sollte sich das Kind doch sportlich betätigen oder zumindest ein wenig bewegen! Aber ohne ein prägendes Vorbildverhalten der Eltern wird alles Reden und Ermahnen nur Schall und Rauch bleiben.

AD(H)S-Kinder haben dann wenig Ausdauer, wenn es unbequem oder für sie belastend wird, weshalb sie die Sportart häufig wechseln. Das gilt es möglichst zu vermeiden, sofern es dafür keine schwerwiegenden Gründe gibt. Meist sind es nur aktuelle subjektive Unannehmlichkeiten, die einer anderen Lösung bedürfen. Auf genaueres Befragen hin erfährt man zumeist rasch die eigentlichen Ursachen: Entweder wird der Sport zu »anstrengend«, der Trainer zu fordernd oder es sind Konflikte mit den Sportkameraden, die Kinder veranlassen, den Weg des geringsten Widerstandes zu suchen und die Sportart zu wechseln oder den Sport ganz aufzugeben. Stets werden sodann weniger anstrengende Beschäftigungen vorgezogen. Für Sie als Eltern wichtig: Erforschen Sie immer die wahren Gründe für das angestrebte Aufhören, um Ihrem Kind zu helfen, die Schwierigkeiten zu meistern und nicht einfach den (zumeist vermeintlichen oder zuweilen auch tatsächlichen) Konflikten aus dem Weg zu gehen.

Nach einer Testphase sollte sich Ihr Kind für eine Sportart entscheiden, die dann auch eine Zeit lang betrieben wird. In meiner Praxis erlebte ich nicht wenige Kinder und Jugendliche, die fünf bis sechs Sportarten nacheinander ausprobierten, um dann für sich zu entscheiden: »Sport ist nichts für mich, ich vertreibe mir die Zeit lieber mit Computerspielen«. Lassen Sie sich als Eltern hierauf nicht ein!

Hypoaktive Kinder brauchen besonders viel Anregung für Bewegung und sportliche Betätigung. Sie haben nicht selten über Jahre Krankengymnastik, infolge einer funktionell bedingten Koordinationsstörung oder einer möglichen Schwäche einzelner oder mehrerer Muskelgruppen. Die meisten Mütter geben ihre Kinder dann einmal pro Woche an der Tür der Krankengymnastik ab, ohne zu erfahren, was dort geübt wird. Die Krankengymnastik – und selbiges gilt für alle weiteren wichtigen professionellen therapeutischen Maßnahmen – wäre viel wirkungsvoller, wenn Mutter und Kind die entsprechenden Übungen gut angeleitet mehrmals in der Woche zu Hause wiederholen würden. Dafür, sowie zur Dokumentation des ausgeführten Trainings, sollte den Eltern ein Übungsplan ausgehändigt werden. Das würde den Erfolg der Krankengymnastik als eine wichtige therapeutische Strategie wesentlich optimieren. Leider wird dies noch viel zu wenig beachtet, obwohl jeder weiß, dass Muskeln sich umso besser aufbauen, je öfter sie beansprucht werden.

3.3 Welche Sportart ist bei AD(H)S zu empfehlen?

Hyperaktive Kinder sollten sich auspowern können. Sie haben von Natur aus viel mehr Freude an der Bewegung und Energie im Überfluss. Ihre Probleme betreffen mehr das soziale Miteinander. Um das zu üben und Erfahrungen zu sammeln, bieten alle Gruppensportarten beste Gelegenheiten. Aber auch Einzelsportarten sind zu empfehlen, da sie den Kindern eine Möglichkeit bieten, Anerkennung und Erfolge zu genießen und ihr Selbstvertrauen zu stärken. Ballsportarten eignen sich besonders, denn sie formen das Sozialverhalten und helfen, soziale Kompetenzen spielerisch zu erwerben.

Ein Tipp aus der Praxis: Jonglieren mit zwei oder drei Bällen in den Lernpausen, das ist besonders effektiv und verbessert die Konzentration.

Sehr viele hyperaktive Kinder sind in den unterschiedlichsten Sportarten sehr erfolgreich. Werden sie im Hinblick auf ihr AD(H)S medikamentös behandelt, können sie dabei auch gut beobachten, was ihnen mit Medikament besser gelingt als ohne. Die meisten Kinder bestätigen: »Mit Medikament kann ich mich beim Sport besser konzentrieren, ich bin innerlich ruhiger, handele überlegter, rege mich nicht so schnell auf und habe mich besser unter Kontrolle«. Einige Kinder meinen dagegen, sie könnten sich mit Medikament nicht so auspowern, so dass sie zum Sport lieber darauf verzichten. Wir besprachen das in solchen Fällen und vereinbarten dann gemeinsam eine entsprechende individuelle Lösung.

Sehr viele Jugendliche mit AD(H)S haben Freude am Joggen und werden später zu Marathonläufern, andere werden dank ihres schnellen Reaktionsvermögens und ihrer hohen Einsatzbereitschaft zu besonders guten Torhütern von Ballsportarten.

Meiner Beobachtung nach gibt es viele Profisportler und sogar Weltmeister mit deutlicher AD(H)S-Symptomatik. Der Sport verhilft ihnen zu einer hohen Lebensqualität mit einem guten Selbstwertgefühl und einem angemessenen Sozialverhalten.

> **Exkurs: Leistungssport und Medikamenteneinnahme, geht das überhaupt?**
>
> Leistungssportler, die wegen ihrer AD(H)S-Problematik auf Methylphenidat eingestellt sind, müssen durch ihren behandelnden Arzt eine medizinische Ausnahmegenehmigung für die therapeutische Anwendung verbotener Substanzen bei der international für sie zuständigen Anti-Doping-Organisation beantragen. Obgleich strenge Kriterien bestehen, ist es nicht mehr unmöglich, auch

> mit medikamentös behandeltem AD(H)S Leistungssport zu treiben und an Wettkämpfen teilzunehmen.

Die Frage nach der richtigen Sportart stellt sich besonders bei Kindern und Jugendlichen mit einem ADS ohne Hyperaktivität, denn Sport ist gerade für sie von großer therapeutischer Bedeutung. Diese Kinder benötigen eine Sportart, die ihnen hilft, schneller und besser zu reagieren, um ihr Denken und Handeln zu beschleunigen. Dafür eignen sich am ehesten Tischtennis, Tischfußball, Tennis, Klettern, Reiten, alle Kampfsportarten, Schwimmen, Federball, Reiten, Rudern und Fechten. Über die Art und den Erfolg beim Sport entscheidet in erster Linie die Motivation, dann das individuelle Interesse, die Veranlagung, die Dauer und die Häufigkeit des Trainings und wesentlich auch das Verhältnis zum Trainer.

Auch Schachspielen ist als Training nicht der motorischen, sondern der kognitiven Bahnen unbedingt zu empfehlen. Hier ist zudem ein Ausgleichssport erforderlich.

Kinder mit AD(H)S sollten von ihren Eltern oder Lehrern auf keinen Fall damit bestraft werden, dass sie am Nachmittag nicht zum Sport gehen dürfen oder, noch schlimmer, vom Schulsport ausgeschlossen werden. Solche Verbote nutzen in aller Regel niemandem, im Gegenteil, sie verschlimmern mittel- und langfristig letztendlich nur die Problematik. Hier sollten alle Beteiligten eine andere Lösung finden.

> Sport ist ein wichtiger Bestandteil jeder AD(H)S-Therapie, weil er innere und äußere Unruhe reduziert, die Konzentration verbessert, Aggressionen abreagiert und durch Erfolge das Selbstwertgefühl steigern kann.

4 Erfolgreich lernen und studieren, den Lernprozess automatisieren

Jeder verfügt über ein individuelles Potenzial zur Selbstverwirklichung. Man muss jedoch auch in der Lage sein, es zu nutzen.

4.1 Sein eigener Therapeut sein

Sein eigener Therapeut sein setzt voraus, dass Sie etwas verändern wollen und genau wissen was und sich ständig darum bemühen. Auch hier noch einmal der Hinweis: Medikamente *allein* reichen nicht! Sie können den Lernprozess nur positiv unterstützen. Damit eine Therapie des AD(H)S gelingt, ist es notwendig, dass Sie die Motivation und den Willen zur Veränderung selbst aufbringen, für sich klare und erreichbare Ziele formulieren und an deren Erreichen täglich arbeiten.

Wenn alles Anstrengen und Üben keinen Erfolg bringt, geht letztendlich die Therapiemotivation verloren. Um das zu verhindern und damit der Leidensdruck nicht noch größer wird, sollte nun die Zugabe von Methylphenidat erwogen werden. Die medikamentöse Substanz Methylphenidat verbessert die Ergebnisse der lern- und verhaltenstherapeutischen Strategien, sollten diese trotz intensiven Bemühens keinen ausreichenden Erfolg bringen. Methylphenidat reduziert die Reizüberflutung, was ein Gefühl der inneren Ruhe auslöst, die Ablenkung wird reduziert und die Konzentration verbessert. Nervenbahnen können sich dann durch Üben besser entwickeln und ermöglichen die Automatisierung von Lernprozessen, so dass abgespeichertes Wissen, geübtes Verhalten, sich selbst gegebene Vorsätze und Absprachen schneller und korrekter abrufbar werden.

- Ein Verhaltenstraining wird mit geringerer Anstrengung und auf Dauer erfolgreicher, vorausgesetzt das erwünschte Verhalten wird genau eingeübt und durch Wiederholung gefestigt. Nur so kann es sich automatisieren.
- Handlungsabläufe und Gefühlssteuerung können besser kontrolliert werden, wobei Selbstinstruktionen erforderlich sind.
- Sozial angepasstes Reagieren ist schneller möglich, weil sich durch die Behebung des Botenstoffmangels der Informationsfluss in den Nervenbahnen beschleunigt.

- Die Informationen gelangen schneller vom Arbeits- zum Langzeitgedächtnis und zurück, was die Entscheidungs- und Umstellungsfähigkeit erleichtert.

4.2 So gelingt bei AD(H)S das Lernen leichter

Lernen bei AD(H)S bedarf vieler Besonderheiten, damit es erfolgreich ist. Welche das sind und warum das so ist, darüber sollten sich alle Betroffenen, deren Eltern und Therapeuten ausführlich informieren.

Welche konkreten Lernstrategien haben sich in der Praxis bewährt?

Lernen erfordert Motivation: Wenn jemand AD(H)S hat, rechtzeitig individuell und intensiv behandelt wird, bei seiner Therapie aktiv mitarbeitet, über einen guten Coach und eine durchschnittliche intellektuelle Ausstattung verfügt, ist er nach einer gewissen Zeit zu der Leistung fähig, die er auch ohne AD(H)S erbringen könnte. Dazu sind Erfolge nötig, denn sie motivieren und sind der Motor einer erfolgreichen Therapie. Das erfordert bei ausgeprägter AD(H)S-Symptomatik in den meisten Fällen eine mehrdimensionale Therapie mit regelmäßiger Einnahme von Methylphenidat.

> Die wichtigste Voraussetzung für ein erfolgreiches Lernen ist die eigene Mitarbeit. Eine Tabletteneinnahme allein verbessert zu Beginn vielleicht einige Symptome des AD(H)S, reicht auf Dauer jedoch nicht aus. Im Gegenteil, viele vorhandenen, aber im Verborgenen schlummernden Fähigkeiten werden trotz medikamentöser Behandlung ohne eigenes aktives Zutun weiterhin ungenutzt bleiben, wenn eine Verbesserung von Selbstwertgefühl und sozialer Kompetenz nicht angestrebt wird.

Entscheidend für jeden Lernerfolg sind die Motivation, der Fleiß, die Intelligenz, ein förderndes und forderndes soziales Umfeld und richtige Lerntechniken.

Die für ein dauerhaft gelingendes Lernen so notwendige Motivation leidet immer, wenn Lernen nicht erfolgreich ist. Ursache für anhaltende Misserfolge sind beim AD(H)S die Überforderung durch Mangel an Konzentration und Daueraufmerksamkeit, die beide nicht über eine längere Zeit konstant gehalten werden können. Die Betroffenen schalten ab und bekommen so wichtige Informationen nicht mit oder vergessen sie sofort wieder. Monotoner und langweiliger Unterricht (Vorlesungen, Vorträge) sowie wenig interessante Routineaufgaben belasten Kinder, Jugendliche und Erwachsene mit AD(H)S besonders: Es fällt ihnen schwer, solche Aufgaben zu beginnen und zu beenden.

Wie gelingt das Erledigen von Routineaufgaben besser?

Dafür kann ich einen Trick aus der AD(H)S-Praxis empfehlen, den mehrere Jugendliche unabhängig voneinander für sich entdeckten und wiederholt erfolg-

4.2 So gelingt bei AD(H)S das Lernen leichter

reich anwendeten. Einen solchen Tipp anzunehmen, setzt natürlich die Bereitschaft voraus, Neues ernsthaft auszuprobieren und nicht von vornherein als »Unsinn« abzulehnen, was für AD(H)S-bedingtes »Schwarz-Weißdenken« typisch wäre.

Wie funktioniert diese bewusste Lenkung der Aufmerksamkeit auf eine zu lösende Aufgabe? Das AD(H)S-Kind setzt sich zu einer festgelegten Zeit an den Tisch und schlägt das Buch oder Heft auf. Es liest die ersten Zeilen und beginnt, einen Abschnitt lang immer wieder das gleiche Wort, den gleichen Buchstaben oder ein und dieselbe Zahl mit dem Bleistift durchzustreichen. Das lenkt die Aufmerksamkeit in Richtung der zu erledigenden Aufgabe. Nachdem dieser erste Abschnitt so »bearbeitet« wurde, gelingt es besser, mit der Lösung der eigentlichen Aufgabe zu beginnen und sie auch zu beenden. Ich habe dieses Vorgehen schon vielen Kindern, Jugendlichen und ihren Eltern weiterempfohlen und hierauf in aller Regel eine positive Resonanz erhalten. Versuchen Sie es selbst einmal!

Sein eigener Lerntherapeut zu sein erfordert:

- An seine Fähigkeiten und an den Erfolg glauben
- Sich nicht überfordern, Stress möglichst vermeiden
- Routine und Rituale in den Alltag einführen
- Täglich ein Hausaufgabenheft oder eine Aufgabenliste als Arbeitsgrundlage führen
- Die Reihenfolge der Aufgaben festlegen und immer nach einem Zeitplan arbeiten
- Sein Zeitgefühl schulen

Schüler und Studierende mit AD(H)S geraten beim Lernen und in Prüfungssituationen oft in Zeitnot, weil sie ihr Zeitgefühl trügt. Sie sind häufig nicht in der Lage, den zeitlichen Aufwand einer Aufgabe realistisch vorausschauend einzuschätzen. Zeitnot bei Klassenarbeiten erzeugt jedoch Stress, der das Abrufen von abgespeichertem Wissen blockiert. So kann es schnell zum Blackout kommen.

Um das eigene Zeitgefühl zu schulen und zu verbessern, empfehle ich, vor Beginn der Schul- bzw. Lernaufgaben im Hausaufgabenheft die für die einzelnen Aufgaben geschätzte Zeit mit Bleistift einzutragen und diese nach Abschluss der Aufgaben mit der tatsächlich benötigten Zeit zu vergleichen. Das Ziel dieser Übung besteht darin, zumindest mittelfristig den reellen Arbeitsaufwand annähernd korrekt einschätzen zu können. Denn ein gutes Zeitgefühl zu haben ermöglicht, realistisch abschätzen zu können, wie viel Zeit ich etwa zum Lösen einer vorgegebenen Aufgabe, auch z. B. bei Klassenarbeiten, benötige.

Weitere wichtige Lernstrategien, die jeder für sein individuelles Selbsthilfeprogramm zusammenstellen kann, um möglichst sofort damit zu beginnen, sind:

- Für festgelegte störungsfreie Arbeitszeiten sorgen und strukturiert nach Plan mit Zeitvorgabe an einem festen Platz arbeiten
- Kleine »Päckchen« konzentriert lernen, dabei laut oder leise mitsprechen

- Den Lernstoff auf das Wesentliche reduzieren, das aber sicher können und wiederholen, um es schnell und korrekt wieder abrufen zu können
- Abschreiben reduzieren
- Wichtiges unterstreichen und wiederholen
- Das Gelernte abfragen lassen
- Selbständigkeit anstreben, nur allein gelöste Aufgaben geben Sicherheit
- Aktive Pausengestaltung mit körperlicher Bewegung und »geistigem Abschalten«
- Fremde Hilfe sollte ohne abwertende Kommentare erfolgen
- Termine einhalten, eigenes Bemühen und Erfolge erkennen und sich loben
- Mitschreiben im Unterricht reduziert die Ablenkung und verbessert die Konzentration
- Ständig mit Selbstinstruktionen arbeiten und diese aktualisieren
- Einen Coach haben
- Bei Problemen im Rechnen nur einen Lösungsweg üben, den aber sicher können
- Visuelles Einprägen fördern
- Bei Stimulanzientherapie immer unter Medikamentenwirkung lernen, weil Gelerntes dann schneller und korrekter abgespeichert und somit besser abrufbar wird
- Die Stimulanzien ganztägig einnehmen, auch an den Wochenenden und in den Ferien

> **Besonderheiten bei der Hausaufgabenkontrolle von AD(H)S-Kindern – ein Tipp**
>
> In der Praxis hat es sich bewährt, dass Eltern die Hausaufgaben ihrer AD(H)S-Kinder erst kontrollieren, wenn diese sie insgesamt erledigt haben, da das Durchsehen der Hausaufgaben oft zu erregten Diskussionen, aggressiven Reaktionen oder Gefühlsausbrüchen führt, die ein konzentriertes Weiterarbeiten sehr erschweren oder unmöglich machen. Der Grund hierfür liegt darin, dass der Erregungsabbau bei AD(H)S stark verzögert ist und oft erst nach Stunden das Ausgangsniveau wieder erreicht wird.

4.3 Die Bedeutung von Frühdiagnostik und Frühbehandlung

Der Aufbau der neuronalen Netze und die Vernetzung der einzelnen Gehirnteile miteinander erfolgt in den ersten Lebensjahren viel schneller und intensiver. Bis zur Einschulung werden die wichtigen Bahnen für die Lernfähigkeit aufgebaut. Schon im Kindergarten merkt ein Kind mit ausgeprägter AD(H)S-Symptomatik, dass es anders reagiert und einiges nicht so gut kann wie die anderen. Es leidet, ohne dass es die entsprechenden Hilfen bekommt, weil keiner es richtig zu deuten weiß. Dabei ist es für die Entwicklung des Selbstvertrauens sehr wichtig, dass bis zum Zeitpunkt der Einschulung jedes Kind für sich die Erfahrung macht: »Wenn ich etwas nicht kann, übe ich es, dann kann ich es.« Denn Schulfähigkeit setzt Bildungsfähigkeit in der Gruppe voraus sowie Freude und Bereitschaft zum Lernen. So, wie dieses Kind sich gefreut hat, endlich ein Schulkind zu sein und gute Voraussetzungen dafür besitzt.

Hurra, ich bin ein Schulkind!

- Ich freue mich auf die Schule
- Ich will viel lernen und habe mir schon einiges selbst beigebracht
- Ich weiß: »Wenn ich etwas nicht kann, übe ich es, dann kann ich es.«
- Ich kann mir selbst Aufgaben stellen und die auch lösen
- Ich kann mein Verhalten steuern, kann stillsitzen und zuhören
- Ich kann gut mit anderen spielen, sprechen und Aufgaben mit ihnen gemeinsam lösen
- Ich werde genau aufpassen, was die Lehrerin sagt und das auch befolgen.

4.3.1 Was ist Eltern zu raten, wenn sie bei ihrem Kind AD(H)S vermuten?

Empfehlungen, die für die Entwicklung nicht nur der AD(H)S-Kinder von Nutzen sind:

- Informieren Sie sich über AD(H)S, um Ihr Kind entsprechend fördern zu können
- Einigen Sie sich als Mutter und Vater – und gegebenenfalls auch gemeinsam mit den Großeltern – auf einen einheitlichen Erziehungsstil, der sich an individuellen Bedürfnisses Ihres AD(H)S-Kindes orientiert. Bitte denken Sie stets daran: Ihre Kinder benötigen eine autoritative, liebevolle Erziehung, die mit Verständnis und Konsequenz, sowie festen Grenzen und Ihrer Vorbildwirkung als Eltern einhergeht.
- Beschäftigen Sie sich gezielt mit Ihrem Kind, üben Sie kreative Spiele und spielerisches motorisches Geschicklichkeitstraining, sowohl der Grob- als auch der Feinmotorik, z. B. anhand von Ballspielen, Klettern, Balancieren, Ausmalen, Ausschneiden, Würfel- und Ratespielen.
- Wenn Ihr Kind im Vorschulalter nicht malen oder basteln will, dann liegt der häufigste Grund darin, dass es das nicht kann oder es ihm nicht so gut und so schnell wie den anderen Kindern gelingt. Zeigen Sie deshalb Ihrem Kind, wie es gemacht wird. Spielerisches Üben mit einfachen, weniger schwierigen Aufgaben ist hierbei erforderlich, liebevolle Zuwendung und Geduld. Beginnen Sie mit dem, was Ihr Kind beherrscht, und steigern Sie langsam den Schwierigkeitsgrad. Wichtig ist, dass Ihr Kind mit sich zufrieden ist und mit der Zeit das Entwicklungsniveau der anderen erreicht. Falls das nicht gelingt, suchen Sie nach professioneller Hilfe zur Klärung der Ursache. Hinterfragen Sie immer jede Ver-

weigerungshaltung Ihres Kindes, da sonst wichtige Entwicklungsphasen für Ihr Kind ungenutzt verstreichen, was sich später nachteilig erweisen kann und wird.
- Fördern Sie das besonders, was Ihr Kind gut kann, es braucht Erfolge, Lob und Anerkennung.
- Bestehen Sie frühzeitig darauf, dass Ihr Kind alles, was es beginnt, auch beendet, bevor es sich etwas Neuem zuwendet.

> Ganz wichtig: Ihr Kind soll lernen abzuwarten, Geduld und das Gefühl entwickeln, dass nicht immer alles sofort geschieht, was es sich spontan wünscht!

- Vereinbaren Sie mit Ihrem Kind zur Verhaltensunterbrechung ein Stoppsignal und üben Sie dessen Beachtung.
- Lesen Sie Ihrem Kind Geschichten vor, lassen Sie diese nacherzählen, üben Sie das gemeinsame Singen und Bilder beschreiben, geben Sie Ihrem Kind Gelegenheit, eigenständig zu malen und zu basteln.
- Achten Sie frühzeitig auf Begabungen und besondere Fähigkeiten Ihres Kindes, beachten und protokollieren Sie seinen Entwicklungsverlauf und Lernzuwachs, denn ein verzögerter Lernzuwachs ist ein AD(H)S-Frühsymptom.

> Fördern Sie bei Ihrem Kind Bewegung und Sozialkontakte, achten Sie auf eventuelle fein- oder grobmotorische Auffälligkeiten und auf die Stärke seiner Gefühlsausbrüche.

- Beobachten Sie Ihr Kind beim Spielen mit anderen, vermitteln Sie ihm zeitig soziale Normen und angemessenes Verhalten.
- Nehmen Sie Ihr Kind bei Konflikten mit anderen beiseite, beruhigen Sie es durch Körperkontakt und Zuspruch, aber nicht viel reden oder schimpfen. Ermutigen Sie Ihr Kind, ggf. sich zu verteidigen und wieder in die Gruppe zurückzukehren.
- Gehen Sie möglichen Auffälligkeiten Ihres Kindes schon vor dessen Einschulung nach, fragen Sie den Kinderarzt und bitten Sie ihn um eine professionelle Untersuchung.
- Setzen Sie Ihrem Kind Grenzen, schaffen Sie Struktur im Tagesablauf und Rituale.
- Stärken Sie sein Selbstvertrauen, indem Sie seine Selbständigkeit fördern und es dafür regelmäßig loben.
- Fördern Sie die sprachliche Entwicklung Ihres Kindes, indem Sie mit ihm Kinderverse und Kinderlieder lernen.
- Lassen Sie Ihr Kind an der musikalischen Früherziehung teilhaben.
- Nutzen Sie für Ihr Kind Angebote, sofern vorhanden, eine Fremdsprache im Kindergartenalter spielerisch zu erlernen.

> Behalten Sie stets im Hinterkopf: Vorschulkinder möchten und können sehr viel lernen. Sie haben Freude und Spaß am Lernen.

- Denken Sie daran: Gruppenfähig zu sein heißt für Ihr Kind, sich einordnen, aber auch sich sozial angemessen behaupten zu können und über eine altersentsprechende Selbständigkeit zu verfügen.

Ein hyperaktives Kind fällt meist schon im Säuglingsalter auf, jedoch spätestens im zweiten oder dritten Lebensjahr. Dagegen werden die Kinder mit einem ADS ohne Hyperaktivität in aller Regel erst viel später und damit oft zu spät erkannt. Ihre Symptomatik ist diskreter, aber deren Wirkung auf die eigene innere Befindlichkeit um vieles stärker. Schon im Kindergarten oder gleich nach der Einschulung beginnen diese Kinder ihre Defizite massiv zu spüren, was sie gegenüber anderen Kindern unsicher macht.

4.3.2 Zur Frühdiagnostik des ADS ohne Hyperaktivität

Für die Frühdiagnostik des ADS ohne Hyperaktivität sollte auf folgendes Verhalten im Kindergartenalter geachtet werden: Hypoaktive Kinder ...

- sind häufig ängstlich, sie klammern, weinen leicht und sind sehr empfindlich
- sind stimmungslabil, ziehen sich schnell zurück und benutzen zeitweilig Babysprache bei Unsicherheit
- stammeln häufig und haben manchmal Schwierigkeiten, einige Konsonanten auszusprechen, besonders die S-Laute
- malen und basteln nicht gern und halten den Stift verkrampft
- haben Schwierigkeiten, trotz Übens geometrische Figuren (Viereck, Quadrat, Dreieck, Kreis) nachzuzeichnen, sie sind feinmotorisch im Vergleich zu anderen Kindern ungeschickter
- spielen am liebsten in der Ecke allein und haben oft nur einen festen Freund
- mögen den Stuhlkreis nicht und können nicht lange zuhören
- sind vergesslich und leicht abgelenkt
- nässen manchmal tagsüber noch ein, weil sie den Harndrang nicht beachten, zu spät zur Toilette gehen und den Urin dann nicht mehr halten können
- erkennt man jedoch auch an ihren ausgesprochen positiven Eigenschaften: Sie wollen gern die Ersten sein, sind sehr eifrig und hilfsbereit bei den sozialen Diensten. Sie haben einen großen Gerechtigkeitssinn und setzen sich uneigennützig für andere ein, ohne an eventuelle mögliche Folgen zu denken
- verhalten sich zu Hause oft anders als im Kindergarten: Hier nehmen sie sich zusammen, zu Hause reagieren sie ihren am Vormittag aufgestauten Frust ungesteuert ab

Jede der oben genannten Verhaltensweisen kann natürlich alleine für sich genommen oder in einer gewissen Verbindung bei allen Kindern vorkommen. Treten jedoch mehrere dieser Symptome ausgeprägt und immer wieder und in Kombination mit Defiziten in der altersgerechten Entwicklung auf, können sie auf den Beginn einer ADS-Problematik, vorwiegend ohne Hyperaktivität, hindeuten.

4.3.3 Methodische Grundlagen der Frühdiagnostik – der Entwicklungstest ET 6–6-R

Eine Frühdiagnostik mit dem Entwicklungstest für Kinder im Alter von sechs Monaten bis sechs Jahren (dem ET 6–6-R), der von den Kinderärzten durchgeführt wird, ist sehr aussagekräftig und für die AD(H)S-Früh- und Entwicklungsdiagnostik sehr zu empfehlen. Mit diesem Test kann man auch gut den Lernzuwachs beurteilen und den Eltern gezielte Anleitung zum Üben geben.

Der Entwicklungstest ET 6–6-R erfasst altersentsprechend:

- die Körpermotorik
- die Handmotorik
- das Gedächtnis
- die Fähigkeit, Handlungsstrategien zu entwickeln
- die Wahrnehmungsverarbeitung
- die kognitive Entwicklung
- die Sprachentwicklung
- die soziale Entwicklung
- die Regulation der Gefühle
- das Nachzeichnen

Lassen Sie ein Quadrat nachzeichnen und einen Menschen zeichnen. Bei einem ausgeprägten AD(H)S kann das so aussehen, wie in ▶ Abb. 4.1 und ▶ Abb. 4.2 dargestellt.

Abb. 4.1: Ein Vorschulkind mit AD(H)S-Kind zeichnet ein Quadrat nach

Abb. 4.2: Ein 8,5-jähriger Junge mit AD(H)S zeichnet einen Menschen

4.3 Die Bedeutung von Frühdiagnostik und Frühbehandlung

Die Bewegung der Hand ist überschießend, die Ecken gelingen nicht. Der Mensch wird oft mit viel zu großen Händen und mit auffallend falschen Proportionen gemalt. Üben Sie als Eltern beides mit Ihrem Kind, beachten Sie dessen Lernzuwachs, der bei AD(H)S auffällig verzögert ist.

Exkurs: Feste Strukturen erleichtern den Tagesablauf für alle

Mit Bildern gestaltete Wochenpläne zur (Selbst-)Kontrolle (▶ Abb. 4.3) können Vorschulkindern helfen, sich frühzeitig an Strukturen im Tagesablauf zu gewöhnen. Sie können darüber hinaus dazu beitragen, ein ständiges Ermahnen der Eltern zu ersparen. Selbst Kinder im Vorschulalter, die noch nicht lesen können, lernen, mit solchen Wochenplänen umzugehen.

	Mo	Di	Mi	Do	Fr	Sa	So
Alleine anziehen							
In Ruhe und reichlich frühstücken							
Geschirr wegräumen							
Zähne putzen/waschen							
Garderobe aufhängen							
Beschäftigung beenden							
Spielsachen aufräumen							

Abb. 4.3: Beispiel eines Wochenplans zur Selbstkontrolle für Vorschulkinder

4.3.4 Warum sind Frühdiagnostik und gegebenenfalls Frühbehandlung erforderlich?

Weist Ihr Kind eine ausgeprägte AD(H)S-Symptomatik auf, sind eine frühzeitige Diagnostik und – bei entsprechender Diagnosestellung – eine Frühtherapie erforderlich, damit sein Selbstvertrauen nicht in eine Negativspirale gerät. Sofern die von Ihrem Arzt gestellte Diagnose eindeutig ist, sollte ein individuelles und multimodales Therapieprogramm erstellt und bei Bedarf die Notwendigkeit einer medikamentösen Behandlung mit Stimulanzien erwogen werden und das auch schon einige Monate oder Wochen vor der Einschulung.

Denn ein AD(H)S frühzeitig zu behandeln bedeutet, nicht zu warten bis:

- sich Defizite in belastenden Situationen sowohl im Verhaltens- als auch in den kognitiven Bereichen zeigen, wie z. B. Ängste, Aggressionen, Verweigerungen oder Teilleistungsstörungen
- Selbstvertrauen und Motivation durch Selbstzweifel und Resignation ersetzt werden
- viele positiven Fähigkeiten verkümmern
- Ängste und Aggressionen das Gesamtverhalten prägen
- die Kinder psychisch darunter leiden, sich als Versager fühlen, sich in der Kita oder im Kindergarten von der Gruppe isolieren und immer nur für sich allein spielen wollen, weil sie es nicht anders können

4.3.5 Therapeutische Strategien im Rahmen von Frühförderung und Frühbehandlung

AD(H)S-Kinder, die immer lieber für sich allein in der Bau- oder in der Puppenecke spielen, fallen nicht auf, stören nicht und niemand nimmt daran Anstoß. Aber in den allermeisten Fällen ist dieses Verhalten nicht wirklich so gewollt, sondern nur eine Notlösung bei innerlicher Verunsicherung mit unzureichender Selbstbehauptung. Diese Kinder integrieren sich nicht in die Gruppe, nicht, weil sie es nicht wollen, sondern weil sie es nicht können! Entweder fehlen ihnen der Mut und die Fähigkeit, sich als Gruppemitglied zu behaupten oder die Gruppensituation ist infolge ihrer Besonderheiten für sie zu anstrengend. Dennoch sollte jedes Kind noch vor der Einschulung lernen und befähigt werden, sich in eine Gruppe zu integrieren und sich dort auch behaupten zu können. Im Schulalltag wird das zur täglichen Notwendigkeit und wer diese Fähigkeit nicht beherrscht, wird spürbar unter dieser Schwäche leiden. Das trifft für viele Schulkinder zu, die im Pausenhof ständig allein umhergehen oder isoliert herumstehen.

Wie können Kinder lernen, sich in eine Gruppe zu integrieren? Dazu benötigen sie die Unterstützung ihrer Erzieher oder Eltern.

Welche Vorgensweise hat sich in der Praxis bewährt? Besprechen Sie mit dem Kind vorher das Vorhaben und erklären ihm die einzelnen Schritte. Ermutigen Sie es, dann nehmen Sie das Kind vorsichtig und unauffällig an die Hand und nähern sich der Gruppe.

Stellen Sie sich beide in die Nähe der Gruppe, so dass das Kind Blickkontakt zu einigen Gruppenmitgliedern, die gerade mit Spielen beschäftigt sind, aufnehmen kann.

Zunächst wird eine ganze Weile das Spielen dieser Kinder gemeinsam beobachtet und gewartet. Dann gilt es, darauf zu achten, ob und mit wem aus der Gruppe es zum Blickkontakt kommt. Diesen Blickkontakt erwidern, sich anlächeln und dann sich neben dieses Kind stellen und sich dort in die Gruppe einreihen. Das Spiel der Kinder beobachten und sich im nächsten Schritt mit der gleichen Tätigkeit in das Spiel einbringen, wie sie das Nachbarkind, zu dem der Blickkontakt aufgebaut wurde, gerade ausführt.

Wichtig dabei ist, das Kind darauf vorzubereiten, dass sich irgendein anderes Kind vielleicht gegen seine Teilnahme am Spiel der Gruppe äußert. In diesem Fall soll es laut und deutlich sagen: »Ich will aber genauso mitspielen wie alle anderen« und sich nicht mehr beiseitedrängen lassen. Nur selten wird dabei ein kurzes Eingreifen des Erwachsenen noch erforderlich sein.

Lassen Sie als Coach Ihr Kind anschließend seinen Erfolg genießen und fordern Sie es auf, immer wieder in dieser Weise auf eine Gruppe zuzugehen. Das erfordert natürlich Geduld, Einfühlungsvermögen, Abwarten können und genaues Beobachten, alles Eigenschaften, über die ein Kind mit ausgeprägtem AD(H)S nur eingeschränkt verfügt. Deshalb sind hypo- und hyperaktive Kinder schon im Vorschulalter auf die Unterstützung ihrer Erzieherinnen und Eltern als Coaches angewiesen – ihr aktives Eingreifen kann je nach Situation eine wichtige erste Hilfe sein, sozialer Kompetenzen zu erwerben.

Der Kindergarten mit seiner spiel- und aufgabenorientierten Gruppendynamik leistet für AD(H)S-Kinder wichtige Entwicklungshilfe, wenn er

- die Grob- und Feinmotorik gezielt fördert
- alle Wahrnehmungsbereiche der Kinder beübt
- soziale Regeln und Strukturen vermittelt
- den Wortschatz erweitert und die sprachliche Ausdrucksweise verbessert
- Kreativität, Spieltrieb und Ausdauer fördert
- auf die soziale Integration aller Kinder achtet

Wünschenswerte Aufgaben des Kindergartens sind:

- Die gezielte Vorbereitung aller Kinder auf den nächsten Entwicklungsabschnitt, auf die Schule
- Malen und Basteln üben und auf die richtige Stifthaltung achten
- die Entwicklung der einzelnen Kinder möglichst genau zu protokollieren
- vorhandene Defizite spielerisch auszugleichen, auch mit Einbeziehung der Eltern oder einer professionellen Behandlung
- die Kontakte und Zusammenarbeit mit Eltern und professionellen Therapeuten zu pflegen

- den Kindern Erfolge zu ermöglichen, um ihre Anstrengungsbereitschaft zu fördern

Das gemeinsame Spielen mit anderen Kindern (und nicht mit dem Computer!) ist für die kindliche Entwicklung sehr wichtig, weil Kinder dabei Folgendes lernen können:

- die Verbundenheit mit anderen zu spüren
- soziale Regeln zu beachten
- eigene Forderungen zu formulieren
- Anderen aufmerksam zuzuhören
- sich sowohl angemessen behaupten als auch sich ein- und unterordnen zu können
- die eigene Kreativität zu entfalten, die eigenen Stärken zu spüren
- die Vorteile von Ordnung und Struktur zu spüren und deren Einhaltung zu üben

Mit welchen Strategien können Erzieherinnen und Erzieher AD(H)S-Kinder (und alle weiteren Kinder) fördern?

- die positiven Eigenschaften der Kinder erkennen und herausstellen
- auf eine altersgerechte Entwicklung der verschiedenen Wahrnehmungsbereiche achten
- dem Kind immer wieder signalisieren: »Ich möchte Dir helfen, Du kannst mir vertrauen«
- auftretende Probleme immer zuerst mit dem Kind besprechen, dann erst die Eltern einbeziehen
- keine offenen Gruppen bilden, in denen jedes Kind ständig machen kann, was es will
- Regeln für den Umgang miteinander aufstellen, die für alle gelten
- den Tagesablauf fest strukturieren
- die soziale Integration aller Kinder praktizieren und einen Rückzug einzelner Kinder nicht akzeptieren, auf Gruppenzugehörigkeit achten
- die Kinder, sofern nötig, vor der Gruppe schützen und so weit wie möglich verhindern, dass sie durch diese abgewertet oder bloßgestellt werden
- den individuellen Lernzuwachs der Kinder beachten und den Eltern, sofern dieser unzureichend ausfällt, eine ärztliche Diagnostik wegen dieser Problematik empfehlen
- Hilfen bei AD(H)S-typischen Problemen geben und die Eltern einbeziehen

Eltern fragen Ärzte und Psychologen in ihrer Praxis immer wieder danach, wie sie den aktuellen Entwicklungsstand ihres Kindes beurteilen und dieses ggf. fördern können. Natürlich gibt es dafür viele Tabellen und Statistiken. Wissenschaftlich begründete und von Fachleuten entwickelte Informationen sind nützlich, die auflisten, was ein Kind seinem jeweiligen Alter entsprechend alles können sollte. Eltern können diese Fähigkeiten dann bei ihren Kindern genau überprüfen, bemerkte Defizite spielerisch üben und dabei auf den Lernzuwachs achten.

Was ein Schulanfänger können sollte:

- seinen eigenen Vor- und Nachnamen, sowie den Namen, den Beruf, die Anschrift und die Telefonnummer (Festnetz, wenn vorhanden) seiner Eltern kennen
- sich alleine aus- und anziehen, eine Schleife binden
- selbständig sich waschen und Zähne putzen
- alleine auf die Toilette gehen
- mit Messer, Gabel, Löffel und Schere umgehen
- sich selbst Getränke einschenken
- rechts von links unterscheiden
- die wichtigsten Farben unterscheiden
- drei Aufträge hintereinander ausführen
- sich an altersgemäßen Gesellschaftsspielen beteiligen
- aufmerksam einer kurzen Geschichte zuhören und sie inhaltlich wiedergeben
- Grundregeln zur Beachtung des Straßenverkehrs beherrschen
- gern bauen, malen, kneten, formen, basteln – allein und in Gemeinschaft
- Umgangssprache beherrschen
- den Mengenbegriff bis 10 beherrschen und rückwärts von 10 zählen

5 Selbstwertgefühl und soziale Kompetenz auf Dauer verbessern

Selbstwertgefühl und soziale Kompetenz werden hauptsächlich in der Kindheit geprägt.

5.1 Individuelle Therapieziele erarbeiten

Kinder und Jugendliche mit AD(H)S sollten, ggf. mit Unterstützung ihrer Eltern und Therapeuten, ihre Behandlungsziele formulieren, die helfen, den persönlichen Leidensdruck und die belastenden Probleme des täglichen Lebens zu beseitigen. Zu Therapiebeginn gilt es, die wichtigsten Probleme aufzuschreiben und daraus einen individuellen Therapieplan zu erstellen. Dazu drei Beispiele von Kindern, die ihre Probleme und ihre Therapieziele vor Behandlungsbeginn formulierten.

Eine Gymnasiastin formulierte zu Beginn der Behandlung Folgendes:

- »Mich stört, dass ich nicht bemerkt werde«
- »Ich bin anders und dadurch ein Außenseiter«
- »Mich versteht keiner«
- »Mir gelingt alles schlechter als erwartet«

Solche Probleme formulierten Jugendliche mit AD(H)S in meiner Praxis immer wieder (▶ Abb. 5.1).

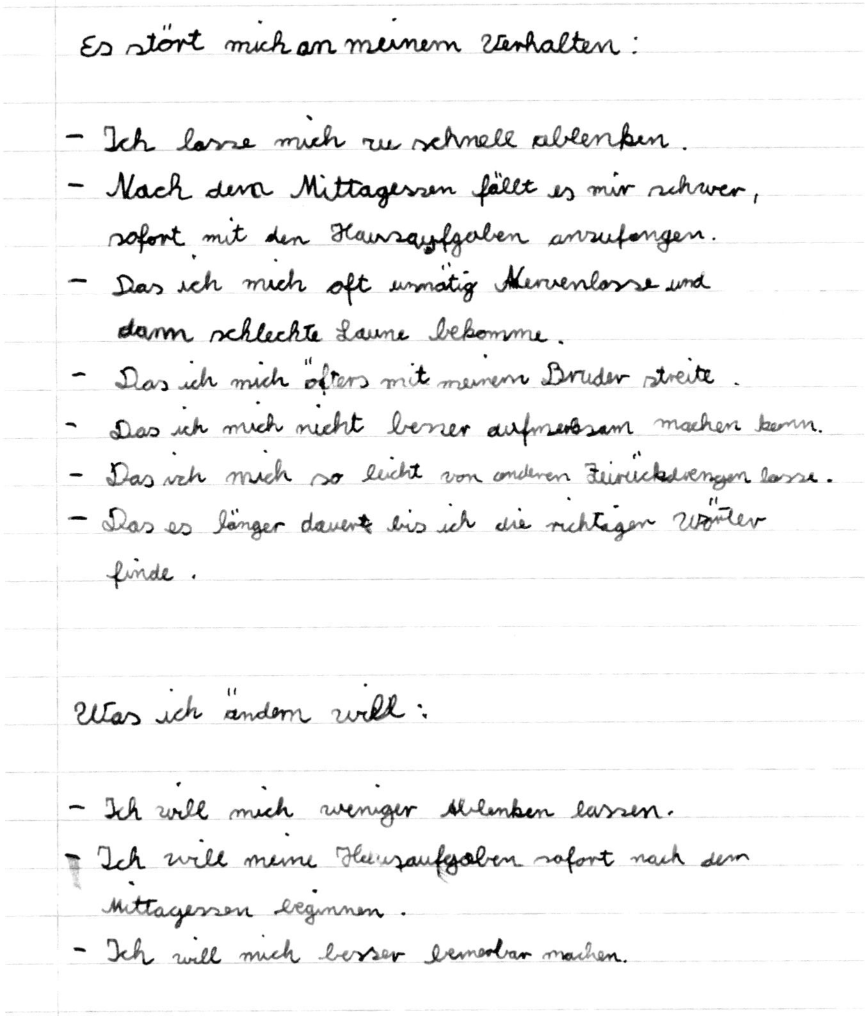

5.1 Individuelle Therapieziele erarbeiten

Es stört mich an meinem Verhalten:

- Ich lasse mich zu schnell ablenken.
- Nach dem Mittagessen fällt es mir schwer, sofort mit den Hausaufgaben anzufangen.
- Das ich mich oft unnötig Nervenlose und dann schlechte Laune bekomme.
- Das ich mich öfters mit meinem Bruder streite.
- Das ich mich nicht besser aufmerksam machen kann.
- Das ich mich so leicht von anderen Zurückdrengen lasse.
- Das es länger dauert bis ich die richtigen Wörter finde.

Was ich ändern will:

- Ich will mich weniger ablenken lassen.
- Ich will meine Hausaufgaben sofort nach dem Mittagessen beginnen.
- Ich will mich besser lernbar machen.

Abb. 5.1: Beispiele von AD(H)S-Kindern: »Was mich stört, was ich ändern will«

5.2 Positives oder negatives Selbstwertgefühl, wovon hängt das ab?

Das Selbstwertgefühl entwickelt sich aus

- den täglich gemachten Erfahrungen und der eigenen Zufriedenheit
- der Beurteilung und Anerkennung der selbst erbrachten Leistungen durch andere
- dem Spüren von Zuwendung, Akzeptanz und Achtung von Seiten des sozialen Umfeldes, anfangs mehr von Seiten der Familie, später sind die Peergruppen (wie z. B. die Mitschüler) und die Autoritätspersonen (z. B. Lehrer, Trainer, Vorgesetzte) bedeutungsvoller
- der eigenen Fähigkeit, das Denken und Handeln anderer positiv zu beeinflussen, ihnen eine Hilfe zu sein
- dem Erleben, von anderen gebraucht und geschätzt zu werden
- den täglich gemachten Erfahrungen bei der Bewältigung geforderter Leistungen und diese erfolgreich lösen zu können

Wie kann ich mein Selbstwertgefühl verbessern?

- Positiv denken, negative Gedanken ausblenden und hinterfragen
- Eigene Fehlwahrnehmungen erkennen, Geschehenes objektiv betrachten
- Emotional bedingte Verzerrungen beseitigen, wenn sie Folge meiner zu großen Empfindlichkeit sind
- Die Sichtweise des anderen respektieren
- Problemlösungen erarbeiten, jemanden bei Bedarf um Hilfe bitten
- Die eigene Leistungsfähigkeit realistisch einschätzen und akzeptieren (nach dem Motto: »Ich soll und kann nur meinen Fähigkeiten entsprechen, möchte diese jedoch voll einsetzten, um Beachtung, Anerkennung und Lob von anderen zu erhalten.«)
- Die eigenen Grenzen kennen, unlösbare Probleme akzeptieren lernen
- Eigene positive Fähigkeiten und Leistungen herausstellen, sich loben lernen

> Über einen starken Willen zu verfügen, bedeutet nicht unbedingt ein gutes Selbstwertgefühl zu haben!

Das Selbstwertgefühl wird verständlicherweise von Eltern oft mit dem Vorhandensein eines starken kindlichen Willens gleichgesetzt. »Mein Kind hat ein sehr gutes Selbstwertgefühl, denn es hat ja einen sehr starken Willen«, ein häufiger Satz im Elterngespräch. Nach meiner Erfahrung entwickeln Kinder mit AD(H)S, die wenig Vertrauen in ihre eigenen Fähigkeiten haben und innerlich verunsichert sind, einen starken Willen, um sich damit selbst Sicherheit zu geben. Mit diesem starken Willen behaupten sie sich und versuchen Dinge durchzusetzen, die für andere oft nicht nachvollziehbar sind. So werden von vornherein z. B. bestimmte Speisen,

Tätigkeiten oder Personen bevorzugt oder abgelehnt, ohne dass es dafür einen plausiblen Grund gibt.

Die wichtigste Prägungsphase für die Entwicklung des Selbstwertgefühls liegt zwischen dem 8. und 14. Lebensjahr (Braus 2012). Die Studie der WHO zur Kindergesundheit (1986) und andere Studien konnten nachweisen, dass psychische Befindlichkeit und Selbstwertgefühl im Laufe der Schulzeit bei ca. 20% der Kinder deutlich schlechter waren als noch im Alter von 8 Jahren. Nach dem 14. Lebensjahr und während der Pubertät nehmen psychische und psychosomatische Störungen deutlich an Häufigkeit zu, wobei die Zeit vor der Pubertät die Voraussetzungen dafür schafft. Deshalb sollte ein Schulkind mit AD(H)S möglichst rechtzeitig behandelt werden, damit sein Selbstwertgefühl in dieser Zeit nicht für immer Schaden nimmt und in einen Abwärtstrend gerät. Das erfordert Frühdiagnostik und Frühbehandlung der Kernsymptome des AD(H)S. Eine wichtige Aufgabe für Kinderärzte, Psychologen, Kindergartenerzieher, Ergotherapeuten und Eltern.

> Ein gutes Selbstwertgefühl macht die Kinder stark für einen erfolgreichen Start ins Leben und hilft ihnen, schwierige Lebensereignisse zu überwinden.

5.3 Die große Bedeutung der sozialen Kompetenz

Für die Entwicklung sozialer Kompetenzen ist ein entsprechend gutes soziales Umfeld von Anfang an förderlich, das über die folgenden Eigenschaften verfügen sollte:

- Geborgenheit
- Ruhe
- Verständnis
- Toleranz
- Struktur
- Grenzen
- Geduld
- Erfolgsmöglichkeiten vermitteln
- Anerkennung
- Humor
- Selbständigkeit
- Freunde
- Kommunikationstraining

Ein wichtiger Bestandteil der sozialen Kompetenz ist die emotionale Intelligenz. Sie wird von vielen Fachleuten für den Berufserfolg und für die Lebensqualität sogar als ausschlaggebender als die mit Hilfe von Intelligenztests erfasste Intelligenz bewertet. Was bedeutet jedoch konkret emotionale Intelligenz, die auch bei der AD(H)S-Diagnostik und Therapie beachtet werden sollte, da deren Betroffene gerade in diesem Bereich große Schwächen haben können.

Die wichtigsten Eigenschaften, die einer guten emotionalen Intelligenz entsprechen, sind:

- die psychische Stabilität
- sich selbst und andere motivieren zu können
- seine Gefühle unter Kontrolle zu haben
- bei Niederlagen und Frust nicht resignieren
- die Gefühle der anderen erfassen und beeinflussen zu können

Wie lässt sich nun soziale Kompetenz definieren?

Menschen mit sozialer Kompetenz verfügen über die Fähigkeiten und den Willen:

- andere Menschen zu verstehen, sich in ihr Denken und Fühlen hineinversetzen zu können
- zur Selbstreflexion, d. h. ihre eigenen Gefühle und Fähigkeiten realitätsgerecht einzuschätzen
- ihre eigenen Gefühle unter Kontrolle zu haben
- sozial angepasst zu reagieren, d. h. die Bedürfnisse der anderen zu erkennen und, soweit diese begründet sind, auch zu berücksichtigen
- ihre eigenen Handlungen stets zu überprüfen und im Hinblick auf mögliche Folgen ändern zu können, also im Handeln flexibel zu sein
- sich je nach Situation ein- oder unterzuordnen, aber auch die Führung übernehmen zu können
- ihr Potenzial zum Erreichen von selbst gestellten Zielen erfolgreich und zugleich sozial verträglich einzusetzen

5.4 Die wichtigsten Strategien zur Verbesserung der sozialen Kompetenz

Grundlage für eine gute soziale Kompetenz ist ein altersentsprechend gutes Selbstwertgefühl, beide sind eng miteinander verbunden. In der Therapie arbeitete ich mit den Kindern und Jugendlichen immer zuerst an der Verbesserung ihres Selbstwertgefühls, um dann nach ersten Erfolgen mit ihnen und in Zusammenarbeit mit ihren Eltern ihr Sozialverhalten zu verbessern. Wie kann das gelingen?

- Dazu müssen die Betroffenen in einem ersten Schritt befähigt werden, ihr Verhalten realitätsgerecht zu beurteilen und Verhaltensweisen aufschreiben, die sie bei sich und bei anderen als störend empfinden.
- In einem zweiten Schritt werden gemeinsam Änderungsmöglichkeiten erarbeitet, deren Umsetzung besprochen, eventuell durchgespielt und aufgeschrieben.
- Das erwünschte und veränderte Verhalten sollte bewusst mehrfach ausprobiert und geübt werden. Dazu werden die Eltern, sofern und so weit wie möglich, als »Coaches« eingebunden und so werden sie zum »verlängerten Arm« des Therapeuten in der häuslichen Atmosphäre.

Was sollte bewusst geübt werden, um soziale Kompetenz zu steigern?

Es empfiehlt sich, mit einer Bestandsaufnahme zu beginnen: »Was kann ich gut, was muss ich noch ändern?«

Dazu einige Beispiele, die mit Hilfe der Eltern geübt werden können:

- Wichtiges von Unwichtigem unterscheiden und Prioritäten setzen
- Menschen beobachten, ihr Verhalten und ihre Körpersprache beurteilen
- Nicht zu empfindlich gegenüber dem Verhalten anderer sein
- Vorurteile gegenüber anderen abbauen
- Diplomatischer reagieren und Kompromisse eingehen
- Sich Vorbilder suchen und diesen nachahmen
- Kontakte zu Mitschülern und zur Peergruppe pflegen, in der Schule, in der Freizeit und in Vereinen
- Freunde finden durch gemeinsame Interessen, sie einladen und Verabredungen treffen
- Sich entscheiden lernen, »nein« sagen können, sich nicht bedingungslos unterordnen
- Blockierende Ängste mit Hilfe lustbetonter positiver Aktivitäten unterbrechen
- Selbstabwertung vermeiden, Techniken zur Affekt- und Ärgerkontrolle erlernen
- Lernen, Konflikte zu vermeiden, zu lösen und das anhand konkreter Situationen mit Unterstützung der Eltern zu üben
- Nicht in virtuelle digitale bzw. elektronische Welten (Computer, Internet, Smartphones, TV etc.) flüchten, sondern stattdessen soziale Kontakte mit realen Personen pflegen und gemeinsam sportliche und anderweitige Freizeitaktivitäten unternehmen
- Eine eigene Meinung herausbilden und vertreten und diese durch Kommunikationstraining besser äußern können Dazu muss als erstes in den Familien mehr miteinander über Beobachtungen und Alltagsprobleme gesprochen werden. Lassen Sie sich den Verlauf des Schultages und was alles dort passierte von Ihrem Kind ausführlich schildern und fordern Sie seine Meinung dazu ein
- Den Konflikten und negativen Reaktionen anderer nicht ausweichen, sondern diese konstruktiv verbal klären
- Lernen, mit Kritik umzugehen, sie annehmen können, ohne sich gekränkt zu fühlen. Sich aber auch innerlich von einer ungerechten kritischen Bemerkung distanzieren, eine scheinbar bewusste Provokation als solche erkennen und als harmlos abtun lernen

- Eigene eingeschliffene Denkweisen hinterfragen, kein »Schwarz-Weiß-Denken« zulassen
- Kein hilfloses Opfer seiner zu großen Empfindlichkeit sein, lernen, mit Humor zu reagieren
- Anfangs jeden Abend eine kurze positive Tagesreflexion notieren, nach dem Motto »was habe ich heute Positives erreicht«
- Sein Verhalten bewerten, sich loben lernen und überlegen, welche dringende Änderung im Verhalten ab morgen unbedingt noch erforderlich sei

Die oben beschriebenen Verhaltensweisen und Fähigkeiten sind alle wichtige Bestandteile einer guten sozialen Kompetenz, die je nach individueller Notwendigkeit stärker oder weniger mit Hilfe der Eltern verbessert werden können. Im Interesse Ihres Kindes, sollte damit so schnell wie möglich begonnen werden. Tauchen im Rahmen der Übungen größere Probleme auf, sollten Sie sich an einen Therapeuten wenden.

Als Eltern, Therapeut oder Coach erfährt man sehr schnell, dass Kinder und Jugendliche mit AD(H)S alle paar Wochen immer wieder ein abgeändertes, aktualisiertes, also neues »Programm« brauchen, da es sonst schnell für sie langweilig wird. Deshalb hier im Folgenden drei Vorschläge für weitere Trainingsprogramme zur Verbesserung des Sozialverhaltens bei Kindern und Jugendlichen, die ich in der Praxis sehr oft und erfolgreich angewendet habe.

5.4.1 Die Kinderzimmerordnung

Um die ständigen Streitigkeiten zwischen den Geschwistern zu minimieren, sollte von Anfang eine für alle Geschwister gültige Kinderzimmerordnung in gemeinsamer Absprache erstellt werden. Fordern Sie als Eltern deren Einhaltung strikt ein, definieren Sie deutlich mögliche Konsequenzen bei deren bewusster Nichteinhaltung und führen Sie diese im entsprechenden Fall auch aus. Hängen Sie die Kinderzimmerordnung gut sichtbar für das Kind oder den Jugendlichen in seinem Zimmer auf.

Beispiel einer Kinderzimmerordnung:

1. Ich halte Ordnung und räume mein Zimmer täglich nach dem Abendessen auf.
2. Meine Geschwister dürfen mein Zimmer nur betreten, wenn ich oder Mama es ihnen erlauben.
3. Ohne meine Erlaubnis dürfen meine Geschwister nichts aus meinem Zimmer entfernen!
4. Das Türschild »nicht stören« ist von allen zu respektieren, weil ich dann Hausaufgaben mache und lerne.
5. Während der Hausaufgabenzeit muss Ruhe herrschen, bitte nicht stören!
6. Nach dem Spielen helfen meine Freunde mir beim Aufräumen des Zimmers.

5.4.2 »Mein Platz in der Familie«

Erster Teil des Programms: »Meine Pflichten und Rechte in der Familie«
Rechte und Pflichten werden in der Familie mit dem Kind oder mit dem Jugendlichen und seinen Geschwistern gemeinsam erarbeitet, in einem Vertrag schriftlich fixiert und von allen unterschrieben.

Beispiele dafür könnten wie folgt lauten:

- Meine Rechte sind:
- Gesund ernährt zu werden
- Ausreichend saubere Kleidung zu haben
- Eine gute Erziehung und Ausbildung zu bekommen
- Ein eigenes Zimmer zu haben
- Über Freizeit zu verfügen
- Freunde zu haben
- Angemessenes Spielzeug zu haben

Hierbei sollte dem Kind klar werden, dass die Erfüllung seiner Rechte für seine Eltern auch Arbeit und Mühe bedeuten.

Meine Pflichten sind (einige Vorschläge zur Auswahl):

- Meine Eltern und Geschwister zu achten und nicht zu beschimpfen
- Gründlich zu lernen, keine Hausaufgaben zu vergessen
- Alle Mülleimer regelmäßig und ohne Aufforderung zu lehren
- Leere Wasserflaschen durch volle zu ersetzen und diese aus dem Keller zu holen
- Am Wochenende die Straße zu kehren
- Das Katzenklo täglich zu säubern
- Mein Zimmer in Ordnung zu halten
- Das Badezimmer ordentlich zu verlassen
- Morgens sofort aufzustehen, wenn ich geweckt werde
- Den Tisch für das Abendessen zu decken und abzuräumen
- Jeden Abend meine Schultasche zu packen und nichts zu vergessen
- Zur vereinbarten Zeit schlafen zu gehen, ohne Ermahnung und Diskussion

Die individuelle Auflistung der Pflichten beginnt mit den wichtigsten drei Punkten, die als erstes in eine Tabelle eingetragen werden. Dazu wird ein Stundenplan umfunktioniert, um die erfolgte Erledigung der Pflichten täglich zu kontrollieren und zu dokumentieren. Denn nur was schriftlich oder besser noch auch bildlich sichtbar ist, hat für AD(H)S-Kinder gültigen Bestand, alles andere wird – nicht böswillig, sondern bedingt durch ihre andere Art der Verarbeitung von Wahrnehmungen – vergessen und abgestritten.
Die übernommenen Pflichten sollen selbständig und ohne Aufforderung in eigener Verantwortung erledigt werden.

Selbstverständlich bekommen auch die Geschwister Pflichten zugeteilt, die sie täglich gleichermaßen gewissenhaft zu erledigen haben. Für alle Familienmitglieder ist es wichtig, dass die Lasten dem Alter entsprechend gleichberechtigt getragen werden. Unbedingt zu vermeiden gilt es, dass die Pflichten des vom AD(H)S betroffenen Kindes von keinem in der Familie als Strafe angesehen werden, denn dieses Kind muss schon ohnehin oft genug Hänseleien von Seiten seiner Geschwister aushalten.

Zweiter Teil des Programms: »Was sollte ich an meinem Verhalten ändern, damit es mir und allen in der Familie besser geht?«
Auch in diesem nächsten Schritt sollten die gewünschten Verhaltensänderungen von dem betroffenen Kind bzw. Jugendlichen und seinen Eltern gemeinsam erarbeitet und anschließend niedergeschrieben werden.

Beispiele dafür:

- Ich darf meinen Eltern gegenüber angemessen Kritik äußern, jedoch ohne sie zu beleidigen
- Wenn mir etwas nicht gefällt, sage ich das, ohne gleich laut und wütend zu werden
- Unter den Geschwistern bin ich gleichberechtigt und erwarte, dass meine Meinung gehört und als solche akzeptiert wird
- Wegen meiner AD(H)S-Problematik darf ich nicht benachteiligt werden, vorausgesetzt ich arbeite an ihrer Verbesserung und nehme sie nicht ständig als Entschuldigung für mein Fehlverhalten

Dritter Teil des Programms: »Unsere Familienkonferenz«
An jedem Wochenende findet eine Familienkonferenz statt, in der jedes Familienmitglied kurz berichtet:

- Wie es mit der vergangenen Woche zufrieden war
- Was ihn störte
- Was es gerne ändern würde
- Welche Erfolge es erlebt hat
- Welche besonderen Termine und Arbeiten in der kommenden Woche anstehen

Die Familienkonferenz ist regelmäßig zu einer festgelegten Zeit im Beisein aller Familienmitglieder abzuhalten. Sie hat sich in der Praxis als ein sehr wirksames pädagogisches Instrument bewährt, da sie für alle Kinder einen großen erzieherischen Wert hat: Jedes Kind kann in der gemeinsamen Kommunikation üben und lernen, mit seinen eigenen Beiträgen zu warten, bis es an der Reihe ist, und nicht den Geschwistern und Eltern ins Wort zu fallen.
   Wichtig ist die Regel, dabei zuerst immer das Positive zu betonen und Negatives sozial angemessen und ohne eine Abwertung zu besprechen. Dabei sollten die Eltern den Kindern und Jugendlichen stets auch die Sichtweise des anderen aufzeigen, wie dieser sich wohl dabei gefühlt habe.

Die Familienkonferenz kann so dazu beitragen zu lernen, Empathie, d. h. die Fähigkeit zu entwickeln, sich in den anderen hineinzuversetzen, kritisch mit seinem eigenen Verhalten umzugehen und Verantwortung für die Familie zu übernehmen.

5.4.3 Mein Wochenplan: »Was ich erreichen will« oder »Ich bin mein eigener Detektiv«

Mit Hilfe eines Wochenplans können sich Kinder, Jugendliche und auch Erwachsene mit AD(H)S regelmäßig und systematisch selbst Rechenschaft über das Erreichen der von ihnen erwarteten Leistungen, ihr Sozialverhalten und der Zufriedenheit mit sich selbst geben. So ein Aufgabenprotokoll ist deshalb zu empfehlen, weil sonst hyper- und hypoaktive Kinder und Jugendliche schnell vergessen, was, wann und wie viel noch zu erledigen ist. Ohne eine solche für alle deutlich sichtbare Dokumentation antworten die betroffenen Kinder auf die elterlichen Nachfragen ohne lange zu überlegen stets gleich: »Ich habe immer alles erledigt und auch alles gekonnt und nichts vergessen!« Dabei ist den betroffenen Kindern gar nicht bewusst, dass sie womöglich die Unwahrheit sagen – aber das genaue und schnelle Erinnern daran fällt ihnen schwer. Letzteres dauert zu lange, erfordert eine größere Anstrengung, mehr Konzentration und erzeugt Stress. Deshalb können Erinnerungen oft nicht schnell genug und korrekt abgerufen werden.

Folgende Punkte könnte man z. B. bei der Abendreflexion oder bei einer regelmäßig durchgeführten Familienkonferenz besprechen, um dann die wichtigsten Punkte in einen Wochenplan zu übernehmen:

Verbesserung meiner schulischen Leistungen

- Habe ich einen Tages- und Wochenplan überhaupt geführt?
- Habe ich meinen Tagesablauf fest strukturiert?
- Wo liegen derzeit meine Schwächen?
- Was will ich in dieser Woche alles erreichen?

Positives Verstärken im Verhaltens- und Leistungsbereich

- Bin ich heute mit mir und meinen Leistungen zufrieden?
- Worauf kann ich stolz sein?
- Waren die Lehrer mit mir zufrieden?
- Gab es keinen Streit mit den Mitschülern, Freunden, Geschwistern?
- Haben mich meine Eltern gelobt?

Soziales Kompetenztraining

- Gab es Schwierigkeiten im Umgang mit Mitschülern, falls ja, welche?
- Komme ich mit allen Lehrern gut aus?
- Habe ich gute Freunde, auf die ich mich verlassen kann?
- Werde ich angerufen und wollen Kinder mit mir spielen?

- Werde ich zu Geburtstagen eingeladen?
- Habe ich meine Gefühle unter Kontrolle oder raste ich schnell aus?

Selbstwertproblematik

- Habe ich mehr positive als negative Erlebnisse?
- Kann ich Lob genießen und mich selbst mögen?
- Was kann ich besonders gut?
- Kann ich Kritik annehmen, ohne gekränkt zu sein?
- Fühle ich mich in meinem Leben als Gewinner oder als Verlierer?
- Wenn ich etwas will, erreiche ich das auch?
- Bin ich unter den Geschwistern gleichberechtigt?

Auch für diesen Wochenplan kann man einen Stundenplan umfunktionieren: Anstelle der Unterrichtsfächer sind die Aufgaben bzw. Fragen zu notieren und in den Spalten der Wochentage die eigene Einschätzung als freier Text oder als ein + für »erledigt« bzw. »zufrieden« und ein – für »nicht erledigt bzw. »nicht zufrieden« zu vermerken. Als Eltern sollten Sie ab und zu die von Ihrem Kind gemachten Einträge kontrollieren und bei Bedarf gemeinsam besprechen (▶ Abb. 5.2).

Kernpunkte sozialen Kompetenztrainings, die jedes Kind, jeder Jugendliche und jeder Erwachsene für sich allein nach Plan üben kann:

- Verhalten und Reaktionen der anderen beachten und diese richtig deuten
- Sich gegenüber anderen nicht gleich unterordnen, um Konflikte zu vermeiden
- Blockierende Ängste unterbrechen oder gar nicht erst aufkommen lassen
- Stress erkennen und vermeiden
- Sozial angepasstes, aber selbstbehauptendes Verhalten üben
- Aufbau positiver Aktivitäten, sich loben lernen, Selbstabwertung vermeiden
- Probleme und Konflikte nach reiflicher Überlegung lösen, ohne dabei in Stress zu geraten
- Sein eigenes Konzept im Umgang und zur Vermeidung seiner AD(H)S-typischen Impulsivität und Überempfindlichkeit entwickeln
- Toleranz und Kompromissbereitschaft im Tagesablauf praktizieren
- Sich entscheiden lernen: Keine übereilten Entscheidungen treffen, sondern Bedenkzeit erbeten, um sich zeitversetzt nach reiflicher Überlegung zu entscheiden
- Kommunikation üben und vorher überlegen, was man sagen will

> Ein gutes Selbstwertgefühl und eine altersentsprechende soziale Kompetenz sind Grundlagen für eine starke Persönlichkeit, die Schwierigkeiten und psychische Belastungen viel besser ertragen und überwinden kann– und das oft ein Leben lang. Sozial eingebunden sind diese Kinder glücklich, ausgeglichen und selbstbewusst. Sofern erforderlich, können sie sich sozial kompetent energisch wehren und sich so gegenüber seelischen und körperlichen Angriffen schützen. Sie lassen keine Grenzüberschreitungen zu.

5.4 Die wichtigsten Strategien zur Verbesserung der sozialen Kompetenz

Mein **Arbeitsplan** für die Woche vom _____ bis _____

Was will ich in dieser Woche alles erreichen?

	Erstens:		Zweitens:		Drittens:	
Kontrolle	ja	nein	ja	nein	ja	nein
Montag						
Dienstag						
Mittwoch						
Donnerstag						
Freitag						
Samstag						
Sonntag						

Wie war ich mit mir zufrieden? ☐ gar nicht
 ☐ muss noch besser werden
 ☐ bin zufrieden
 ☐ bin stolz auf mich

Was war besonders gut? ....

....

Was war besonders schlecht? ....

....

....

Unterschrift

Abb. 5.2: Mein Wochenplan – lassen Sie Ihr Kind selbstständig seine Verhaltensvorsätze eintragen, täglich deren Befolgen bewerten und das Gelingen am Wochenende einschätzen

5.5 Die Eltern als Coach

Eltern können von sich aus viel tun, um ihrem AD(H)S-Kind zu helfen, sein Leistungs- und Sozialverhalten zu verbessern, wenn dessen Probleme nicht so schwerwiegend sind oder ein Therapeut gerade nicht zur Verfügung steht. So wie sie kennt keiner ihr Kind, seine täglichen Probleme, seine Stärken und Schwächen. Dabei können die in der Vergangenheit reichlich gemachten Erfahrungen im Umgang miteinander erfolgreich genutzt werden. Das Coaching der Eltern ist zu Hause zeitlich grundsätzlich nicht begrenzt. In der täglichen Präsenz von Mutter und Vater bestehen dessen unschätzbaren Vorteile und dessen große Wirksamkeit, die durch keine Therapie zu ersetzen sind. Verständnis für die AD(H)S-Problematik und einige Grundkenntnisse des Coachings sind für die Eltern erforderlich, um mit ihrem Einsatz den bestmöglichen Erfolg zu erreichen.

Grundlegende Strategien für ein erfolgreiches innerfamiliäres Coaching-Programm, eine Anleitung zur Selbsthilfe:

- Zu Beginn Motivation aller Beteiligten für die Arbeit an dem Endziel, das Selbstwertgefühl und Sozialverhalten des Kindes oder Jugendlichen zu verbessern
- Hierfür ein Arbeitsbündnis mit konkret formulierten Teilzielen schließen, die kurzfristig auch erreichbar sind und an denen täglich gearbeitet werden sollte
- Dazu einen schriftlichen Vertrag mit der Unterschrift aller Beteiligten abschließen, zur Kontrolle und Rückmeldung über die Erledigung der vereinbarten Aufgaben
- Dem Betroffenen die Unterstützung der gesamten Familie bei der Lösung auftretender Probleme zusichern
- In der Familie, insbesondere im Umgang mit den Geschwistern, sowohl Grenzen als auch Toleranzen im Hinblick auf einzelne AD(H)S-Symptome vereinbaren
- Viel Bewegung ermöglichen und sportliche Aktivitäten organisieren
- Sozial angepassten Aggressionsabbau vereinbaren, vorleben, einüben und einfordern
- Zunehmend die besonders hartnäckigen und bisher mit wenig Erfolg angegangenen Probleme in das Arbeitsbündnis mit einbeziehen
- Anleitung zur Anwendung von Selbstkontrolltechniken
- Grundsätzlich einen adäquaten Umgang in der Familie mit der AD(H)S-Symptomatik praktizieren, aber AD(H)S nicht als Ausrede für ein unkontrolliertes und unangemessenes Verhalten tolerieren, sondern Bemühen um Verhaltensänderung einfordern
- Das Bemühen zur Verbesserung immer wieder loben und Erfolge belohnen
- So weit wie möglich immer die Selbständigkeit des betroffenen Kindes fördern und einfordern

Verwöhnen Sie als Eltern Ihr Kind nicht, denn verwöhnte Kinder sind weniger anstrengungsbereit. Mit dem Verwöhnen Ihrer Kinder machen Sie sich Ihr Leben selbst schwer, denn Verwöhnen kann Langzeitfolgen haben, die nur schwer zu beseitigen sind. Die Forderungen verwöhnter Kinder und Jugendlicher nehmen mit der Zeit ständig zu, ohne dass dann eine Bereitschaft besteht, dafür auch entsprechende Leistungen zu erbringen.

5.5.1 Drohende Folgen einer verwöhnenden Erziehung

Die Mutter meint es gut, sie will die Defizite ihres Kindes ausgleichen, sie will oder kann nicht konsequent sein und »nein« sagen. Noch folgenschwerer ist es, wenn die Oma ihr Enkelkind verwöhnt und damit die konsequente Erziehung der Eltern torpediert.

Worin liegt die Gefahr einer verwöhnenden Erziehung? Verwöhnen weckt in Kindern rasch eine hohe Anspruchshaltung, wobei die Kinder selbst weniger anstrengungsbereit werden. Bekommen sie einmal ihre Forderungen nicht erfüllt, sind sie schnell unzufrieden und reagieren mit »Erpressungs- und Beschaffungsmaßnahmen.«

Ist ein Elternteil in seiner Erziehung konsequenter als der andere (oder als die Großeltern), wird dieser vom Kind, wenn es seinen Willen nicht bekommt, aggressiv abgelehnt und beschimpft. Nicht selten werden diesem Elternteil aus Rache Geld oder andere Dinge entwendet. Unterbinden Eltern ein solches Verhalten nicht strikt, kann sich das Kind zum egoistischen Tyrannen entwickeln.

Erst viel später begreifen viele Jugendliche, dass eine konsequente Erziehung für ihre Entwicklung doch sehr vorteilhaft war. Sie schätzen den konsequenten Elternteil dann als zuverlässig, stark und vorbildlich. Den verwöhnenden Elternteil dagegen beschreiben sie nicht selten als schwach, unzuverlässig und machen diese Art der Erziehung für manchen eigenen Misserfolg verantwortlich.

Eine AD(H)S-freundliche Familie ist immer auch eine konsequente Familie!

Eltern machen es sich durch ihre konsequente Haltung leichter, Zeit und Muße zu haben, um mit typischen AD(H)S Problemen entspannt umgehen zu können, wie zum Beispiel:

- Gelassen sein, weder perfektionistisch noch unkritisch reagieren
- AD(H)S-»Unfällen« mit Humor begegnen
- Den Betroffenen einen kleinen Raum für Unordnung einräumen
- Teenagern mit AD(H)S eine Auszeit geben, damit sie psychisch ins Gleichgewicht kommen und wieder ihrem Alter entsprechend angemessen reagieren können
- In der Familie eine positive und konstruktive Haltung der AD(H)S-Problematik gegenüber praktizieren

Die Eltern übernehmen in jedem Fall einen sehr wichtigen Teil der Therapie, der auch nicht delegiert werden kann. Ihre dabei geleistete Arbeit, besonders die der Mütter, wird noch immer zu wenig geschätzt und anerkannt.

5.6 Die schwere Erziehungsarbeit der Eltern, besonders der Mütter, verdient große Anerkennung

Alle Achtung verdient die Leistung der Eltern und besonders der Mütter, die sie bei der Erziehung ihres AD(H)S-Kindes täglich wie selbstverständlich vollbringen und für die sie viel zu wenig Anerkennung erhalten. Es ist immer wieder bewunderungswert, wie sich die Mütter für ihre Kinder einsetzen, obgleich sie häufig erleben müssen, wie Fremde über ihre Kinder den Kopf schütteln oder sich über so ein »fehlerzogenes Kind« sogar abfällig äußern. Wie oft schon mussten diese Mütter solche Demütigungen ertragen.

In meiner AD(H)S-Praxis habe ich von Schicksalen gehört, die mich noch lange gedanklich beschäftigten und die mich zu der Frage führten, woher diese Frauen die Kraft dazu hernehmen. Ich konnte sie ein Stück weit begleiten, ihnen Mut machen und Sicherheit vermitteln, den richtigen Weg mit ihrem Kind zu gehen. Haben sie dann gelernt, konsequent zu sein und ihrem AD(H)S-Kind kurze Anweisungen zu geben, so hörten sie nicht selten von anderen den Vorwurf: »Wie gehen Sie denn mit Ihrem Kind um!« Dieses Unverständnis der Mitmenschen gegenüber AD(H)S besteht leider immer noch allzu häufig. So ist es auch keine Seltenheit, dass Nachbarn das Jugendamt informieren, dessen Mitarbeiter dann zum Hausbesuch kommen, weil die Nachbarn befürchten, dass hier ein Kind misshandelt werde. Dabei war dieses Kind gerade einmal wieder ausgeflippt, randalierte und beschimpfte lautstark seine Eltern.

Deshalb sollten wir all den Eltern große Anerkennung zollen, die ein oder mehrere AD(H)S-Kinder erziehen. Um den damit verbundenen Stress auf Dauer durchzustehen, müssen die Eltern lernen, auch auf ihre eigene Gesundheit zu achten. Es sind vor allem die Mütter, die manchmal bis an die Grenze ihrer Belastbarkeit gehen. Sie müssen lernen, sich zurückzunehmen, manches einfach so laufen lassen und den einen oder anderen Erziehungsanspruch vorerst zurückstellen.

Die Strategie der Mütter sollte sein:

- Delegieren Sie so viel wie möglich an die Väter
- Bitten Sie Freunde und Verwandte mit konkreten Aufgaben um Unterstützung
- Übertragen Sie Ihrem Kind so viel wie möglich Eigenverantwortung
- Entwickeln Sie einen für Ihre eigene Gesundheit erforderlichen Egoismus

- Nutzen Sie die großen Kraftreserven Ihres Kindes bzw. Jugendlichen – Sie geben ihm dadurch auch eine Gelegenheit, sein eigenes Selbstwertgefühl und Sozialverhalten zu verbessern
- Setzen Sie auf die Hilfebereitschaft Ihres Kindes, die bei AD(H)S-Kindern grundsätzlich sehr ausgeprägt ist. Wenn es nicht anders geht, sagen Sie Ihrem Kind: »Ich brauche Deine Hilfe«. Wenn das nicht reicht: »Mutti wird krank und muss in ein Krankenhaus, wenn du mir nicht hilfst.« Darauf reagieren alle AD(H)S-Kinder, zumindest kurzfristig.
- Fordern Sie von Ihrem Kind täglich Hilfe und Unterstützung ein und übertragen Sie ihm schriftlich immer wieder neu konkrete Aufgaben. Schreiben Sie ihm täglich Ihre Aufträge als Bitte zur Erledigung auf einen bunten großen Zettel mit großen Buchstaben.
- Gönnen Sie sich Auszeiten, genießen Sie die Stunden, die Sie allein zu Hause sind.
- Schaffen Sie sich einen Ruheraum und lernen Sie, sich zu entspannen
- Ertragen Sie Ihr AD(H)S-Kind mit viel Humor. Es ist ja auch ein ganz besonderes Kind, das Sie da so herausfordert
- Loben Sie Ihr Kind und bedanken Sie sich für seine Hilfe, so oft hierfür der kleinste Anlass besteht.
- Denken Sie immer daran, sich nicht zu verausgaben, Ihr Kind braucht sie noch sehr lange, d. h. meist weit über sein 18. Lebensjahr hinaus.

5.7 Wie können Eltern ihrem AD(H)S-Kind helfen, damit für beide das Leben einfacher wird?

Ruhe und Ausgeglichenheit, gegenseitiges Vertrauen, Zuverlässigkeit und Struktur im täglichen Umgang miteinander tragen entscheidend dazu bei, das gemeinsame Leben in der Familie für alle Beteiligten erträglich und angenehm zu machen.

Einige Beispiele für den Alltag:

- Beobachten Sie Ihr Kind, ob es ausgeglichen, traurig oder aggressiv aus der Schule kommt
- Überfallen Sie Ihr Kind nicht gleich mit Fragen, was in der Schule wieder passiert sei. Vermeiden Sie in jedem Fall die Frage, was es heute nun schon wieder »angestellt« habe
- Reagieren Sie freundlich, ruhig und gelassen, auch wenn Ihr Kind aggressiv oder wütend ist. Lassen Sie sich nicht provozieren, denn das will Ihr Kind unbewusst erreichen, um sich vom Schulstress abzureagieren. Servieren Sie das Mittagessen ruhig und gelassen

- Wenn Ihr Kind nicht von allein reden will, gehen Sie zur Tagesordnung über, d. h. nach dem Mittagessen Hausaufgaben machen
- Fragen Sie Ihr Kind nach den Hausaufgaben unter echter Anteilnahme, ob es sich in der Schule über etwas geärgert habe. Vermitteln Sie ihm, dass es Sie interessieren würde, womit es sich gerade gedanklich beschäftigt. Sagen Sie ihm, dass Sie ihm gerne helfen möchten und, egal was passiert sei, ganz bestimmt nicht schimpfen würden. Wenn es aber erst spielen gehen möchte, sei das auch in Ordnung. Vielleicht möchte es dann mit Ihnen reden
- Hören Sie Ihrem Kind gut zu, ohne es zu unterbrechen oder einen Kommentar zu geben.
- Versuchen Sie Ihren Gesichtsausdruck nicht zu verändern, Ihr Kind registriert alles. Es sagt dann: »Jetzt bist du doch böse mit mir, wenn du auch nichts sagst, aber wie Du schon guckst!«
- Hat Ihr Kind ausgeredet, sind solche Sätze wichtig wie: »Ich verstehe dich«, »Ich helfe dir«, »Wir regeln das gemeinsam«, »Auf mich kannst du dich verlassen«, »Wir schaffen das!« oder wenn erforderlich »Das musst Du mir noch genauer erklären«
- Glauben Sie immer zuerst Ihrem Kind! Ein AD(H)S-Kind hat einen großen Gerechtigkeitssinn und lügt nicht, hat aber manchmal eine andere Sichtweise, weil seine Wahrnehmung unter Stress eine etwas andere sein kann und es vergesslich ist
- Fragen Sie nach den Reaktionen der anderen Kinder, um deren Verhalten zu interpretieren
- Beraten Sie mit Ihrem Kind darüber, wie das aktuelle Problem am besten zu lösen sei, bitten Sie Ihr Kind, als erstes entsprechende Vorschläge dazu zu machen
- Beschließen Sie gemeinsam einen Lösungsweg und geben Sie Ihrem Kind eine Anleitung für dessen Umsetzung (z. B. wie Ihr Kind einen Mitschüler zur Rede stellen soll oder was es seiner Lehrerin sagen sollte, von der es sich bspw. ungerecht behandelt fühlt)

Exkurs: AD(H)S und Schule

AD(H)S-Kinder werden in der Schule oft gemobbt, in die »Schwarze-Peter«-Rolle gedrängt und lassen sich von jedem leicht provozieren. Das macht es ihren Lehrern nicht immer einfach, schnell und richtig zu entscheiden, zumal wenn die ganze Klasse schreit »Der war es!« und der Betreffende sich nicht schnell genug mit Worten angemessen wehren kann oder unangemessen aggressiv reagiert.

Sprechen Sie als Mutter oder Vater zu Hause in Gegenwart Ihres Kindes niemals schlecht über seine Lehrer. Das tröstet nicht, sondern verschlimmert die Situation, denn dadurch wird Ihr Kind in seinem Verhalten den Lehrern gegenüber noch zusätzlich verunsichert. Versuchen Sie stattdessen, Ihrem Kind das von ihm geschilderte Verhalten seines Lehrers zu erklären. Ermutigen Sie Ihr Kind, selbst mit dem Lehrer zu sprechen, üben Sie mit Ihrem Kind ein, was es sagen sollte. Dabei sollte ein Schüler zu seinem Lehrer nicht sagen: »Er sei ungerecht«, sondern besser: »Ich fühle mich ungerecht behandelt.«

Ich sagte meinen Patienten stets: In der Schule haben die Lehrer immer Recht, das kann gar nicht anders sein, aber sie sind auch nur Menschen, die sich auch einmal irren können. Das tun sie aber nicht in böser Absicht, sondern weil sie nicht alles wissen, was sich im Klassenverband abspielt. Um richtig entscheiden zu können, bräuchten sie mehr Informationen und auch mehr Zeit.

Eine weitere Maßnahme, die zu Hause den Umgang miteinander erleichtert und so das Familienleben vereinfacht, sind Tagesablaufpläne, die gemeinsam aufgestellt und eingehalten werden (▶ Abb. 5.3). Sie ersparen der gesamten Familie viele Diskussionen, Ermahnungen und Ärger.

Unsere Familienregeln:

- Pünktlich morgens aufstehen
- Nicht streiten
- Keine Hausaufgaben vergessen
- Seine täglichen Pflichten erfüllen
- Die Zimmer in Ordnung halten
- Bis 18.30 Uhr zu Hause sein
- 19.00 Uhr Abendbrot
- 20.00 Uhr Schlafen gehen

Abb. 5.3: Seien Sie eine »Familie Regel«

Meine Regeln zum Tagesablauf – ein Beispiel aus der Praxis:

- Ich stehe sofort auf, wenn ich von Mama geweckt werde
- Ich trödele nicht, komme angezogen und pünktlich zum Frühstück und kaspere nicht herum
- Dann gehe ich ins Bad, wasche und kämme mich, putze meine Zähne
- Ich gehe rechtzeitig aus dem Haus und vergesse nichts
- Nach der Schule komme ich gleich nach Hause, dann habe ich eine Stunde Freizeit
- Nach dem Abendessen um 18 Uhr bereite ich den nächsten Schultag vor, erledige noch ausstehende Hausaufgaben und packe die Schultasche
- Um 20:30 Uhr gehe ich ins Bett, vorher wasche ich mich, putze meine Zähne und denke an meine Zahnspange
- Um 20:45 Uhr mache ich das Licht aus und schlafe

5.8 Ein schwieriges Problem, wenn die Mutter selbst ein ausgeprägtes AD(H)S hat

Leidet die Mutter selbst unter einem ausgeprägten AD(H)S, muss sie nicht selten zuerst behandelt werden, damit sie in der Erziehung ihrer Kinder fortan konsequent, psychisch ausgeglichen und strukturiert reagieren kann. Ein Kind mit AD(H)S kann für jeden eine besondere Herausforderung sein und schnell zur Belastung werden. Deshalb kann ich allen betroffenen Müttern nur empfehlen, das Angebot einer Behandlung ihrer eigenen AD(H)S-Problematik anzunehmen. Denn bei Überforderung der eigenen Kräfte werden ungewollt häufig folgende Fehler gemacht:

- Nicht von AD(H)S betroffene Geschwister werden bevorzugt und als Vorbilder hingestellt
- Das betroffene Kind wird unbewusst häufiger und abwertender kritisiert und ungerechtfertigt hart bestraft
- Das betroffene Kind wird als ständige Belastung empfunden, was es spürt und seine Hilflosigkeit verstärkt
- Der Familienalltag wird vom negativen Dauerstress beherrscht

Das alles passiert unbeabsichtigt und wird von der Mutter oft als solches gar nicht wahrgenommen. Aber die betroffenen Kinder und Jugendlichen merken das und empfinden es als ungerecht. Hilflosigkeit bei der Interaktion zwischen Mutter und Kind infolge ihrer AD(H)S-Problematik ist unbedingt eine Indikation für die Behandlung der Mutter, des Kindes bzw. Jugendlichen oder beider. Auch die Stellung des Vaters zur AD(H)S-Problematik ist sehr wichtig. Sie muss bei der Therapie berücksichtigt und immer besprochen werden. Oft hat auch er ein AD(H)S, lehnt aber aus Zeitmangel oder Unkenntnis jede persönliche Veränderung oder eine Mitarbeit in der Therapie ab. Manche Väter flüchten bei familiärem Stress in berufliche Überstunden oder/und Freizeitbeschäftigungen. Viele Gründe führen dazu, dass in AD(H)S-Familien die Trennungs- bzw. Scheidungsrate erfahrungsgemäß deutlich höher liegt.

Das AD(H)S der Mutter zuerst zu behandeln ist besonders bei Vorschulkindern mit AD(H)S eine in der Praxis mit gutem Erfolg bewährte Option. Dadurch nehmen Stress bedingte Belastungen der Mutter ab, sie kann überlegter, ausgeglichener und konsequenter erziehen.

Mütter mit ausgeprägtem AD(H)S leiden an Zerstreutheit, emotionaler Steuerungsschwäche, innerer Verunsicherung bei beeinträchtigtem Selbstwertgefühl, aber nicht immer unter ausgeprägter Hyperaktivität. Sie haben in ihrer Kindheit selbst sehr viel Ungerechtigkeit erfahren und sind mit dem Gefühl, anders zu sein und nicht verstanden zu werden, aufgewachsen. Das alles wollen sie ihrem Kind ersparen und immer eine gute Mutter sein. Deshalb sind sie überbesorgt und bestrebt, ihrem Kind alle Schwierigkeiten aus dem Weg zu räumen. Das Kind wird dadurch unselbständig, verwöhnt und wenig anstrengungsbereit. Um es besonders gut zu machen, erklärt die Mutter ihrem Kind alles besonders ausführlich. Das Kind kann aber nicht lange zuhören, schaltet ab und versteht gar nichts. In der Praxis klagen darüber viele AD(H)S-Kinder: »Ich hätte viel mehr verstanden, wenn meine Mutter nicht so viel geredet hätte«. Diese Kinder wollen und brauchen klare, kurze Anweisungen im ruhigen Ton.

Folgende Aussagen von AD(H)S-Kindern oder Jugendlichen, deren Mütter auch ein AD(H)S haben, bekam ich in meiner Praxis oft zu hören:

- »Ich soll immer Ordnung halten, aber meine Mutter sucht ständig.«
- »Durch die Behandlung bin ich viel ausgeglichener, rege mich nicht mehr so schnell und so heftig auf. Jetzt müssen Sie noch meine Mutter behandeln!«
- »Meine Mutter verbietet mir ständig das, was meinem Vater erlaubt wird, das finde ich ungerecht!«

Nicht nur die Mütter, auch die Väter werden von ihren Kindern und Jugendlichen durch ihre eigene Behandlung kritischer gesehen. Deshalb fordern Sie als Mutter oder Vater möglichst wenig von Ihrem Kind, was Sie ihm nicht selbst vorleben, denn Erziehung basiert auf Lernen durch Vorbildwirkung. Oder besser: Überprüfen und verändern Sie ggf. Ihr eigenes Verhalten im Hinblick darauf, was Sie von Ihren Kindern einfordern.

> **Exkurs: AD(H)S und Rauchen**
>
> Bei Betroffenen mit AD(H)S führt Rauchen zu einem vorübergehenden Anstieg des Botenstoffes Dopamin. Rauchen beruhigt dadurch kurzzeitig, d. h. das Ordnen der Gedanken und das Konzentrieren fallen leichter. Deshalb sind viele AD(H)S'ler abhängige Raucher und kommen nur sehr schwer davon wieder los. Für sie ist Rauchen eine Art Selbstbehandlung, aber mit negativen Folgen. Dies hätte durch eine rechtzeitige Behandlung des AD(H)S möglicherweise vermieden werden können.
>
> Wenn Sie als Eltern also verhindern wollen, dass Ihr Kind zum Raucher wird, haben Sie viel bessere Chancen, wenn Sie selbst auch nicht rauchen und häufig auf die negativen Folgen des Tabakkonsums hinweisen. Falls Sie selbst rauchen, das aber Ihrem Kind verbieten, löst dies unweigerlich stundenlange Diskussionen aus.

Eine schwierige Situation für eine AD(H)S-Familie, die besondere Aufmerksamkeit erfordert, ist gegeben, wenn in der Familie zwei Kinder AD(H)S haben, ein Kind mit und ein Kind ohne Hyperaktivität. Dann besteht immer die Gefahr, dass das Kind ohne Hyperaktivität zu wenig Beachtung findet oder sich zu wenig beachtet fühlt. Das hyperaktive Kind beansprucht die ganze Aufmerksamkeit seiner Eltern, das hypoaktive Kind fühlt sich dagegen immer mehr vernachlässigt. Ohne sich zu wehren leidet es so lange, bis es plötzlich und für alle unerwartet psychisch dekompensiert und auffällig wird.

6 Konkrete Strategien zur Verbesserung von Leistung und Verhalten

Wer nicht nach den Ursachen sucht und sie erkennt, arbeitet ständig an ihren Folgen.

6.1 Der Lern- und Leistungsbereich

6.1.1 Die Mitarbeit in der Schule und im Seminar verbessern

Hyperaktive Kinder und Jugendliche denken und reagieren zu schnell. Spontan und unüberlegt platzt ihre Antwort heraus, ist sie falsch, haben sie sofort eine zweite Antwort parat, wenn diese auch nicht stimmt, wird noch eine dritte nachgeliefert. Ist diese Antwort auch nicht richtig, dann geben sie oft dafür dem Lehrer die Schuld. Eine Art eingeschliffener Selbstschutz, um psychisch nicht für etwas zu leiden, was sie bisher nicht ändern konnten.

Dagegen reagieren Betroffene mit einem AD(H)S ohne Hyperaktivität zu langsam. Sie brauchen länger, um die Frage zu verstehen, um sich dann für eine Antwort zu entscheiden. Diese wird viel zu lange hinterfragt, denn sie haben Angst, etwas Falsches zu sagen. Wofür sie sich immer selbst beschuldigen und danach stundenlang unter Selbstvorwürfen leiden. Dabei ist ihr Selbstanspruch umso größer, je intelligenter sie sind.

Daraus ergibt sich für die beiden Erscheinungsformen des AD(H)S grundsätzlich ein unterschiedlicher lerntherapeutischer Ansatz, der aber dennoch viele Gemeinsamkeiten aufweist.

Wie kann die Mitarbeit von AD(H)S-Kindern und Jugendlichen in der Schule verbessert werden?

- Eine gute Vorbereitung ist wichtig, z. B. zu Hause den Unterrichtsstoff der letzten Stunde wiederholen und den neu durchzunehmenden Stoff im Voraus schon einmal durcharbeiten
- Mit Vorsätzen gezielt gegen die eigene oberflächliche Wahrnehmung im Unterricht vorgehen wie »Ich höre genau hin«, »Ich muss mich jetzt konzentrieren«, »Ich lasse mich nicht ablenken«.

- Im Unterricht ständig Blickkontakt zum Lehrer halten und mitschreiben, beides verhindert das Abdriften vom Unterricht!

Hypoaktive Kinder und Jugendliche sollten daran arbeiten, die eigene mündliche Beteiligung und die dafür notwendige schnelle Entscheidungsfähigkeit zu verbessern. Dies erfordert Übung und Kenntnisse, deshalb sich gut auf den Unterricht bzw. das Seminar vorbereiten und z. B. ein Mitarbeitsprotokoll führen (▶ Abb. 6.1):

- Wie oft habe ich mich gemeldet? (Ratsam ist es, sich dafür eine Zahl vorzugeben, zu Beginn ca. drei- bis viermal pro Stunde oder pro Seminar melden)
- Wie oft habe ich eine richtige Antwort gewusst? Darüber einige Tage eine Strichliste führen. Das kann helfen, Mut und Selbstvertrauen aufzubauen. Was nicht schriftlich fixiert wurde, ist schnell vergessen oder wird im Nachhinein anders wahrgenommen oder nicht mehr gewusst.
- Das Gelernte zu Hause abfragen lassen gibt Sicherheit und erhöht die Schnelligkeit der Beantwortung von Fragen im Unterricht.

Wie ich meine Schulnoten verbessere

Ich arbeite in der Schule mehr mit, indem ich mich mindestens dreimal in der Stunde melde.

1	2	3	4	5	6	7	8	9	10	11	12	13	14	15	16	17	18	19	20	21	22	23	24	25	26	27	28	29	30	31

Ich vergesse keine Hausaufgaben, weil ich alles im Hausaufgabenheft notiere.

1	2	3	4	5	6	7	8	9	10	11	12	13	14	15	16	17	18	19	20	21	22	23	24	25	26	27	28	29	30	31

Ich mache vollständig die Hausaufgaben in das Heft.

1	2	3	4	5	6	7	8	9	10	11	12	13	14	15	16	17	18	19	20	21	22	23	24	25	26	27	28	29	30	31

Ich lerne viel mehr für die Schule, indem ich nachmittags mindestens 2 Stunden für die Schule arbeite.

1	2	3	4	5	6	7	8	9	10	11	12	13	14	15	16	17	18	19	20	21	22	23	24	25	26	27	28	29	30	31

Abb. 6.1: Monatsplan zur Selbstkontrolle eines Gymnasiasten, um seine Mitarbeit und seine Leistungen in der Schule zu verbessern (auszufüllen durch ein + oder ein –, je nachdem ob der Vorsatz erfüllt wurde oder nicht)

6.1.2 Strategien für ein erfolgreiches Studium mit AD(H)S

Meine Erfahrungen aus der Praxis zeigten, dass für junge Erwachsene mit AD(H)S ein Studium an einer Fachhochschule vorteilhafter als an einer Universität sein kann, da hier mehr Struktur vorgegeben wird. Jedes Hochschulstudium erfordert jedoch grundsätzlich viel Disziplin, Motivation und eigene Strukturierung.

Dazu folgende Empfehlungen, die sich in meiner Praxis bewährt haben:

- Vom ersten Studientag an nach Plan und Terminkalender arbeiten
- Mitschriften von Vorlesungen am gleichen Tag abheften und dabei noch einmal durchlesen und durchdenken
- Der Vorlesungsstoff muss verstanden, Wichtiges durch Wiederholung abgespeichert werden
- Immer rechtzeitig mit der Prüfungsvorbereitung beginnen, dazu einen Arbeitsplan erstellen
- Grundsätzlich zu allen Vorlesungen gehen, sich nicht auf das Durcharbeiten vorhandener Skripte verlassen, was dann meist erst viel zu spät und viel zu kurz vor dem Prüfungstermin geschieht. Nicht selten mit der Überraschung, wie umfangreich der noch zu lernende Stoff ist, was schnell zur Panik führt
- Anmeldetermine einhalten, sonst müssen Seminare und Praktika aufgeschoben werden
- Lerngemeinschaften bilden, um ernsthaft und nach Plan zu lernen, sich aber dabei nicht nur auf andere verlassen
- Den Lernstoff durch gemeinsame Gespräche ergänzen und festigen, Wichtiges vor dem Einschlafen noch einmal durchlesen und durchdenken
- Beim Literaturstudium sich nicht verzetteln, mit dem Wichtigsten zum Thema beginnen, dann erst ergänzen
- Schriftliche Arbeiten zeitig beginnen und immer zuerst eine Gliederung anlegen und Material für die einzelnen Gliederungspunkte sammeln
- Regelmäßige aktive Lernpausen einlegen und sich bewegen
- Aktiv mindestens eine Sportart zweimal pro Woche betreiben
- Vor Mitternacht schlafen gehen
- AD(H)S'ler, die Methylphenidat nehmen, sollten dieses Medikament regelmäßig nehmen. Auch in Phasen, wo nicht gelernt werden muss, damit Reizüberflutung und Stress nicht die kognitiven Lernbahnen schwächen

6.1.3 Hausarbeiten erledigen

Die wichtigsten Strategien, um Hausaufgaben – und ebenso Protokolle, Semesterarbeiten und Examensarbeiten im Studium – effektiv zu erledigen, sind:

- Ein Hausaufgabenheft führen, möglichst bis zum Abitur, später beim Studium oder bei der Hausarbeit unbedingt einen Terminplaner benutzen

- Feste Arbeitszeiten einführen, keine Störungen zulassen! Kein Handy, kein Fernsehen oder Radio. Auch Freunde sollten nicht stören, sie rechtzeitig über die konkreten Hausaufgabenzeiten informieren
- Keine Haustiere im gleichen Zimmer, die ablenken (z. B. Hund, Katze, Papagei oder Hase). Sie verleiten nur, die Arbeit zu unterbrechen
- Mutter oder Vater sollten nicht ständig im Flur umherschleichen, um zu kontrollieren, ob auch wirklich Hausaufgaben gemacht werden. Wenn daran Zweifel bestehen, gemeinsam eine Zeit festlegen, wann die erledigten Hausaufgaben vor die Zimmertür zu legen sind
- »Heute haben wir nichts auf, also brauche ich auch nichts zu machen!« – ein Irrtum, wenn AD(H)S-bedingte Lernprobleme bestehen. Stattdessen sollte in dieser Zeit der aktuelle Unterrichtsstoff wiederholt und gefestigt, zukünftige Arbeiten und der nächste Unterrichtstag vorbereitet werden
- Klassenarbeiten aus der letzten Zeit, die mit 5 oder 6 bewertet wurden, sollten besprochen und wiederholt werden, um sich selbst zu beweisen, dass man den Stoff nun kann und jetzt eine bessere Note erhalten würde (wichtig für den Aufbau des Selbstwertgefühls)
- Die konsequente Einhaltung der festgelegten Hausarbeitszeit und deren Nutzung zum Wiederholen des Schul- oder Vorlesungsstoffes sollte ohne Ausnahme erfolgen, dann erspart man sich viele Diskussionen und im Studium viel Stress
- Kinder mit AD(H)S-bedingten Lernproblemen brauchen mehr Zeit zum Wiederholen und zum Festigen ihres Lernstoffes
- Das richtige Zeitgefühl entwickeln, auf das man sich verlassen kann. Dazu sind Erfahrungen nötig, die immer wieder gemacht werden müssen bis sie sich automatisieren. Das geht am besten so:
  - Ein Aufgabenheft führen, dort die Reihenfolge der zu erledigenden Hausaufgaben festlegen und deren Zeitbedarf abschätzen
  - Diese geschätzte Zeitspanne mit Bleistift hinter die entsprechende Hausaufgabe schreiben und mit der Echtzeit dann vergleichen. Im Laufe der Zeit sollten sich beide Zeitspannen immer mehr annähern
  - Ein gutes Zeitgefühl hilft bei Klassen- und Examensarbeiten, den erforderlichen Zeitbedarf vorausschauend besser beurteilen zu können, was Stress reduziert und Sicherheit gibt
- Beim Lernen Wichtiges unterstreichen, evtl. Randbemerkungen machen und zum Schluss den Inhalt noch einmal durchdenken, zusammenfassen und dann abfragen lassen
- Merkzettel und Lernkarten anlegen
- Für das Erarbeiten einer umfangreichen, mehrseitigen Arbeit, wie es in den Fächern Geschichte, Erdkunde, Biologie oder Chemie erforderlich ist, eine Gliederung anfertigen und danach die einzelnen Abschnitte nacheinander durcharbeiten und das Wichtigste aus jedem Abschnitt wiederholen, danach erst den nächsten Abschnitt bearbeiten
- Wenn alle Hausaufgaben erledigt sind, diese nachsehen und Gelerntes abfragen lassen

Schwierig wird es, wenn die Motivation zum Lernen fehlt, dann helfen Zwang zum Lernen und Strafen bei Nichtlernen sehr wenig. Denn Lernen erfordert Motivation, die aktiviert die für das Lernen wichtigen Gehirnbereiche, welche dann die für das Lernen nötigen Botenstoffe freisetzen. Man sagt »Gelernt wird mittels einer Dopamindusche.« Um Lernerfolge zu verbessern, sollte dafür die Motivation vorhanden sein. Bei fehlender Motivation nach hemmenden Faktoren suchen und diese möglichst beseitigen.

Was sind die Hauptursachen für eine unzureichende Lernmotivation?

- Eine ständige Unterforderung oder
- Eine ständige Überforderung
- Eine fehlende Daueraufmerksamkeit
- Anhaltende Langeweile z. B. durch monotonen Unterricht
- Dauerhafte Misserfolge
- Verständigungsprobleme

6.1.4 Auswendiglernen, eine besondere Herausforderung

Manche Betroffene mit AD(H)S können besser den Inhalt eines Kapitels auswendig lernen als ihn mit eigenen Worten wiedergeben. Das Letztere ist aber in jedem Fall anzustreben. Trotzdem muss einiges auswendig gelernt und gekonnt werden (Gedichte, Vokabeln, Rechtschreibregeln, das Einmaleins usw.).

Wie gelingt das Auswendiglernen bei AD(H)S am besten?

- Langsam und schrittweise kleine »Päckchen« lernen, möglichst ohne Zeitdruck
- Das Gelernte mehrfach laut wiederholen, dabei im Zimmer umhergehen, das festigt die Lernbahnen und erhöht die Konzentration
- Alle unnötigen und störenden Reize vermeiden, sich nicht ablenken lassen, sich Konzentration mittels Selbstinstruktion befehlen
- Wenn erforderlich, bei ausgeprägtem AD(H)S unter Stimulanzienwirkung lernen
- Wichtiges noch am gleichen Tag lernen und das dreimal: am Nachmittag, nach dem Abendbrot und vor dem Schlafengehen
- Vokabeln immer abfragen lassen bis zur Fehlerfreiheit
- Sich selbst motivieren durch positive Erfolgserwartung
- Seine visuellen Fähigkeiten nutzen
- Ausreichend Pausen mit körperlicher Betätigung zeitlich festlegen und einhalten
- Rechtzeitig anfangen, den Zeitplan möglichst einhalten, um Stress zu vermeiden

6.1.5 Gezielt üben, gute Aufsätze zu schreiben

AD(H)S'ler können beim Aufsatzschreiben von ihrer guten Kreativität profitieren. Sie dürfen nur nicht vom Thema abkommen, in Zeitnot geraten und dann nicht fertig werden. Im Allgemeinen sind ihre Aufsätze immer zu kurz oder zu lang. Siehe auch ▶ Abb. 6.2.

Welche Strategien bieten sich an, das Aufsatzschreiben zu üben und zu verbessern?

- Sich bereits Tage vorher gedanklich mit der Thematik des anstehenden Aufsatzes beschäftigen und wichtiges vorformulieren
- Sich ausreichend für diese Vorbereitung Zeit nehmen, um Versagensängste und Stress zu vermeiden
- Beim Schreiben unbedingt das Thema richtig erfassen, das mehrfach lesen, geplanten Inhalt durchdenken und dann eine Gliederung entwerfen, diese überdenken, evtl. korrigieren und sich dann festlegen
- Diese Gliederung entscheidet über Inhalt und Gelingen! Sie erfordert deshalb volle Konzentration. Aufsatzthema, Gliederung und Inhalt müssen eine Einheit bilden, erst dann anfangen
- Eine spannende Einleitung finden, die fasziniert, originell ist und Interesse weckt, den Aufsatz weiterzulesen. Hier kann die vorhandene Kreativität zum Einsatz kommen. Eine gute Einleitung ist die beste Selbstmotivation für das Scheiben eines Aufsatzes. Das Formulieren guter Einleitungen für einen Aufsatz sollte zu Hause anhand verschiedener Themen geübt werden
- Beim Schreiben seine Phantasie in Grenzen halten, um nicht vom Thema abzukommen
- Umfang und Zeitlimit für die einzelnen Gliederungspunkte zu Beginn festlegen und beim Schreiben kontrollieren
- Den Aufsatz unbedingt beenden, denn ein guter Schluss hat großen Einfluss auf die Benotung

Eine gute Übung: Zur Lesenacht trafen sich die Schüler mit der Lehrerin in der Schule. Sie brachten ihre Lieblingsbücher mit, über die sie berichteten und aus denen sie interessante Stellen vorlasen. Siehe ▶ Abb. 6.2.

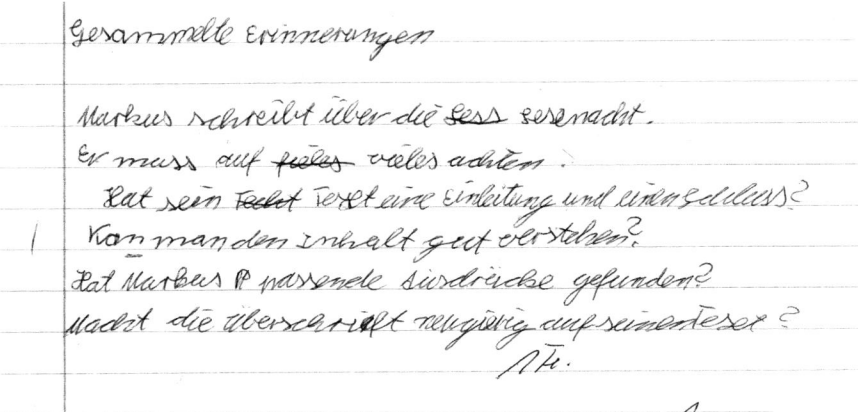

Abb. 6.2: Ein Schüler der 4. Klasse denkt über seinen soeben geschriebenen Aufsatz nach

> **Exkurs: Typische Probleme beim Wiedergeben von Buchinhalten**
>
> Kinder und Jugendliche mit AD(H)S übersehen beim Lesen von Büchern häufig wesentliche Informationen zum Inhalt. Meist werden nur Fakten registriert, aber die Gefühle der beschriebenen Personen zu wenig wahrgenommen und deren unterschiedliche Charaktere nicht ausreichend beschrieben und miteinander verglichen. Geübt werden sollte deshalb, sich beim Lesen von Abhandlungen und Romanen in die Gefühle der handelnden Personen hineinzuversetzen und sich auf deren Handlungen zu konzentrieren, diese zu bewerten und die unterschiedlichen Verhaltensweisen der »Hauptfiguren« zu interpretieren sowie ihre Charaktereigenschaften erkennen und benennen.

6.1.6 Schriftliche Arbeiten termingerecht erledigen

Eine wichtige Voraussetzung, Schule und Studium erfolgreich zu absolvieren, besteht darin, schriftliche Arbeiten pünktlich abzuschließen. Im Folgenden hierzu einige hilfreiche Hinweise:

- Mit der Arbeit frühzeitig beginnen, sich Termine setzen und genügend Zeit dafür einplanen, auch für die abschließende Korrekturphase
- Keine Termine aufschieben
- Zu Beginn sofort eine vorläufige Gliederung mit Stichpunkten zum Inhalt anfertigen
- Literatur beschaffen, sich dabei auf wenige, aber wichtige Bücher begrenzen, um den Überblick zu behalten und das Wesentliche zu erfassen. Achtung: Menschen mit AD(H)S haben oft einen sehr hohen Selbstanspruch mit Tendenz zum Perfektionismus. Deshalb beschaffen sie sich zu viel Literatur und verlieren den Überblick. Weniger ist hier mehr!
- Sich zu Arbeitsbeginn immer auf das Wesentlichste beschränken und unbedingt wichtige Untergliederungspunkte zum Thema sammeln, die später ergänzt werden können. Wichtige Aussagen begründen und Kernaussagen tiefgründiger abhandeln, hierbei oberflächliches Arbeiten vermeiden.
- Gleich zu Beginn eine Tabelle für Literaturstellen anlegen mit Titel des Buches, Verfasser, Seitenangabe und Erscheinungsjahr, um späteres Suchen zu vermeiden.
- Wenn möglich, Vorlesungsstoff oder Bücher zitieren, die auch der Prüfer angegeben bzw. benutzt hat.

6.2 Therapeutische Strategien zur Verhaltensänderung

6.2.1 Was beeinflusst die Entwicklung des Verhaltens?

Das Verhalten eines Kindes entwickelt sich aus dessen genetischer Veranlagung mit seinen verschiedenen angeborenen Fähigkeiten und manchmal auch Defiziten sowie dem Einfluss seines sozialen Umfeldes. Voraussetzung für ein alterskonformes »normales«, d. h. nicht pathologisches Verhalten ist ein intaktes Zentralnervensystem, das eine gute Qualität der Wahrnehmung, deren realitätsgerechte Verarbeitung und ein angemessenes Reagieren ermöglicht. Das Sozialverhalten wird in den ersten beiden Lebensjahren wesentlich über die Nachahmung (mittels Spiegelneurone) von Bezugspersonen kopiert, zu denen eine emotionale Beziehung besteht.

Weitere Faktoren, die das Verhalten später prägen und somit therapeutisch auch genutzt werden können sind:

- Vermittlung von sozialen Normen und erwarteten Verhaltensweisen
- Lernen, das eigene Verhalten zu steuern und die eigenen Reaktionen zu kontrollieren
- Beachten der Körpersprache und Lernen, diese richtig zu deuten
- Erlangen von sprachlichen Fähigkeiten, um sich verständigen zu können

Eltern sollten ihre kleinen Kinder in diesem Lernprozess wie folgt begleiten: Loben Sie gutes Verhalten Ihrer Kinder und belohnen Sie dies mit Zuwendung, korrigieren Sie unerwünschtes Verhalten, bevor es zur Gewohnheit wird.

Wie kann ich als Mutter oder Vater das Verhalten eines hyperaktiven Vorschulkindes am besten steuern und damit positiv beeinflussen?

- Immer Ruhe bewahren und Gelassenheit vermitteln
- Feste und eindeutige Regeln von Anfang an klar und immer wieder vermitteln
- Unnötige Reize so weit wie möglich vermeiden, um eine Reizüberflutung zu verhindern
- Viel Bewegung ermöglichen und Bewegungsspiele fördern
- Konsequente, aber liebevolle Führung ohne emotional spürbare Erregung
- Zuwendung durch Blick- und Körperkontakt, viel Loben
- Einführung von Ritualen in den Tagesablauf
- Selbständigkeit früh fördern und dazu anleiten
- Erfolge ermöglichen
- Kurze Spiel- und »Konzentrationszeiten« von 5–10 Minuten, evtl. mit Steuerungshilfen
- Aggressives Verhalten nicht beachten, das Kind sich erst beruhigen lassen, dann wohl überlegt reagieren

- Ein Stopp-Signal vereinbaren und auf dessen Einhaltung achten

Wie kann man der Ausbildung von Verhaltensstörungen entgegenwirken?

- Zwischen Eltern und Kind sollte eine emotional warme und tragfähige Beziehung bestehen.
- Es sollte für ein Kind selbstverständlich sein, dass es sich bei Bedarf immer auf seine Eltern verlassen kann und diese ihm vertrauen. Dieses Urvertrauen ihrer Kinder sollten Eltern möglichst nicht enttäuschen und sich bei gemachten eigenen Fehlern bei ihren Kindern und Jugendlichen entschuldigen.
- Kinder dürfen an ihren Eltern selbstverständlich in angemessener Form Kritik üben.
- Eltern sollten früh mögliche Defizite in der Entwicklung ihrer Kinder erkennen und ihnen helfen, diese zu beseitigen.
- Beide Eltern sollten im Erziehungsstil möglichst übereinstimmen.
- Mutter und Vater sollten sich regelmäßig wechselseitig informieren, was ihre Kinder tun und wer ihre Freunde sind.
- In der Familie muss es Regeln geben, die von allen Mitgliedern eingehalten werden.
- Die Eltern sollten die Interessen ihrer Kinder fördern und ihnen auch angemessene Forderungen stellen.
- Das Arbeiten nach dem Lustprinzip sollte weder vorgelebt noch toleriert werden.
- Eltern sollten von ihren Kindern möglichst wenig von dem verlangen, was sie selbst nicht einhalten: Erziehung erfolgt in erster Linie durch Vorbildwirkung und erst in zweiter Linie durch Reden!
- Probleme der Kinder in der Familie taktvoll und nicht abwertend thematisieren und dann gemeinsam nach Lösungsmöglichkeiten suchen.
- Gute Leistungen sollten gelobt und anerkannt, Fehlverhalten zunächst nicht beachtet, aber später besprochen, bewertet und Verhaltenskorrekturen vereinbart werden.
- Kinder dürfen niemals körperlich bestraft werden, Strafen solcher Art machen sie nur ängstlich oder wütend.

Das in ▶ Abb. 6.3 dargestellte Schaubild zeigt auf, wie sich ein mögliches Fehlverhalten entwickeln kann.

Abb. 6.3: Entstehung von Fehlverhalten

6.2.2 Lieben und belohnen, ohne zu verwöhnen – ein schwieriger Spagat

»Wie mache ich es richtig?« Eine Frage, die von vielen Eltern immer wieder gestellt wird. Liebe, Lob und Zuwendung, davon kann ein AD(H)S-Kind nicht genug bekommen. Beides, Lob und Zuwendung, sollte angemessen und ehrlich verdient sein, das kommt leider manchmal in der Hektik des Alltages zu kurz. Eltern sollten deshalb ihre Kinder immer wieder darum bitten, sie darauf aufmerksam zu machen, wenn sie sich von ihnen ungerecht behandelt fühlen.

Ein berechtigtes Lob können Eltern ihren Kindern beispielsweise durch folgenden Satz sagen oder als wichtige Notiz auf seinen Platz legen: »Ich bin stolz auf dich!« Das Geschriebene bewirkt bei AD(H)S-Betroffenen oft mehr und wird grundsätzlich besser als das gesprochene Wort wahrgenommen.

Weitere bewährte Formen einer liebevollen und lobenden Zuwendung sind:

- Signalisieren Sie Ihrem Kind, dass Sie ihm positive Fähigkeiten zutrauen: »Ich wusste, dass du es kannst!«
- Lassen Sie Ihr Kind an Ihren eigenen Aktivitäten teilhaben, vermitteln Sie ihm dadurch Vertrauen und Wertschätzung: »Du darfst mir helfen!«
- Schenken Sie Ihrem Kind ein Lächeln, umarmen Sie es, geben Sie ihm einen Kuss.
- Unternehmen Sie etwas Besonderes gemeinsam als Belohnung.
- Belohnen Sie Ihr Kind für gute Leistungen durch kleine Geschenke oder zeitlich begrenzt auch durch Geld; aber Achtung: Lassen Sie keine Forderungen nach Bezahlung zu!
- Vergeben Sie Punkte zum Sammeln und Eintauschen gegen eine kleine Belohnung.

- Vergeben Sie als Belohnung ein alterskonformes Kontingent von Fernseh- und/oder PC-Zeiten.

6.2.3 Manchmal sind Sanktionen erforderlich, aber welche?

Im Folgenden möchte ich Eltern einige Vorschläge zum Umgang mit unerwünschtem Verhalten machen, die auf der praktischen Erfahrung im Umgang mit AD(H)S-Kindern und -Jugendlichen und deren Eltern beruhen:

- Bemühen Sie sich stets um Gerechtigkeit und erteilen Sie Ihren Kindern klare Anweisungen mit konkreten Angaben
- Halten Sie wichtige Absprachen schriftlich fest und fordern Sie deren Einhaltung konsequent ein
- Setzen Sie Grenzen, die auch von allen in der Familie eingehalten werden
- Schenken Sie unangebrachtem Verhalten keine Aufmerksamkeit, sondern werten Sie dieses später aus und fordern Sie erst dann eine Wiedergutmachung ein
- Vereinbaren Sie mit Ihrem Kind, dass es bei Streit das Zimmer verlassen soll, um sich draußen angemessen abzureagieren
- Vermeiden Sie es, ständig über Kleinigkeiten zu nörgeln
- Entziehen Sie Ihrem Kind, wenn Sie dessen Fehlverhalten sanktionieren möchten, Privilegien, z.B. in Form eines Computer- und/oder Fernsehverbots
- Fordern Sie zusätzliche Lernarbeiten und Pflichten ein
- Verlangen Sie bei Sachbeschädigungen, die Ihr Kind mutwillig verursacht hat, dessen Mitarbeit an der Wiedergutmachung oder auch seine finanzielle Beteiligung und wenn erforderlich, sparen Sie an Geschenken zum Ausgleich der mutwillig angerichteten Sachbeschädigung
- Verteilen Sie Negativpunkte oder ziehen Sie Belohnungspunkte ab
- Verbergen Sie bei Fehlverhalten Ihres Kindes nicht ihre Enttäuschung, aber machen Sie Ihrem Kind zugleich Mut und sprechen Sie die Erwartung aus, dass ein solches Fehlverhalten nie wieder vorkommt
- Lassen Sie Sich auf keine endlosen Diskussionen ein
- Bemühen Sie sich stets darum, dass Form und Maß Ihrer Reaktion für Ihr Kind vorausschaubar, nachvollziehbar und z.B. nicht nach Ihrer jeweils psychischen Befindlichkeit unterschiedlich heftig ausfallen. (Sollte Ihnen dies dennoch passieren, bringen Sie unbedingt die Courage auf, sich bei Ihrem Kind zu entschuldigen!)

> Machen Sie sich als Mutter und Vater immer wieder klar: Ihr eigenes falsches Verhalten provoziert unerwünschte Reaktionen bei Kindern und besonders bei Jugendlichen! Menschen mit AD(H)S bemerken die Fehler von anderen viel deutlicher und schneller als ihre eigenen Fehler.

So sollten Sie als Eltern möglichst nicht reagieren:

- Ihr Kind durch negative und gekränkte Vorhaltungen und Vorwürfe, die sich immer wieder auf Vergangenes beziehen, abwerten
- Unpräzise Vereinbarungen und unkonkrete Absprachen treffen
- Unberechtigt unangemessen harte Schuldzuweisungen aussprechen
- Lange Moralpredigten halten
- Die Kontrolle über Ihre eigenen Worte und Handlungen verlieren
- Strafen willkürlich aussprechen, sowohl was die Situation als auch ihr Maß angeht
- Angedrohte Strafen oder Konsequenzen nicht einhalten
- Strafen ohne Lernmöglichkeit erteilen, wie z.B. Stubenarrest, Verbot der Teilnahme am Training, etwas zehnmal abschreiben lassen
- Sanktionen aufschieben, z.B. so lange mit der Strafe zu warten, bis der Vater von der Arbeit kommt, um deren Ausführung ihm zu übertragen
- Ihren Kindern eine Pendelerziehung zumuten, bei der die Großeltern Ihre Entscheidungen als Eltern missachten, untergraben und im Extremfall hintergehen
- Die Geschwister als Vorbilder hinstellen oder bevorzugen
- Ihre Kinder unangemessen verwöhnen

Bitte beachten Sie als Eltern folgenden Hinweis: Sollten Sie mit den oben genannten Verhaltensstrategien bei Ihren Kindern keinen wirksamen Erfolg erzielen, suchen Sie einen als Verhaltenstherapeuten ausgebildeten Arzt oder Psychologen auf! Dessen persönliche, professionelle Ansprache kann oft mehr bei Kindern oder Jugendlichen bewirken als das noch so große Bemühen ihrer Eltern.

Wie würde bei einem Verhaltenstherapeuten die Behandlung AD(H)S-bedingter Verhaltensauffälligkeiten ablaufen?

Hier ein Beispiel für einen Ablaufplan einer Verhaltenstherapie, der Ihnen die Möglichkeit geben soll, mitzuentscheiden, ob die vorgesehene Therapie den Bedürfnissen Ihres Kindes oder Jugendlichen einschließlich seiner AD(H)S-Problematik auch entspricht:

- Vorstellen des betroffenen Kindes/Jugendlichen, Benennen der Problematik, danach Formulieren eines individuellen Hilfsangebots durch den Therapeuten, Vertrauensbildung
- Klären der Fragen nach bisherigen therapeutischen Interventionen und der Schwere des Betroffenseins
- Einbeziehen der Eltern und Besprechen ihrer Sichtweise und Erwartungen
- Klären der wichtigen Frage: Nicht wollen oder nicht können?
- Wecken des Verständnisses für das Verhalten des Kindes und Abbau von Schuldzuweisungen
- Gemeinsames Erarbeiten von Therapiezielen mit dem Kind
- Einbeziehen der Eltern in den Therapieplan als Coach mit Kontrollfunktionen
- Erarbeiten von Ressourcen, um diese fortan für die Therapie zu nutzen
- Einüben eines Selbstinstruktionstrainings, für die Therapie motivieren

- Gezielte problemorientierte Verhaltensbeobachtung mit deren Beschreibung und Bewertung durch das Kind oder Jugendlichen und seinen Eltern
- Trainieren gewünschter Verhaltensweisen mit konkreten Aufgaben und Auswerten der gemachten Erfahrungen mit schriftlicher Dokumentation
- Problemlösetraining anhand real erlebter kritischer Situationen
- Abendreflexion über Erfolge und Formulieren von aktuell notwendigen Teilzielen für die nächsten Tage
- Das eigene Verhalten und das der anderen realitätsgerecht bewerten
- Wenn Therapieerfolge deutlich zu Tage treten, zuerst an der Verbesserung des Selbstwertgefühls arbeiten, danach schrittweise Probleme im Sozialverhalten angehen und lösen

Nach diesem Schema habe ich in meiner AD(H)S-Praxis gearbeitet. Sicher hat jeder Therapeut sein eigenes, im Detail abweichendes, letztlich aber grundsätzlich ähnliches Schema.

Lassen Sie sich als Eltern bei einer Verhaltenstherapie über den vorgesehenen Therapieablauf vom Therapeuten informieren und bitten Sie um eine Anleitung zur Mitarbeit. Denn nach der Beendigung der Therapie ist Ihr Kind auf Sie als Eltern und Ihr Coaching angewiesen – oft die einzige Hilfe, die ihm bleibt.

Zusammenfassung: Schwerpunkte einer verhaltenstherapeutisch ausgerichteten Intervention bei Kindern und Jugendlichen mit AD(H)S, wie sie durchaus auch ohne professionelle Hilfe im häuslichen Rahmen durchgeführt werden kann

- Das Ziel einer Intervention besteht zunächst und zuvorderst immer darin, bestehende Probleme zu benennen und sie gemeinsam zu lösen. Zuerst nach deren möglichen Ursachen suchen, um diese anschließend gemeinsam zu beseitigen.
- Anfangs das betroffene Kind anleiten, aber nur so lange bei der Problemlösung helfen, bis es allein klarkommt
- Beeinflussen und Verändern von ungünstigen, unangemessenen Verhaltens-, Denk- und Einstellungsweisen der Betroffenen
- Eigenverantwortung übertragen, Erfolge registrieren, viel Lob und Anerkennung schenken
- Das Kind oder den Jugendlichen motivieren zum Aufstellen ständig neuer, aber erreichbarer Ziele zur Verbesserung seines Selbstwertgefühls und seiner sozialen Kompetenz

7 Besonderheiten bei der Behandlung von Jugendlichen

> Die Pubertät ist eine kritische Phase, auf die man gut vorbereitet sein sollte.

Die meisten Jugendlichen mit AD(H)S kommen noch immer viel zu spät zur Behandlung und mussten in der Vergangenheit viele negativen Erfahrungen machen, auch mit Therapien, die nicht hielten, was sie versprachen. Deshalb begegnen sie jedem neuen Therapeuten zunächst erst einmal skeptisch und distanziert.

> Die Jugendlichen erwarten vom Therapeuten wirksame Hilfen beim Lösen ihrer Probleme. Sie wollen keine Ratschläge, sondern verstanden werden und erklärt bekommen, warum sie so sind und weshalb gerade sie diese Probleme haben, die sie trotz Anstrengung bisher nicht allein lösen konnten. Sie durchschauen sehr schnell, ob der Therapeut ihren Anforderungen gewachsen ist oder nicht. Im letzteren Fall reagieren sie mit einem »Nie wieder gehe ich dorthin!«

Pubertierende Jugendliche mit AD(H)S nehmen sich und ihre Umwelt besonders unter Stress anders als ihre Altersgenossen wahr. Sie pochen auf ihre gefühlte Selbständigkeit und ignorieren Ratschläge grundsätzlich. Sie glauben alles besser zu wissen und zu können, protestieren gern und lieben Machtkämpfe. Auf jeden kritischen Hinweis kommt erst einmal ein »Ja aber« zur Rechtfertigung. Ihre soziale Unreife bemerken sie selbst nicht und wenn, dann wollen sie diese nicht wahrhaben. Meist sind sie in der sozialen Reife ihren Altersgenossen gegenüber um einige Jahre zurück und das bekommen sie in der Pubertät knallhart zu spüren. Deshalb brauchen diese Jugendlichen eine hilfreiche Unterstützung, um erfolgreich selbständig und unabhängig von ihren Eltern zu werden. Ihre Eltern haben es dabei oft sehr schwer, sie müssen sowohl aggressive als auch depressive Reaktionen abfangen und beschwichtigen. Dazu benötigen die Eltern viel Kraft und Kenntnisse, um als Coach ihrer pubertierenden Jugendlichen fungieren zu können. Denn diese Jugendlichen brauchen Halt und Unterstützung beim Aufholen ihres Reiferückstandes und sie dürfen auf keinem Fall zu früh in die Selbständigkeit entlassen werden. Das könnte nicht wieder gut zu machende Folgen haben.

7 Besonderheiten bei der Behandlung von Jugendlichen

7.1 Behandlungsbedürftige AD(H)S-Symptome bei Jugendlichen

Die Pubertät kommt für Jugendliche mit AD(H)S in aller Regel zu früh und unerwartet, weil sie sich zumeist nicht ausreichend darauf vorbereiten konnten. Mit einem Mal spüren sie jetzt plötzlich selbst viele Defizite, die sie bisher nicht wahrhaben wollten und verdrängten. Sie reagieren verunsichert und überfordert zugleich.

Folgende Besonderheiten sind für das Verständnis dieser Jugendlichen für ihre Eltern wichtig zu wissen und zu berücksichtigen:

- Ihr labiles Verhalten in der Pubertät, die im sozialen Bereich später als bei Gleichaltrigen erfolgt, ist dafür aber umso intensiver und heftiger
- Ihr vermindertes Selbstwertgefühl, das sie demonstrativ mit unverhältnismäßig starken Reaktionen überspielen, was ihr Umfeld nicht nachvollziehen kann und deshalb mit Unverständnis und Abwertung darauf reagiert
- Ihre erheblichen Schwierigkeiten im Ablösungsprozess von den Eltern mit ständigem Streit und geringer Einsichtsfähigkeit
- Sie wissen zu Hause alles besser, haben immer das letzte Wort und sie suchen die Schuld immer bei anderen
- Ihre mangelnde Selbstkontrolle bei überhöhter Empfindlichkeit
- Ihre geringe Kompromissfähigkeit bei demonstrativ »starken« Willen
- Ihre innere Verunsicherung mit der Folge einer latenten Selbstgefährdung, z. B. in Form von Ritzen, um sich zu spüren, ihr riskantes Fahrverhalten mit Freude an Geschwindigkeit oder an unkalkulierbaren Risiken, um sich ihr Können zu beweisen
- Ihre geringe Zielstrebigkeit und fehlende berufliche Perspektive
- Ihre »Null-Bock«-Mentalität
- Ihr oft schneller Wechsel von Interessen und Freunden
- Ihr Jähzorn und ihre Ungeduld nach außen hin, z. B. Ihre Unfähigkeit, warten zu können
- Ihre gefährliche Neigung, legale oder illegale Drogen auszuprobieren und sie dann als Selbstmedikation weiter zu nehmen
- Ihre Schwierigkeiten, sich im Hinblick auf die eigene Berufswahl zu orientieren; Diese kann scheitern, wenn sie nicht langfristig vorbereitet wurde und kein dafür hilfreiches Hobby vorhanden ist
- Ihre Schwierigkeiten beim Lernen (Berufsschule, Fahrerlaubnis), was sie verunsichert
- Ihre Faszination für Computerspiele mit dem Abgleiten in eine irreale Welt, um für den Moment Macht und Erfolge zu erleben mit der Gefahr der Internet- und PC-Sucht
- Ihre Schwierigkeit, einen festen Schlaf-Wachrhythmus einzuhalten und zu automatisieren

Mädchen mit AD(H)S in der Pubertät reagieren anders. Sie können in der Pubertät folgende Besonderheiten zeigen:

- Eine in der Kindheit vorhandene Hyperaktivität nimmt ab und wird zur feinmotorischen Unruhe, Schwatzhaftigkeit und Flatterhaftigkeit
- Sie streben nach Unabhängigkeit, der sie aber nicht gewachsen sind
- Bei Verunsicherung reagieren sie aggressiv, die meist schon vorhandenen starken Stimmungsschwankungen werden noch extremer
- Ordnung, Pünktlichkeit und das Einhalten von vorgegebenen Zeiten fallen ihnen schwer
- Ihre Zielstrebigkeit ist gering, die Gefahr von Leistungsabfall bei Belastung und Kontrollverlust bei Stress sind dagegen sehr groß
- Sie versuchen, ihr beeinträchtigtes Selbstwertgefühl und ihre schlechten schulischen Leistungen durch ein auffälliges Äußeres zu kompensieren
- Sie entwickeln häufiger eine Essstörung zur Gewichtsabnahme, um dadurch Anerkennung zu erhalten
- Sie suchen nach Freundschaften und wollen gemocht werden, deshalb geben sie leichtfertig sozialem Druck nach. Sie lassen sich schnell verleiten, für andere »aus Freundschaft« Dinge zu tun, die sie selbst sonst nicht tun würden
- Sie handeln unüberlegt und ohne an die Folgen zu denken, so kommt es nicht selten bei ihnen zu frühen und zu häufig ungewollten Schwangerschaften
- Sie sind überempfindlich und fallen bei einer Trennung in ein »tiefes Loch«.
- Hypoaktive Mädchen neigen schnell zu depressiven Verstimmungen mit Rückzug in die Isolation.
- Sie benutzen oft Alkohol, um ihre Ängste zu unterdrücken, rauchen, um sich innerlich zu beruhigen oder finden Gefallen am Konsumieren von Haschisch. Manchmal beteiligen sich diese Jugendlichen auch am sog. »Komasaufen«, um sich anderen gegenüber zu beweisen.

Wie stark die Jugendlichen unter ihrem AD(H)S leiden, hängt von folgenden Faktoren ab:

- Von der Schwere des Betroffenseins und der Stärke der Belastung
- Vom Ergebnis der bisherigen Behandlungen
- Von der Konsequenz der Erziehung (Erziehung ist nicht alles, aber ohne eine konsequente Erziehung geht es nicht!)
- Von der vorhandenen Intelligenz, die eine Kompensation vorhandener Defizite ermöglicht
- Von ihrer sozialen Einbindung und dem Verständnis ihres sozialen Umfeldes
- Ob sich Selbstwertgefühl und soziale Kompetenz altersgerecht entwickeln konnten
- Ob sie einen guten Coach und ein förderndes soziales Umfeld hatten und haben und soziale Normen verinnerlichen konnten

Ihr Coach sollte sie entsprechend ihrer individuellen Bedürfnisse anleiten und mit ihnen durchzuführende Maßnahmen zur Verbesserung ihrer schulischen Leistungen, ihrer sozialen Reife und ihres Verhaltens vereinbaren und deren Einhaltung kontrollieren. Von Vorteil ist es immer, wenn Eltern diese Coachfunktion übernehmen können. Sie verfügen meist über Erfahrungen im Umgang mit ihrer eigenen AD(H)S-Veranlagung und verstehen so ihren Jugendlichen am besten.

Dafür nützliche Anleitung und Unterstützung können sie sich bei ihrem ärztlichen oder psychologischen Therapeuten, bei den AD(H)S-Selbsthilfegruppen, deren telefonischer Beratung, durch Teilnahme an Vortragsveranstaltungen und dem Lesen der reichhaltigen AD(H)S-Literatur holen.

Problematisch wird es, wenn beide Eltern oder ein Elternteil selbst eine ausgeprägte und unbehandelte AD(H)S-Symptomatik haben. Dann fällt ihnen ein konsequenter Erziehungsstil schwer, da sie selbst leicht zu verunsichern sind. Sie wollen ihrem Jugendlichen immer gute Eltern sein und befürchten, wenn sie ihm etwas verbieten, würde dessen Liebe zu ihnen leiden. Aus Liebe nehmen sie ihm die Lösung vieler scheinbar schwieriger Probleme ab. Sie treffen für ihn Entscheidungen, wodurch sie seinen Weg in die Selbständigkeit zusätzlich, wenn auch ungewollt, erschweren. Bedingt durch ihre eigene AD(H)S-Symptomatik können sie ihrem Jugendlichen nicht immer ein Vorbild sein.

Diese Jugendlichen lernen später den Elternteil mehr zu schätzen, der konsequent in seinem Verhalten ist und war. Dann begreifen sie die Vorteile von dessen Konsequenz und urteilen über ihn so: »Auf den konnte ich mich verlassen, der hat das getan, was er gesagt hat.« Solche und ähnliche Äußerungen konnte ich oft in meiner Praxis hören. Über den inkonsequenten Elternteil, der es aber besonders gut mit ihnen meinte, den sie früher deshalb viel mehr mochten, über den wurde nun häufiger abfällig gesprochen: »Mit dem konnte ich machen, was ich wollte«.

7.2 Therapieziel: eine altersentsprechende soziale Reife

Soziale Kompetenz, was beinhaltet dieser oft gebrauchte und wichtige Begriff? Was heißt es, eine gute soziale Kompetenz zu haben?

- In sozialen Situationen über Selbstsicherheit zu verfügen
- Sich bei Teilnahme an Gesprächen unter Kontrolle zu haben
- Mit Aufgeschlossenheit auf andere zugehen zu können
- Sozial angepasst eigene Ziele zu verwirklichen
- Mit Bedacht eigene Entscheidungen zu treffen
- Sich psychisch stabil und aufgeschlossen den täglichen Anforderungen zu stellen

Jugendliche mit AD(H)S haben entwicklungsbedingt einen Rückstand in der sozialen Reife, die manchmal sogar um einige Jahre verzögert sein kann. In der Pubertät spüren sie dann diese sozialen Defizite besonders stark. Denn jetzt werden Selbständigkeit und altersentsprechende Reife im Alltag gefordert. Deshalb benötigen sie spätestens jetzt Unterstützung und Hilfen beim Abbau dieser Defizite, um nicht von ihren Freunden oder Klassenkameraden verspottet oder gar ausgegrenzt zu werden. Wobei in erster Linie ihre Eltern gefordert sind. Sie könnten ihnen am besten helfen, den Umgang mit ihren individuellen konkreten und belastenden Situationen im Alltag zu meistern. Dazu braucht es von beiden Seiten eine Bereitschaft mit Einsicht in die Notwendigkeit und ein individuelles Arbeitsbündnis mit gezielter Aufgabenstellung und täglicher gemeinsamer Auswertung der aktuell gemachten Erfahrungen. Denn Sozialverhalten kann weder theoretisch noch am Computer erlernt werden, wichtig sind auch hierbei die Vorbildwirkung der Eltern und das Training in der Gruppe Gleichaltriger

Was wären die anzustrebenden und zu erarbeitenden Kriterien für eine altersentsprechende soziale Reife bei Jugendlichen?

- Für sich eine realistische Lebensplanung mit Perspektiven in den verschiedenen Lebensbereichen zu erstellen (Beruf, Freundschaften usw.)
- Die Fähigkeit zum zeitlich überschaubaren Denken zu besitzen
- Seine Gefühle rationell verarbeiten zu können
- Selbständig zu urteilen und Entscheidungen zu treffen
- Eine ernsthafte Einstellung gegenüber Pflichten zu haben
- Eigenständig sein und sich von anderen abgrenzen zu können
- Nach Selbständigkeit und Unabhängigkeit zu streben

Gerade das Nichtvorhandensein dieser Reifekriterien ist typisch für Jugendliche mit einem ausgeprägten AD(H)S und gerade das beeinträchtigt ihr Sozialverhalten sehr. Je nach Betroffensein benötigen sie spätestens jetzt individuelle Hilfen, um ihre vorhandenen Defizite auszugleichen. Das Verbessern der sozialen Reife ist ein Schwerpunkt der Therapie, wenn nicht das Wichtigste im Rahmen der Gesamttherapie des AD(H)S in der Pubertät.

Wie kann diesen Jugendlichen außerhalb des häuslichen Rahmens noch geholfen werden?

7.2.1 Die Arbeit mit Gruppen

Wenn nicht gleich ein Therapeut zur Verfügung steht oder eine professionelle Behandlung abgelehnt wird, was von Seiten pubertierender Jugendlicher häufig der Fall ist, habe ich gute Erfahrungen mit Jugendgruppen gemacht, die sich in eigener Regie treffen. Jugendliche mit AD(H)S oder die, die es bei sich vermuten, treffen sich und tauschen wie in einer Selbsthilfegruppe ihre Erfahrungen aus. Erfolgreich Behandelte übernehmen dabei die Funktion eines Coaches. Die Gruppenbildung erfolgte oft über erste Internetkontakte, das Treffen wurde in privaten oder kommunalen Einrichtungen vereinbart.

Mancherorts gibt es schon eine von Jugendlichen geleitete Selbsthilfegruppe, natürlich nur für Jugendliche. In der Gruppe sprechen sie über ihre Defizite und erleben oft zum ersten Mal, dass sie nicht allein ganz bestimmte Probleme haben, sie erfahren, wie andere damit umgehen und suchen gemeinsam nach Lösungen. Dafür findet man bei den Jugendlichen eher eine Bereitschaft und die meisten kamen gern und regelmäßig. Hier entwickelten sich auch Freundschaften und einige Teilnehmer verabredeten sich zu gemeinsamen Freizeitaktivitäten.

Es sollten dabei am besten Gruppen von etwa gleichaltrigen Jugendlichen sein, die alle eine AD(H)S-Problematik haben, dann sind die Erfolgsaussichten am größten. Solche Gruppen können auch ohne einen Therapeuten gut funktionieren. Die Jugendlichen selbst übernehmen die Moderation und profitieren in diesen Gruppentreffen von den Erfahrungen der bisher erfolgreich Behandelten. Ich habe selbst erlebt, wie Jugendliche mit AD(H)S auch ohne Leitung eines Therapeuten sehr von dieser Gruppenarbeit profitierten, bei der sie gern die Moderation und Verantwortung selbst übernahmen. Ein von den Gruppenmitgliedern vorgebrachte Kritik wurde von den Betroffenen meistens viel ernster genommen, als wenn der Therapeut wieder einmal »herummeckerte«.

Was könnten die inhaltlichen Schwerpunkte zur Verbesserung des Sozialverhaltens in der Gruppe für Jugendliche mit AD(H)S sein? Dazu einige Beispiele:

- Vor der Gruppe über ein Thema sprechen, das vorher festgelegt wurde. Mit dem Ziel, dass jeder seine Meinung darüber in einer vorgegeben Zeit äußert, z. B. 5 Minuten.
- Meinungen über die einzelnen Beiträge austauschen und einschätzen lernen, was ihnen an den Beiträgen der Anderen gefiel und was sie davon selbst anwenden können. Keine Abwertung zulassen!
- Lob verteilen, Lob ertragen lernen und positive Gefühle zeigen
- Aktuelle Probleme der Mitglieder anhören, nach deren Ursachen suchen und Lösungswege gemeinsam erarbeiten mit Terminvorgabe, wann über den Erfolg oder deren Umsetzung berichtet wird und was es möglicherweise für Schwierigkeiten gab.
- Dabei lernen, Kritik anzunehmen und diese angemessen zu verarbeiten, was Jugendliche unter sich viel besser tolerieren und akzeptieren.
- Anhand aktueller Probleme der einzelnen Gruppenteilnehmer besprechen, wie sie eigene Ansprüche und Anforderungen sozial angepasst am besten durchsetzen sollten und über das Gelingen berichten lassen.
- Lernen, das Verhalten, die Körpersprache, die Ansprüche und die Reaktionen der anderen zu beachten und richtig zu deuten.
- Kommunikation, Abwarten und Kontaktaufnehmen innerhalb der Gruppe üben

Das sind nur einige Beispiele aus der Praxis. Stundenablauf und Themen werden von den Gruppenmitgliedern gleichberechtigt festgelegt. Eine solche Gruppenarbeit profitiert nicht zuletzt von der guten Intelligenz, der guten Beobachtungsgabe und der besonderen Kreativität, über die viele Jugendliche mit AD(H)S verfügen. Sie erwarten aber auch, dass sie selbst von der Gruppenarbeit profitieren. Deshalb sollte am Schluss einer Gruppensitzung immer die Frage an jeden Einzelnen gerichtet werden: »Was hat dir heute diese Gruppenstunde gebracht?«

8 Erwachsene mit AD(H)S

Der emotionale Stress ist das Bindeglied zwischen psychischer und körperlicher Beeinträchtigung.

8.1 Die AD(H)S-Symptomatik ändert sich

Die AD(H)S-Symptome verändern sich mit dem Erwachsenwerden, was die Diagnostik erschwert, weil sich das Gehirn während der Pubertät umstrukturiert, d. h. das Geflecht der Nervenbahnen umgebaut und die Verarbeitung der Informationen dadurch rationalisiert werden. Wichtige Nervenbahnen verstärken sich, unwichtige dagegen verkümmern und lösen sich auf. Die AD(H)S-Kernprobleme zeigen sich zunehmend diskreter und abgeschwächter, da erworbene Kompensationsstrategien jetzt effektiver wirken können. Viele Erwachsene haben über Jahre gelernt, mit ihrer AD(H)S-Problematik besser umzugehen. Jedoch bleibt ein in der Kindheit erworbenes beeinträchtigtes Selbstwertgefühl mehr oder weniger ausgeprägt als innere Verunsicherung auch bis ins Erwachsenenalter meist bestehen. Das beeinträchtigt vor allem das Durchsetzungsvermögen und das Treffen wichtiger Entscheidungen.

Besonderheiten bei Erwachsenen mit AD(H)S, die in ihren Lebensläufen immer wieder zu finden sind:

- Beide Partner haben AD(H)S
- Es besteht eine erhöhte Scheidungsrate
- Versagen im Beruf und im Studium trotz guter und sehr guter Intelligenz
- Stressbedingte psychosomatische Erkrankungen (z. B. hoher Blutdruck, Essstörungen wie Adipositas, Bulimie oder Magersucht, Angst- und Zwangsstörungen, Depressionen, Burnout, Autoimmunerkrankungen)
- Alkoholabhängigkeit, Nikotin- und Mediensucht
- Erhöhte Unfallrate

Das sind bisher gemachte Erfahrungen aus der Praxis, die zunehmend häufiger von wissenschaftlichen Studien bestätigt werden. Ich habe diese Komorbiditäten in meinem Buch »Die vielen Gesichter des AD(H)S – Begleit- und Folgeerkrankungen richtig erkennen und behandeln« ausführlich beschrieben. An fast allen psychiatrische, kinder- und jugendpsychiatrischen und psychologischen Abteilungen der deutschen Universitäten laufen zurzeit eine Vielzahl von Studien zum Thema AD(H)S.

8.1.1 Diagnosefindung

Die AD(H)S-Diagnose im Erwachsenenalter wird durch die Vielfalt ihres Erscheinungsbildes erschwert. Je mehr das AD(H)S erforscht wird, umso vielfältiger wird die Anzahl der Symptome in den verschiedenen Altersgruppen. Besonders die Berücksichtigung des ADS ohne Hyperaktivität in der Diagnostik führte dazu, dass die Häufigkeit des AD(H)S in der Bevölkerung zunahm.

Nach welchen für die Diagnosefindung wichtigen Symptomen, die je nach der Schwere des individuellen Betroffenseins sehr variieren können, sollte gesucht werden?

Die Wender-Utah-Kriterien für ADS/ADHS im Erwachsenenalter umfassen folgende Symptome, die für die Diagnosefindung meiner Meinung nach noch immer die besten in der praktischen Anwendung sind.

Wender-Utah-Skalen für AD(H)S im Erwachsenenalter

Die Aufmerksamkeitsstörung

- Erhöhte Ablenkbarkeit und Reizoffenheit
- Wechselnde (fluktuierende) Aufmerksamkeitsleistung

Die motorische Hyperaktivität

- Gefühl der inneren Unruhe, Unfähigkeit zu entspannen
- Stark schwankender Antrieb bzw. schwankende Energie
- Dysphorische (gedrückt reizbare) Stimmung bei Inaktivität

Die Affektlabilität

- Rasch wechselnde Stimmungslage, häufig als Unzufriedenheit und Langeweile empfunden

Ein desorganisiertes Verhalten

- Defizitäre Alltagsorganisation
- Wechsel zu verschiedenen Aufgaben
- Unsystematische Problemlösestrategien

Fehlende Affektkontrolle

- Andauernde Reizbarkeit bei geringem Anlass
- Intoleranz von Frustration
- Mangelhafte Wutkontrolle

Die Impulsivität

- Störungen der Impulskontrolle mit wechselnder Intensität

Die emotionale Übererregbarkeit

- Unfähigkeit, mit alltäglichen Stressoren umzugehen
- Überschießende Reaktionen
- Rasche Erschöpfung

Wie erleben sich Erwachsene mit AD(H)S und worüber klagen sie am häufigsten?

- Starke und spontane Stimmungsschwankungen
- Ängste und depressive Verstimmungen
- Konzentrationsmangel, Vergesslichkeit
- Schlechtes Zeitmanagement
- Bei Entscheidungen und in Beziehungen unzuverlässig und ungeduldig zu sein
- Niedrige Stresstoleranz, fehlende Ausdauer
- Misstrauisch und leicht eifersüchtig zu sein
- Unfähig zu sein, sich Erfolge zu organisieren
- Schnell wechselnde Interessen und Ziele ohne konkrete Lebensperspektive zu haben
- Emotionale Steuerungsschwäche und ungünstige Kommunikationsstrategien
- Schwarz-weiß-Denken, aufgrund dessen sie weniger kompromissbereit und diplomatisch reagieren können
- Suchttendenzen (Nikotin, Alkohol, Spiel- und Kaufsucht)
- Alles sammeln und aufheben, sich von nichts trennen können
- Perfektionistisch zu sein
- Inkonsequent, sehr empfindlich und nachtragend zu sein

8.1.2 Zeitmanagement – ein Problem für viele Erwachsene

Das Zeitmanagement von Erwachsenen mit AD(H)S ist ein Hauptproblem, mit dessen Verbesserung viele verhaltenstherapeutische Strategien beginnen.

Das Zeitgefühl wurde in der Kindheit bereits in aller Regel unzureichend verinnerlicht (automatisiert) als Folge einer AD(H)S-bedingten Reifungsstörung im

Stirnhirnbereich, was die Automatisierung des Zeitbegriffes erschwert. Deshalb klagen viele Erwachsene mit AD(H)S ständig über Zeitmangel:

- Sie arbeiten ohne Zeitgefühl, haben viele Gedanken im Kopf und noch mehr Pläne.
- Sie schaffen es nicht, ihre Pläne umzusetzen, weil es ihnen nicht gelingt, Prioritäten zu setzen.
- Zweifel und Ängste können ihnen im Tagesverlauf wegen ihres Pessimismus viel Zeit rauben.
- Eine Entscheidung zu treffen, dauert bei ihnen viel zu lange.
- Sie geraten schnell in Stress, welcher ihr Denken und Handeln beeinträchtigt – dadurch vergeuden sie nutzlos Kraft und Zeit.
- Sie können nicht »Nein« sagen und übernehmen Aufgaben, die ihnen selbst keinen Nutzen bringen, aber viel Zeit kosten.
- Sie sind vergesslich und können schlecht Ordnung halten, alles wird unsortiert gestapelt, so dass sie viel Zeit mit Suchen verbringen.
- Sie haben einen hohen Selbstanspruch, sind manchmal übertrieben perfektionistisch und wollen alles besonders gut und korrekt machen, auch um anderen zu gefallen.
- Ihre nur gering vorhandene Selbstdisziplin beeinträchtigt ein effektives Arbeiten nach einem Tagesplan.
- Hochgradige innere Unruhe, Antriebsschwäche, Langeweile und Motivationsmangel lassen viel Zeit ungenutzt verstreichen.
- Viel Zeit wird vergeudet, weil sie sich auf andere leichtfertig verlassen, von denen sie jedoch oft enttäuscht werden, um am Ende doch selbst unter Zeitnot tätig werden zu müssen.
- Sie schieben Routinearbeiten auf und arbeiten gern nach dem Lustprinzip – in letzter Minute geraten sie in Stress und beginnen überstürzt mit der Arbeit.
- Wenn ihr Antrieb schwach ist, gelingt es ihnen nicht, mit der Arbeit anzufangen.

8.1.3 Geschlechtsspezifische Besonderheiten der AD(H)S-Symptomatik

Die AD(H)S-Symptomatik fällt bei Frauen und Männern verschieden aus, weil bei ihnen wichtige Gehirnzentren geringfügig unterschiedlich entwickelt und vernetzt sind. Das Frauengehirn hat viel mehr Verbindungen zwischen den beiden Gehirnhälften, es ist entwicklungsbedingt kommunikativer angelegt und arbeitet emotionaler. Das Männergehirn dagegen hat weniger neuronale Verbindungen zwischen den beiden Gehirnhälften, es kann dadurch strategischer arbeiten. Dabei können bei Frauen und Männern die geschlechtsspezifischen Besonderheiten des AD(H)S entwicklungsbedingt viele Ausnahmen und noch mehr Varianten aufweisen.

8 Erwachsene mit AD(H)S

Mögliche Besonderheiten im Verhalten bei Männern mit AD(H)S:

- Männer leiden besonders stark, wenn negativer Dauerstress ihren sozialen Status bedroht. Sie sind bei Ausweglosigkeit stärker selbstmordgefährdet als Frauen.
- Sie reagieren bei innerer Verunsicherung aggressiver und können selbst- oder fremdschädigendes Verhalten entwickeln.
- Eine Hilfe von außen wird lange abgelehnt, besonders wenn diese Hilfe mit »Psycho« verbunden ist, außerdem empfinden sie die Suche nach Hilfe als »unmännlich«.
- Ihr Unfallrisiko ist deutlich erhöht.

Mögliche Besonderheiten im Verhalten bei Frauen mit AD(H)S:

- Sie sind, je nach AD(H)S-Typ, entweder zu schwatzhaft oder viel zu zurückhaltend.
- Sie sind immer sehr empfindlich und unterliegen einem schnellen Stimmungswechsel, sie reagieren stärker auf hormonelle Schwankungen (besonders prämenstruell).
- Bei Hyperaktivität sind sie sehr temperamentvoll, kontaktfreudig und gesprächig. Dann verärgern sie oft andere durch ihr ständiges Reden, wenn sie alles ellenlang kommentieren und andere kaum zu Wort kommen lassen.
- Sie können sehr kreativ sein, sind aber unbeständig im Denken und Handeln und bei der Ausführung ihrer Ideen.
- Sie haben meist einen großen Freundeskreis, sind ständig unterwegs oder ziehen sich zurück und leben isoliert, je nach AD(H)S-Typ.
- Sie haben immer zu viele Gedanken im Kopf, sind vergesslich und unzuverlässig.
- Sie fühlen sich schnell überfordert und klagen auch darüber.
- Viele Frauen berichten auch, dass sie innerlich ruhiger sind und sich besser konzentrieren können, wenn sie monotone Arbeiten verrichten, z. B. stricken oder eine andere Handarbeit machen, die wenig Konzentration erfordert.

Jede dieser oben genannten Eigenschaften bedeutet für sich alleine gesehen nicht gleich, ein AD(H)S zu haben. Treten vieler dieser Symptome jedoch gleichzeitig auf in Verbindung mit

- einer entsprechenden Familien- und Eigenanamnese und
- erlebten Beeinträchtigungen im Schulverlauf, in der Berufsausbildung, im Sozialverhalten und in der psychischen Befindlichkeit,

so könnte das auf das Vorhandensein einer AD(H)S-Problematik hinweisen.

Frauen mit AD(H)S haben es im Beruf schwerer als Männer, warum? Folgende Besonderheiten machen Frauen mit AD(H)S das Berufsleben schwer:

- Sie wollen sich im Beruf bestätigen und ihr beeinträchtigtes Selbstwertgefühl verbessern und brauchen dazu Erfolge.

- Besonders häufig, gern und zuverlässig arbeiten sie als rechte Hand des Chefs, ohne je selbst Chef werden zu wollen, leiden aber früher oder später unter dieser Abhängigkeit.
- Sie sind sehr fleißig, trauen sich aber oft viel zu wenig zu, verausgaben sich im Beruf: Sie suchen und brauchen Anerkennung, ordnen sich deshalb in ein Kollektiv ein und sich ihm unter, anstelle dessen Leitung anzustreben.
- Sie können nicht »nein« sagen, lassen sich schnell ausnutzen und wehren sich nicht, weil sie fürchten, dann abgelehnt zu werden.
- Sie sind sehr empfindlich gegenüber Kritik, fühlen sich durch sie persönlich angegriffen.
- Sie bemerken die Fehler der anderen sofort und kritisieren andere häufiger.
- Sie haben eine gute Beobachtungsgabe, hinterfragen alles, suchen und erkennen Zusammenhänge und Fehlverhalten von anderen sofort und sprechen leichtfertig darüber.
- Sie können sich schlecht wehren und durchsetzen, weinen leicht.
- Sie leiden stärker unter Ungerechtigkeiten und können sich nicht schnell und angemessen verteidigen.
- Sie übernehmen gern soziale Aufgaben, setzen sich selbstlos für andere ein und verausgaben sich.
- Sie können manchmal schlecht zuhören, sind vergesslich und leicht ablenkbar.
- Für eine Einzeltätigkeit sind sie besser geeignet als für die Arbeit im Großraumbüro.

8.1.4 Auf der Suche nach einer Erklärung für das eigene Anderssein

Auch bei Erwachsenen sollte eine AD(H)S-Diagnostik nur durch die Schilderung von aktuellen Beschwerden nicht vorgenommen werden. Es ist vielmehr ein umfassendes Diagnoseschema abzuarbeiten, innerhalb dessen ein Großteil der oben genannten Punkte in typischer Weise vorhanden sein sollte.

Wie vielfältig bei Erwachsenen die AD(H)S-Symptomatik ausfallen kann, zeigt die Schilderung eines Mannes (Herr M.), der seine Problematik so beschreibt:

Fallbeispiel

»Ich bin ein aktiver, lebensbejahender Mensch, erfolgreich im Beruf und glücklich verheiratet. Ich achte auf meine Gesundheit, treibe Sport, engagiere mich und unternehme viel in der Freizeit. Schnell aber bin ich überfordert, dann verliere ich die Geduld und reagiere unangemessen, besonders meiner Frau und meinen Kindern gegenüber. Auch unter Stress verliere ich schnell die Kontrolle über meine Äußerungen und Handlungen. Hinterher bereue ich das. Ich kann nur schwer entspannen, muss immer irgendetwas tun. Ich bin rastlos, treibe mich selbst an, dabei komme ich schlecht zur Ruhe. Dann gibt es wieder Phasen, da bin ich kraftlos und ohne Antrieb. In diesen Momenten sehe ich alles negativ und empfinde, dass mein Kopf und mein Körper unterschiedlich funktionieren.«

Würde man diese Problematik nur für sich allein betrachten, könnte man – neben einem AD(H)S – auch auf eine affektive Störung oder ein Burnout schließen. Erst die erweiterte Diagnostik brachte zusätzliche typische AD(H)S-Symptome in der schulischen Entwicklung zutage, die Herr M. lange Zeit, auch dank seiner sehr guten Intelligenz, weitgehend kompensieren konnte. Unter der jetzigen beruflichen Dauerbelastung reichten seine Kompensationsfähigkeiten jedoch nicht mehr aus, sein psychisches Gleichgewicht wurde instabil, was ihn innerlich verunsicherte.

8.2 Den richtigen Therapeuten finden

Die Praxis zeigt, dass AD(H)S in jedem Fall über ein breites genetisches Spektrum vererbt wird, das entweder in schwacher Form als Veranlagung oder stärker ausgeprägt als Beeinträchtigung im Erwachsenenalter weiter bestehen und zur Krankheit werden kann. Das Ausmaß der spezifischen AD(H)S-Problematik wird vom sozialen Umfeld und von der Schwere der Belastung bestimmt. Der familiäre Stammbaum von Betroffenen bietet zumeist ein breites Spektrum AD(H)S-bedingter Störungen mit vielen interessanten Menschen und deren noch interessanteren Lebensläufen. Denn das Leben mit AD(H)S verläuft selten gradlinig. Diese Betroffenen mussten im Laufe ihres Lebens viele Klippen und Hürden nehmen, sie mussten sich mehrfach ändern und anpassen und verstanden dabei nicht, warum gerade sie sich so viel mehr als andere anstrengen mussten und ihnen trotzdem vieles schlechter als erwartet gelang.

Die Erfahrung zeigt, dass viele Erwachsene, sobald sie von der AD(H)S-Problematik hören, sich in dieser wiedererkennen und lernen, viele Ereignisse aus ihrer Vergangenheit anders zu deuten.

> Die Schwere der AD(H)S-Problematik wird von der Neurobiologie und vom sozialen Umfeld bestimmt. Mit zunehmendem Alter gewinnt das soziale Umfeld immer mehr an Bedeutung. Die Häufigkeit und Schwere der Begleiterkrankungen sind bei Männern und Frauen unterschiedlich.

Noch immer ist es für Erwachsene mit AD(H)S schwierig, einen ärztlichen Therapeuten zu finden und noch häufiger bleibt das AD(H)S bei vielen von ihnen unerkannt und somit unbehandelt. Nur wer hartnäckig bleibt und sich nicht so schnell abweisen lässt, wird seinen professionellen Therapeuten finden. Wer gut über AD(H)S informiert ist, kann besser unter den vielen therapeutischen Angeboten das Richtige für sich auswählen und lässt sich nicht so schnell mit der Feststellung »Sie haben kein AD(H)S!« abweisen.

So wie es Herrn S. erging, ergeht es leider noch immer vielen bei der Suche nach einem AD(H)S-Therapeuten:

Fallbeispiel

Herr S. befand sich in einer psychiatrischen Klinik wegen einer Depression, die »austherapiert« war, wie sein Arzt das nannte. Von einem Mitpatienten erfuhr er, dass manche Depressionen Folge eines nicht erkannten und somit unbehandelten AD(H)S sein können und dass sich mit dessen Behandlung die depressive Symptomatik dauerhaft verbessern ließe. Der Gedanke beschäftige Herrn S. fortan. Er informierte sich ausführlich über AD(H)S und entdeckte dabei viele Ähnlichkeiten mit den beschriebenen typischen Symptomen in seinem Lebenslauf. Er suchte und fand eine Psychologin, die sich als AD(H)S-Spezialistin ausgab. Dort bekam er zwei Untersuchungstermine und danach die Erklärung, dass er mit Sicherheit kein AD(H)S habe. Dies deshalb, weil er sich, so ihre Begründung, bei den diagnostischen Gesprächen sehr konzentriert verhalten und keine Hyperaktivität gezeigt habe. Außerdem habe er ja ein Abitur und einen Hochschulabschluss (beides über den zweiten Bildungsweg), was gegen das Vorliegen eines AD(H)S spräche.

Als er mir das nach einem Vortrag über AD(H)S bei Erwachsenen berichtete, hatte er gerade seine Arbeitsstelle gekündigt, weil er mit seinem Chef überhaupt nicht mehr zurechtkam. Dieser würde Anordnungen treffen, die er nicht nachvollziehen könne. Damit er sich nicht mehr so ärgern müsse, gab er die Arbeitsstelle auf, nun könne er wieder besser schlafen. Jetzt suche er eine andere Arbeit, was er sich allerdings einfacher vorgestellt hätte.

Ein Großteil der Erwachsenen erfährt von seiner eigenen AD(H)S-Betroffenheit durch die Diagnostik ihrer Kinder.

Alle Erwachsenen, die bei sich ein AD(H)S vermuten und bei denen Verwandte ersten oder zweiten Grades von AD(H)S-typischen Symptomen betroffen sind, sollten ihre wichtigsten Probleme schriftlich auflisten und sofort beginnen, selbständig an deren Beseitigung zu arbeiten. Je weniger erfolgreich sie dabei trotz intensiven Bemühens sind, umso dringender besteht ein Therapiebedarf, den man dann konsequent auf der Grundlage der selbst gemachten konkreten Beobachtungen einfordern sollte.

Suchen Sie einen Therapeuten, weil Sie vermuten, ein AD(H)S zu haben, sollten Sie Folgendes beachten:

- Informieren Sie sich zuerst gründlich über AD(H)S, damit Sie Ihre Vermutung begründen und mitreden können. Besuchen Sie am besten eine Selbsthilfegruppe, die es inzwischen in fast allen größeren Städten gibt.
- Versuchen Sie zunächst, Ihre wichtigsten Probleme mit den hier im Buch oder von der Selbsthilfegruppe empfohlenen Strategien zu verbessern. Die dabei gemachten Erfahrungen sind für die Diagnostik sehr hilfreich. Wenn Sie es nicht schaffen, Ihre Problematik zur eigenen Zufriedenheit auf Dauer in den Griff zu bekommen, benötigen Sie unbedingt die Hilfe eines Therapeuten.
- Fragen Sie Ihren Hausarzt, ob er Ihnen einen Arzt oder Psychologen empfehlen kann.

- Erkundigen Sie sich sodann in der Selbsthilfegruppe nach Therapeuten, die den Betroffenen erfolgreich helfen konnten.
- Unterstützung bei der Therapeutensuche geben ebenso:
  - Ihre Krankenkasse
  - AD(H)S Deutschland e. V. (Fragen Sie bei der für Ihr Bundesland zuständigen Beraterin nach der Adresse eines Therapeuten)
  - Das Zentrale ADHS-Netz der Universität Köln

8.3 Therapeutische Möglichkeiten bei AD(H)S im Erwachsenenalter

Erwachsene mit AD(H)S müssen zeitig lernen zu kämpfen und sich bemühen, ihre Probleme zuerst selbst zu lösen, wobei es auf die richtigen Strategien ankommt. Gelingt das nicht, heißt es nicht zu resignieren, sondern hartnäckig einen Therapeuten zu suchen. Denn ohne eine professionelle Behandlung verschlechtert sich die Problematik, weil das Selbstvertrauen in eine Negativspirale gerät.

Im Folgenden sollen fünf Beispiele aus meiner Praxis erfolgreiche AD(H)S-Therapien anschaulich machen:

Fallbeispiel 1: Herr C., ein 34 Jahre alter Student im 28. Semester, der bisher schon achtmal, meist vor wichtigen Prüfungen, das Studienfach gewechselt hat

Herr C. ist vielseitig interessiert und gebildet, hat Lernprobleme, kann nicht anfangen, nicht dranbleiben und nichts beenden. Sein letztes Studienfach: Theologie auf Lehramt.
Hochbegabt mit IQ:148 im Verbalteil und 132 im Handlungsteil.
Verzettelt sich leicht, liebt Kunst und spielt Schlagzeug in der Band.
Wenig Struktur im Tagesablauf, verbringt viel Zeit mit der Freundin.
Therapieplan: Anleitung für täglichen Lern- und Arbeitsplan mit Dokumentation und Kontrolle, dabei Prioritäten setzen, Tagesstrukturierung, Selbstinstruktion und Methylphenidat, Anleitung zum Selbstmanagement von verhaltens- und lerntherapeutische Strategien
Zwei Jahre nach Therapiebeginn: Studium mit Examensnote von 1,6 abgeschlossen, danach Promotion und vom Lehramt in die Forschung gewechselt. Multimodales Therapieprogramm und gute Therapiemotivation, weil sein Vater die großzügige finanzielle Unterstützung nicht mehr leisten konnte und wollte.

Fallbeispiel 2: Herr E., ein 52-jähriger Mann, der unter einer therapieresistenten Depression leidet, Vater eines AD(H)S-Kindes

Herr E. war bisher als Immobilienhändler tätig, ist seit zwei Jahren jedoch berufsunfähig.
Seit 20 Jahren manisch-depressiv, mehrfach stationäre Behandlungen, zuletzt stationär in einer Universitätsklinik, als »austherapiert« entlassen.
Suizidgefahr: Herr E. wollte sich mehrfach das Leben nehmen.
Die Kosten seiner bisherigen Behandlungen, deren Rechnungen er als Privatpatient selbst bekam und die er seiner Versicherung weiterleitete, betrugen nach eigenen Angaben 32.000 Euro.
Das AD(H)S seines Sohnes wurde erfolgreich behandelt, dadurch erkannte er die AD(H)S-Problematik bei sich selbst. Der ihn behandelnde Professor für Psychiatrie lehnte jedoch diese Diagnose für ihn ab.
Nach der Bestätigung auch seiner AD(H)S-Diagnose in meiner Praxis erfolgte eine entsprechende Behandlung mit Verhaltenstherapie zur Verbesserung von Selbstwertgefühl und Sozialverhalten. Erst durch die Gabe von Methylphenidat wurde es für Herrn E. möglich, individuelle Ziele und Erfolge zu erreichen, seine Gefühlssteuerung zu stabilisieren und seinen Umgang mit Stress zu verbessern.
Nach acht Monaten Krankschreibung konnte er wieder seiner Arbeit nachgehen.
Die Erkenntnis, dass auch er ein AD(H)S habe, welches bei seinem Sohn schon erfolgreich behandelt wurde und dass er höchstwahrscheinlich nicht hoffnungslos depressiv sei, motivierte ihn sehr, sich noch einmal einer Behandlung zu unterziehen. So wurde die neue Diagnose AD(H)S zum wichtigen Teil seiner Therapie.

Fallbeispiel 3: Frau G., eine 51-jährige Mutter von zwei AD(H)S-Kindern (13 und 16 Jahre alt), eines mit und eines ohne Hyperaktivität; geschieden, alleinerziehend, abgeschlossenes Hochschulstudium, bei Beginn der Therapie erfolgreich als Personaltrainerin freiberuflich tätig

Die Mutter von Frau G. litt unter Depressionen.
Frau G. hatte in der Schule eine leichte Rechtschreibschwäche, die sich im Gymnasium deutlich abschwächte; in den naturwissenschaftlichen Fächern war sie immer sehr gut gewesen.
Nach dem Abitur nahm sie ein Medizinstudium auf, das sie aber nach dem 3. Semester abbrach.
Nach dem kurzzeitigen Studium weiterer Studienfächer schloss Frau G. schließlich ein BWL-Studium ab, ihre darauffolgende Dissertation brach sie dagegen wieder ab.
Frau G. klagt bei ihrer Vorstellung in meiner Praxis über Konzentrationsprobleme und starke Stressempfindlichkeit: Sie neige zu kurzen depressiven Abstürzen, die zumeist aber schnell vorübergehen würden. Ihr Hausarzt verordnete ihr deshalb Antidepressiva, die sie zu Beginn der Behandlung noch einnimmt.
Im Privatleben fühle sie sich oft überfordert, ihre Kinder würden zu oft streiten, seien sehr laut und brauchten viel Zuwendung.

Ihre jetzige Tätigkeit liebe sie, sie verschaffe ihr viele Erfolge.
Davor sei sie an einem Institut tätig gewesen, dort jedoch gemobbt worden: Sie habe sich ausgegrenzt gefühlt und habe deshalb diese Arbeitsstelle gekündigt. Frau G. unterzog sich einer multimodal ausgerichteten AD(H)S-Therapie, die folgende Inhalte und Ziele umfasste: Aufbau eines positiven Selbstwertgefühls, Strukturierung und Umorganisierung der häuslichen Arbeit mit Einbeziehung der Kinder, Praktizieren einer konsequenten Erziehung, Entspannungsübungen, Schaffen von mehr Raum für eigene Freizeit und Muße. Alles erfolgte mit Hilfe von Stimulanzien. Nach Abschluss der Therapie waren keine Antidepressiva mehr erforderlich. Durch die Einnahme von Methylphenidat war Frau G. im Laufe der Zeit psychisch viel stabiler und in der Familie und im Beruf voll leistungsfähig geworden.

Fallbeispiel 4: Herr J., ein 46-Jahre alter Informatiker mit typischen AD(H)S-Symptomen, die sich sowohl im Beruf als auch im Privatleben zeigten

Aus der ersten Ehe von Herrn J. waren zwei Kinder mit AD(H)S hervorgegangen, über die er AD(H)S kennenlernte und dieses auch bei sich selbst vermutete. Zu Beginn der Therapie lebt er getrennt in wechselnden Beziehungen. Im Beruf ist er ein gefragter und erfolgreicher Mitarbeiter, wenn es um das Lösen von ganz besonders komplizierten technischen Problemen geht. Dann ist er sofort zur Stelle und arbeitet so lange, bis das Problem gelöst ist. So genießt er bei seinem Chef hohe Anerkennung und darf sich einige Freizügigkeiten erlauben. Denn, wenn es nötig war, arbeitete er Tag und Nacht bis er das Problem lösen konnte. Herr J. war sich seiner besonderen Fähigkeiten bewusst, genoss seine Erfolge und träumte von einer großen Karriere. Seine Ehescheidung gestaltete sich sehr kompliziert und belastend, da das Gericht nach seinem Empfinden viele Entscheidungen zu seinem Nachteil traf. Denn seine Exfrau war selbst Rechtsanwältin.
Herr J. ging etwas überstürzt mit wenig Überlegung eine zweite Ehe ein und vernachlässigte etwas zu offensichtlich seine berufliche Tätigkeit, was allen auffiel. So bekam er erstmalig Kritik von seinem Chef zu hören, dessen Entscheidungen er »engstirnig« nannte und nicht akzeptieren wollte.
Seine zweite Ehe wurde ihm schnell langweilig, er äußerte Trennungsabsichten. In dieser Zeit bekam er zunehmend Herzkreislaufprobleme (Herzrhythmusstörungen, hohen Blutdruck) und eine Schilddrüsenüberfunktion. Er klagte: »Der Stress auf der Arbeit und zu Hause macht mich fertig«.
Die Therapie bestand vor allem in einer Änderung seines Lebensstils und einem Kuraufenthalt, bei dem er die »Frau seines Lebens« kennenlernte, die aber wie er auch verheiratet war. So musste er nach dem Kuraufenthalt zuerst sein Privatleben wieder ordnen, zur Ruhe kommen und sich vor allem auf keine weiteren Belastungen einlassen.
Auf seiner Arbeit bekam er einen neuen Chef, der ihm keinerlei Sonderrechte mehr gewährte. Nun plante er einen Arbeitsplatzwechsel und organisierte diesen auch zu seinem Vorteil. Der Umzug erfolgte mit seiner zweiten Frau, die Bezie-

hung zu ihr hatte sich mit therapeutischer Hilfe wieder stabilisiert und gebessert. Er befolgte auch den Rat, mit niemanden über seine beruflichen Pläne zu sprechen, bis er den neuen Arbeitsvertrag in der Tasche hatte.

Fazit: Die Behandlung von Herrn J. bestand vorwiegend in einer Lebensbegleitung eines Erwachsenen mit Hochbegabung und vielen positiven AD(H)S-Fähigkeiten. Herr J. benötigte professionelle Anleitung zum Gebrauch seiner Kompensationsfähigkeiten und zum Nachdenken über sich, seinen Lebenswandel und seine Lebensperspektive. Auch das ist ein wichtiger Teil bei der Therapie von Erwachsenen mit AD(H)S.

Fallbeispiel 5: Herr S., ein 46-jähriger Abteilungsleiter eines Großunternehmens

Herr S. ist bei Therapiebeginn Vater einer 12 Jahre alten Tochter mit ADS ohne Hyperaktivität, deren Symptomatik ihn an die Probleme seiner Kindheit erinnerte, die er aber erfolgreich ohne fremde Hilfe meistern konnte. Er schaffte ohne größere Probleme den Fachhochschulabschluss zum Ingenieur und arbeitete seitdem im selben Betrieb. Er war immer sehr fleißig und strebsam, kreativ, sehr gerecht und sehr sensibel und wurde als Abteilungsleiter sehr geschätzt. Er selbst wollte es bis zum Direktor schaffen.

Schwierigkeiten gab es nur in seiner Familie: Seine Tochter wurde von der Mutter sehr verwöhnt, sie war wenig anstrengungsbereit und hatte Schulschwierigkeiten. Sie wurde zwar wegen ihres ADS behandelt, aber ihre Behandlung war nicht sehr erfolgreich, weil sie wenig mitarbeitete und schlecht zu motivieren war.

Seine Ehefrau befand sich wegen leichter depressiver Verstimmungen und Antriebslosigkeit in psychiatrischer Behandlung und bekam Antidepressiva.

Herr S. bekommt unerwartet ein Angebot eines Konkurrenzunternehmens zur Mitarbeit im Direktorat und spricht mit einem befreundeten Mitarbeiter seiner Firma im Vertrauen darüber. Dieser Kollege informiert den Vorgesetzten hierüber, obwohl er Herrn S. zuvor versprochen hatte, mit niemanden darüber zu sprechen.

Herr S. wird daraufhin ohne Angabe eines Grundes als Abteilungsleiter abgesetzt und in eine andere Abteilung versetzt, angeblich um diese aufzubauen. Seine Arbeitsbedingungen verschlechtern sich dadurch erheblich.

Auch die neue Firma will ihn nun plötzlich nicht mehr einstellen.

Herr S. resigniert, beschwert sich, leidet unter der Ungerechtigkeit, wird depressiv und arbeitsunfähig. Eine ambulante Behandlung erbrachte keine Besserung, weshalb er stationär in eine psychiatrische Klinik eingewiesen wird.

Dass Herr S. als Grundleiden ein ADS habe, wollte ihm in der Klinik niemand abnehmen, auch meine persönliche Rücksprache mit dem Oberarzt konnte nichts bewirken.

Er befand sich längere Zeit in stationärer Behandlung, wurde schließlich invalidisiert und tablettenabhängig (Benzodiazepine). Das geschah noch zu jener Zeit, als AD(H)S als medizinische Diagnose für Erwachsene noch nicht allgemein anerkannt war und deshalb nicht im Verzeichnis der psychiatrischen Krankheiten stand.

Inzwischen ist es wissenschaftlich anerkannt, dass es AD(H)S auch im Erwachsenenalter mit unterschiedlicher Schwere der Symptomatik und des Betroffenseins gibt. Aber noch immer bestehen nicht nur bei der Bevölkerung so viele Zweifel, Irrtümer und Unsicherheiten, was die Vielfalt der Symptomatik mit deren positiven und möglichen negativen Seiten betrifft. Die Leidtragenden sind die Betroffenen, die entweder für Außenseiter oder für krank gehalten werden. Noch immer denken viele, dass Menschen mit AD(H)S nicht voll arbeitsfähig und unzuverlässig sind. Die große Spannweite des AD(H)S-Profils erschwert den Durchblick für den oberflächlichen Betrachter und die erfolgreichen Behandlungsmöglichkeiten sind viel zu wenig bekannt. Die Diagnose AD(H)S ist noch immer mit großen Vorurteilen und dessen Behandlung mit noch größeren Unsicherheiten behaftet. Dabei gibt es so viele positive Beispiele, dass Menschen mit AD(H)S hervorragendes leisten können.

> Es ist wichtig sich immer wieder klarzumachen, dass eine ausgeprägte AD(H)S-Symptomatik mit schlechtem Selbstwertgefühl, starker Gefühlssteuerungsschwäche, unzureichender sozialer Kompetenz und Stressüberempfindlichkeit der Ausgangspunkt vieler psychischer oder /und psychosomatischer Erkrankungen sein kann. Nur mit Hilfe einer professionellen AD(H)S-Therapie kann diese Problematik und der mit ihr verbundene Abwärtstrend unterbrochen werden.

Eine ausgeprägte AD(H)S-Symptomatik gleicht einer Medaille mit zwei Seiten: Sie kann einerseits wie eine Krankheit die Lebensqualität ihrer Betroffenen stark beeinträchtigen und andererseits kann sie aber auch zu überdurchschnittlichen Leistungen befähigen. Über sein großes inhaltliches Spektrum sagt alleine der Begriff »AD(H)S« überhaupt nichts aus. Solange in weiten Teilen der Gesellschaft so viele Unklarheiten und Vorurteile im Hinblick auf AD(H)S bestehen, empfehle ich allen, die mit ihrem AD(H)S gut zu Recht kommen und keine großen Beeinträchtigungen verspüren, ihre AD(H)S-Veranlagung so weit wie möglich niemanden preiszugeben. Es könnte Nachteile für sie haben.

Allgemeine verhaltenstherapeutische Strategien für Erwachsenen mit AD(H)S:

- Verbessern Sie Ihre Selbst- und Fremdwahrnehmung, überprüfen und richten Sie diese realitätsgerecht aus.
- Gehen Sie selbstkritisch mit Ihrem eigenen Verhalten um.
- Setzen Sie sich mit Ihrem sozialen Umfeld immer angemessen auseinander.
- Trainieren Sie Ihr Durchhaltevermögen.
- Lernen Sie, Ein- und Unterordnung zu praktizieren, aber wenn nötig sich auch zu behaupten.
- Seien Sie ständig darauf bedacht, Konflikte zu vermeiden. Treten diese dennoch auf, reagieren Sie nicht spontan, sondern überlegen Sie besonnen und gründlich, um diese möglichst rational und ohne Emotionen zu lösen.
- Seien Sie nicht nachtragend und lassen Sie keine Minderwertigkeitsgefühle zu.
- Erarbeiten Sie in Ruhe und nicht unter Druck Handlungsentwürfe, besonders zur Lösung von Problemen.

- Suchen Sie sich Freunde, die hilfsbereit sind und es ehrlich mit Ihnen meinen.
- Erwarten Sie nicht zu viel von einer Behandlung mit Neurofeedback, sie hat sich auf Dauer nicht bewährt und ist keine Alternative zur Stimulanzientherapie.

8.4 Auf die richtige Berufswahl kommt es an!

Die richtige Berufswahl ist für Erwachsene mit AD(H)S sehr entscheidend für die allgemeine Lebensqualität. Dafür ist es notwendig, die verschiedenen individuellen Vor- und Nachteile und die Schwere der AD(H)S-Problematik zu berücksichtigen. So sollte bspw. eine berufliche Tätigkeit im Großraumbüro mit viel Hektik und Lärm gemieden werden.

Welche Berufe können für Menschen mit AD(H)S günstig sein?

Die Praxis zeigt, dass Erwachsene mit AD(H)S vorwiegend solche Berufe wählen, die ihrem Bewegungsdrang, ihrer Kreativität und ihrer Hilfsbereitschaft entgegenkommen. Viele Betroffene berichteten mir, dass sie häufig das Gefühl haben zu spüren, was der andere gerade denkt. Diese Fähigkeit ist sicher für viele Berufe von großem Vorteil. Selbst vor echten Herausforderungen scheuen Menschen mit hyperaktivem Subtyp nicht zurück.

Schon hyperaktive Jungen wissen sehr zeitig, was sie einmal werden wollen: Erfinder, Polizist oder Fußballprofi. Das ändert sich aber bis zum Schulabschluss, dann fällt ihnen die Berufswahl meist schwerer.

Meine Erfahrungen mit AD(H)S-Betroffenen zeigten, dass es unter den folgenden Berufsgruppen viele erfolgreiche AD(H)S'ler gibt, die auf Befragen auch erklären konnten, was sie an ihrem Beruf so mögen:

- PC-Spezialist, Informatiker: Die immer neuen Herausforderungen, die Schnelligkeit, die Logik, die Bildschirmarbeit an sich.
- Außendienst-Mitarbeiter: Das Immer-unterwegs-sein, ständig neue Eindrücke zu gewinnen und viele Kontakte zu Menschen zu haben, mit ihnen reden und sie überzeugen zu können.
- Verkäufer: Der Umgang mit Menschen, sie zu beraten und zu überreden. (Dadurch erlangen Erwachsene mit AD(H)S oft einen besseren Umsatz als ihre Kollegen ohne AD(H)S.)
- Sportler: Viel Bewegung, sich auspowern zu können, schnell zu reagieren, Wettkampfsituationen zu erleben und siegreich zu sein.
- Künstler: Natur und Menschen zu beobachten, kreativ zu sein, Liebe zum Detail.
- Journalist: Abwechslungsreiche Tätigkeiten, viele Kontakte, alles Hinterfragen, Hintergründe aufdecken, für Gerechtigkeit zu sorgen.
- Arzt: Mit Menschen umgehen und ihnen helfen zu können, ihre Krankheiten zu erkennen und Zusammenhänge herauszufinden.

- Krankenpfleger: Sie arbeiten in allen sozialen Diensten auf Grund ihrer großen Hilfsbreitschaft.
- Rechtsanwalt: Für Gerechtigkeit zu sorgen, Kriminalität zu bekämpfen, den Verbrecher zu entlarven, für die Einhaltung der Gesetze zu sorgen.
- Lehrer: Mit jungen Menschen umzugehen, ihnen Wissen zu vermitteln und sie in ihrer Entwicklung zu fördern. (Erwachsene mit AD(H)S sollten für den Lehrerberuf ein sehr gutes Selbstwertgefühl mitbringen, um sich durchzusetzen, konsequent und strukturiert zu sein). Für Menschen mit ausgeprägtem und unbehandeltem AD(H)S kann der Lehrerberuf auf Dauer jedoch sehr anstrengend sein, häufig wird er dann nicht bis ins Rentenalter durchgehalten.
- Schriftsteller: Guter Beobachter und viel Fantasie und Motivation beim Schreiben, was stimuliert, die Konzentration ausrichtet und entspannend wirkt
- Wissenschaftler: Fakten zu erkennen und zu analysieren, Zusammenhänge herzustellen, sich einer interessanten Herausforderung zu stellen und etwas Neues zu entdecken.

Meist beinhalten die gewählten Berufe Tätigkeiten, die kurzfristige Erfolge und individuelles Arbeiten ermöglichen.

8.4.1 AD(H)S und Mobbing – ein häufig gemeinsames Paar

Menschen vom vorwiegend unaufmerksamen Subtyp (ADS) haben es im Beruf oft schwerer. Sie wollen nicht auffallen, vermeiden Konflikte und Schwierigkeiten und trauen sich viel zu wenig zu. Sie erwarten Lob und Anerkennung von anderen, ohne auf sich aufmerksam zu machen. Probleme im Beruf sind bei diesen Betroffenen oft vorprogrammiert. Sie gelten als schwach und leicht angreifbar, weshalb sie oft zum Mobbingopfer werden. Dies ist kein Zufall, da Menschen, die von anderen als schwach und wenig durchsetzungsstark empfunden werden, häufig gemobbt werden. Dann wird Mobbing zur krankmachenden Situation mit Abwärtsspirale in der Lebensqualität, deren Hauptursachen auf der Betroffenenseite ein schlechtes Selbstwertgefühl und eine geringe Durchsetzungsfähigkeit sind.

Folgende Charaktereigenschaften, die Mobbing begünstigen, sollten Erwachsenen mit AD(H)S bekannt sein, um sie möglichst zu vermeiden:

- Eigene Schuldzuweisungen bei Unfähigkeit, sich nicht sozial angepasst wehren zu können
- Angst vor Kritik und Ausgrenzung haben
- Rückzugstendenzen und Ungerechtigkeiten leidend und ohne Widerspruch zu ertragen
- Innere Verunsicherung und Hilflosigkeit
- Geringe soziale Kompetenz
- Schlechte emotionale Intelligenz
- Nichtbeachtung der Körpersprache der anderen
- Ein aus der Perspektive der anderen »eigenartiges Verhalten« an den Tag zu legen

- Einerseits schwach und manipulierbar zu sein, andererseits zugleich einen zu hohen Selbstanspruch zu haben

Einige dieser typischen Ausgangspunkte für Mobbing sind durchaus auch bei AD(H)S-Betroffenen vorhanden, besonders beim unaufmerksamen Typ. Deshalb ist es wichtig, sich der Gefahr von Mobbing immer bewusst zu sein, stets sich und sein soziales Umfeld gut zu beobachten und auftretende Probleme nicht zu verdrängen, sondern mit entsprechend gut überlegten Strategien diplomatisch anzugehen, sich im Zweifelsfall zu wehren und Kritik nicht zu fürchten. Immer gilt es zu beachten, wer einen kritisiert. Lassen Sie sich dabei von folgendem Gedanken leiten: »Sie entscheiden, wer Sie kritisieren darf und von wem Sie Kritik annehmen, denken Sie dann: Von dem lasse ich mich noch lange nicht kritisieren!« Haben Sie den Mut, selbstbewusst aufzutreten und arbeiten Sie zugleich stets an Ihrem eigenen Verhalten!

8.4.2 Berufliche Schwierigkeiten, die bei AD(H)S oft auftreten

Berufliche Schwierigkeiten, die bei AD(H)S häufig auftreten und möglichst vermieden werden sollten:

- Die Unkonzentriertheit bei Routinetätigkeiten: Es wird viel vergessen, Fehler werden nicht bemerkt, Interesse und Arbeitsmotivation lassen schnell nach
- Durch die oberflächliche Wahrnehmung wird Wichtiges übersehen
- Den Kollegen wird etwas »vertraulich« mitgeteilt, was diese lieber nicht wissen sollten, z. B. einen angestrebten Stellenwechsel, abwertende Einschätzungen von Vorgesetzten, Kritik an Arbeitskollegen
- Fehlendes Selbstbewusstsein: Mitarbeiter mit AD(H)S trauen sich zu wenig zu, sie können sich nicht angemessen behaupten, stellen keine Forderungen, sie vertreten nicht ihre eigene Meinung, sondern ordnen sich immer nur unter
- Spontanes, unüberlegtes und überschießendes Handeln

Erwachsene mit AD(H)S sollten deshalb nach eigenem Ermessen an folgenden Strategien für ihren Berufserfolg arbeiten:

- Das eigene Selbstwertgefühl durch Erfolge verbessern
- Den Glauben an die eigenen Fähigkeiten nie verlieren
- Konzentration und Daueraufmerksamkeit mit Selbstinstruktionen und sofern erforderlich, mit Hilfe von Stimulanzien aufrechterhalten können
- Die Wahrnehmungsfähigkeit intensivieren und das Wahrgenommene auf dessen Realität hin prüfen
- Überlegt und sozial angepasst reagieren
- Keine unüberlegten Entscheidungen treffen, sich Bedenkzeit erbeten
- Seine eigene Meinung wohl überlegt formulieren

- Sich nicht von falschen Freunden und Kollegen verleiten lassen, etwas zu tun, was sie selbst nicht für richtig halten
- Sich im »small talk« mit neutralem Inhalt üben

Mit AD(H)S kann man sehr erfolgreich im Beruf sein und eine gute Lebensqualität erreichen, vorausgesetzt man ist mit seinem Beruf und mit seinem sozialen Umfeld zufrieden, hat den passenden Ehepartner und kann Belastungen gut kompensieren. Je weniger ausgeprägt die AD(H)S-Symptomatik ist, desto besser kann man lernen, mit dieser umzugehen, ihre Vorteile zu genießen und diese in die berufliche Tätigkeit einzubringen. Professionelle Helfer können dabei mit ihrem Wissen wichtige Assistenz leisten, aber an der Verbesserung der eigenen Lebensqualität und der seiner Familie muss letztlich jeder Betroffene entscheidend selbst arbeiten. Einen passenden Partner zu haben und ein angenehmes soziales Umfeld sind dabei wichtige Hilfen.

> Viele Menschen mit AD(H)S waren früher und sind heute bekannte und geschätzte Persönlichkeiten in allen gesellschaftlichen Bereichen und in den unterschiedlichsten Berufen. Es sind die Kreativen, die Erfinder, die Mutigen, die die Gesellschaft voranbringen. Viele Künstler, ehemalige und noch aktive Spitzensportler, erfolgreiche Wissenschaftler, Moderatoren, Talkmeister und Kabarettisten könnte ich nennen, bei denen ich eine AD(H)S-Veranlagung vermuten würde.

Die meisten dieser Menschen mit AD(H)S wirken im Vergleich zu ihrem tatsächlichen Alter wesentlich jünger. Ursache dafür mag ihre besondere geistige Kreativität, ihre motorische Beweglichkeit und ihre Aufgeschlossenheit gegenüber allem Neuen sein. Ihr Tatendrang, ihr Optimismus, ihre Kampfeslust, ihr soziales Engagement, ihre Bewegungsfreudigkeit sind es, was sie geistig und körperlich fit hält. Sie dürfen sich dabei nur nicht ausnutzen lassen und sich nicht verausgaben, sonst droht ihnen ein Burnout. Sie sollten zeitig lernen, auch an sich zu denken, sich zu schonen und sich Erholung zu gönnen.

Beispielhaft für die positiven Tugenden von Menschen mit AD(H)S ist ihre soziale Hilfsbereitschaft als aktive Mitglieder von AD(H)S- und anderen Selbsthilfegruppen, deren Arbeit sie ehrenamtlich mit Begeisterung machen und die für Betroffene eine unschätzbare Hilfe darstellt. Ich lernte viele dieser Menschen persönlich kennen und schätzen. Das Gefühl, gebraucht zu werden, anderen zu helfen, ist es, was ihr Selbstwertgefühl stärkt.

8.4.3 Arbeits-/Berufsunfähigkeit – ein nicht umkehrbares Schicksal?

Es gibt aber nicht wenige Erwachsenen mit AD(H)S, die schon frühzeitig infolge einer Überforderung arbeitsunfähig werden, davon einige wegen vermeintlicher therapieresistenter Depressionen, Persönlichkeitsstörungen, Suchterkrankungen oder Essstörungen. Manche der Betroffenen berichteten, dass sie »austherapiert« seien oder eine »gespaltene Persönlichkeit« hätten.

Gelingt es, bei diesen im Beruf Gescheiterten AD(H)S als primäre Ursache ihrer Beschwerden nachzuweisen, kann man ihnen den Grund ihrer Symptome erklären und ihnen somit Therapiemöglichkeiten anbieten. Tatsächlich konnte nach einer erfolgreichen Therapie mancher von ihnen wieder seinem Beruf nachgehen, den Haushalt besser führen und dadurch seine Lebensqualität wesentlich verbessern.

Wenn es gelänge, diese Gruppe von Erwachsenen für eine umfassende Diagnostik zu motivieren, die das AD(H)S mit einschließt, könnte vielen von ihnen geholfen werden. Ich meine hiermit nicht zuerst das zusätzliche Verschreiben neuer Medikamente, davon haben sie meist genug in ihren Schränken. Vorrangig geht es vielmehr darum, ihnen erst einmal verständlich zu machen, was sie eigentlich haben und warum vieles in ihrem Leben so anders verlief, als sie es wollten. Als Therapeut heißt es, den Betroffenen in dieser Situation berechtigte Hoffnung zu machen, ihnen glaubhaft zu vermitteln, dass sie nicht »hoffnungslos krank« sind und ihnen wirksame Hilfe anzubieten.

> **Exkurs: Zur Pharmakotherapie bei Erwachsenen mit AD(H)S und weitere gleichzeitig vorliegenden Erkrankungen**
>
> Eine Behandlung von Erwachsenen mit AD(H)S mit Methylphenidat ist um vieles schwieriger und manchmal unmöglich, wenn bereits manifeste organische Erkrankungen bestehen, bei denen die Verordnung von Methylphenidat mit Vorsicht und nur unter steter Kontrolle möglich ist. Das betrifft am häufigsten Menschen mit Bluthochdruck, Herzerkrankungen, Depressionen, Borderline- und Angststörungen, Suchterkrankungen und Essstörungen. Manchen von ihnen konnte mit den jetzt für die Behandlung des AD(H)S zugelassen Amphetaminen oder mit dem Wirkstoff Atomoxetin (Strattera®) erfolgreich geholfen werden. Werden diese Medikamente abgelehnt, könnte ein Therapieversuch mit dualen Antidepressiva erwogen werden. Diese hemmen die Aufnahme gleich von zwei Botenstoffen (deshalb dual) in den Synapsen und gleichen so z. B. einen Mangel von Dopamin und Noradrenalin oder von Noradrenalin und Serotonin aus.

9 AD(H)S bedeutet Stress von Anfang an

Stress kann das Denken und Handeln blockieren und Panik verursachen.

9.1 Den Umgang mit Stress erlernen, seine Folgen kennen und negativen Dauerstress vermeiden

Sicherlich erfahren nahezu alle AD(H)S-Betroffenen immer wieder, dass unter Stress nichts gelingt und alle guten zuvor vorgenommenen Vorsätze vergessen werden. Stress destabilisiert die steuernden Funktionen des Gehirns und das besonders, wenn dort schon eine funktionelle Störung besteht.

> **Exkurs: Stress und seine Folgen auf Körper und Psyche**
>
> Stress beeinträchtigt folgende Körperfunktionen, und zwar bei allen Menschen, nicht nur bei Betroffenen von AD(H)S:
>
> - Stress blockiert das Arbeitsgedächtnis, es kann zum Blackout kommen. Da sich alle Gedanken auf eine drohende Gefahr hin ausrichten, kann vorhandenes Wissen plötzlich nicht abgerufen werden.
> - Die ganze Wahrnehmung wird auf die vermeintliche Gefahr hin ausgerichtet, alles andere wird ausgeblendet.
> - Der Körper bereitet sich auf ein schnelles und überlebenswichtiges Reagieren vor, die Gefäße verengen sich, Blutdruck und Herzfrequenz steigen.
> - Der Höhe des Blutzuckerspiegels bestimmt die individuell unterschiedliche Reaktion auf Heißhunger oder Appetitlosigkeit (Essstörungen).
> - Der Muskeltonus wird erhöht, es entstehen Muskelverspannungen, die auf Dauer verhärten und an den Sehnen zerren (Folge: Fibromyalgie-ähnliche Muskel- und Sehnenschmerzen).
> - Negativer Dauerstress schwächt das Abwehrsystem mit der Folge einer Zunahme an Allergien und Autoimmunkrankheiten, und zwar sowohl im Hinblick auf ihre Häufigkeit als auch auf ihre Stärke. Bei den Autoimmunkrankheiten bildet der Körper Abwehrstoffe gegen körpereigene Zellen, was

die unterschiedlichsten Organe betreffen kann und deren Funktion dadurch beeinträchtigt (Allergien der Haut, des Darmes, der Lunge, der Schilddrüse).
- Negativer Dauerstress reduziert die Serotoninbildung, dessen Mangel verursacht oder verstärkt schon vorhandene Angsterkrankungen, Zwangsstörungen und Depressionen.
- Negativer Dauerstress ist Killer der Lust auf Sexualität, was bei der Behandlung von AD(H)S-Patienten bisher zumeist noch viel zu wenig beachtet wird.

Viele meiner älteren und zuvor auf AD(H)S unbehandelten Patienten hatten hohen Blutdruck und Herz-Kreislaufbeschwerden, sie benötigen deshalb mehrere Medikamente. Andere waren starke Raucher und/oder tranken regelmäßig Alkohol, um damit den Dauerstress, die innere Unruhe zu reduzieren, ihre Gedanken besser ausrichten und ihre Ängste unterdrücken zu können.

Der Stress fungiert dabei als Bindeglied zwischen AD(H)S als Grundstörung und den zeitgleich auftretenden verschiedenen psychischen und psychosomatischen Symptomen und Erkrankungen. Die wichtigsten davon sind: Ängste, Zwänge, Burnout, Depressionen, Sucht und Essstörungen. Die Kenntnis dieses Zusammenhanges würde vielen Betroffenen wesentlich bessere Behandlungserfolge ermöglichen.

Bei angeborener zu großer Stressempfindlichkeit schwächt Dauerstress auch das Abwehrsystem, wodurch sich die Häufigkeit von Infektionen bei AD(H)S-Veranlagung im frühen Kindesalter erklären ließe.

Beim AD(H)S besteht eine genetisch bedingte, also angeborene Überempfindlichkeit gegenüber Stress, so dass schon geringer Stress zu negativen Langzeitfolgen führen kann, die die AD(H)S-Symptomatik noch verstärken.

9.1.1 Stress reduzieren durch aktives Entspannen

Deshalb ist das Erlernen von Strategien zur Reduzierung von negativem Dauerstress für alle AD(H)S-Betroffenen ein wichtiger Therapiebestandteil. Ihre ständige innere Unruhe erschwert jedoch das Erlernen von Entspannungstechniken. Hier empfiehlt sich der Einstieg über die sog. progressive Muskelentspannung nach Edmund Jacobson (1925). Im Folgenden aus meiner Praxis zwei Beispiele bewährter Übungen:

Entspannungsübung Nr. 1

Dies ist eine Übung, die sich besonders beim AD(H)S bewährt hat und nach häufiger Anwendung als Kurzfassung durch Automatisierung sofort anwendbar und wirksam ist. Die Anwendung der Übung erleichtert und verbessert die Wirksamkeit der muskulären Entspannung nach Jacobson.

Legen Sie sich entspannt und bequem hin und achten Sie darauf, dass keiner Sie stört.

Die Hände auf die Magengegend legen und ruhig atmen. Nun konzentrieren Sie sich darauf, wie sich beim Ein- und Ausatmen Ihre Hände regelmäßig heben und senken. Schließen Sie dabei die Augen.
Wenn Sie ein angenehmes Gefühl der inneren Ruhe und Entspannung spüren, in Gedanken vor sich hinsagen: »Ich bin ganz ruhig, nichts stört mich. Ich fühle mich sicher und stark, alle Ängste sind weit weg.«
Dann ruhig weiteratmen und die Entspannung einige Zeit genießen.
Die Übung mit Aufrichten des Körpers beenden und die Arme kraftvoll nach oben strecken und tief durchatmen.
Wenn Sie diese Übung häufig machen, automatisiert sich ihr Ablauf und Sie können dann mit der Kurzfassung den gleichen Effekt im Stehen oder Gehen erreichen.
Bei der Kurzfassung konzentrieren Sie sich auf die Atmung, Sie legen die Hände auf die Magengegend, richten den Blick nach innen und sagen sich: »Ich bin ganz ruhig, nichts stört mich, ich fühle mich sicher und stark«. Dabei zwei- bis dreimal ruhig atmen, dann tief Luftholen und sich dann sagen: »Jetzt muss ich mich wieder konzentrieren«.

Entspannungsübung Nr. 2

Dies ist eine weitere muskuläre Entspannungsübung zum Stressabbau bei AD(H)S.

Legen Sie sich bequem hin, beginnen Sie zunächst mit der oben beschriebenen Übung, beenden Sie diese jedoch nicht, sondern spannen Sie nacheinander folgende einzelne Körperteile an und lassen Sie dabei den übrigen Körper ganz entspannt. Gehen Sie dabei wie folgt vor:
Entspannt liegen, Arme befinden sich locker ausgestreckt neben dem Körper
Einige Male in den Bauch hineinatmen, dann kann die eigentliche Übung beginnen
Konzentrieren Sie Sich auf den Kopf und drücken Sie diesen auf die Unterlage. Atmen Sie dabei ruhig weiter und lassen Sie den übrigen Körper ganz entspannt, genießen Sie diese Entspannung. Nach ca. 10 Sekunden den Kopf lockerlassen und zur Lockerung der soeben angespannten Muskeln den Kopf etwas hin und her bewegen.
Konzentrieren Sie sich nun auf die Schultern, drücken Sie diese auf die Unterlage und atmen Sie ruhig weiter. Den übrigen Körper wieder ganz entspannt lassen und diese Entspannung spüren. Nach ca. 10 Sekunden Schultern entspannen, Muskulatur lockern, ein paar Sekunden entspannt liegen und ruhig weiteratmen.
Konzentrieren Sie sich auf die Hände, drücken Sie die Handflächen auf die Unterlage und atmen Sie ruhig weiter. Diese Spannung 10 Sekunden halten und dann lockerlassen.
Ziehen Sie den Bauch ein und drücken Sie das Gesäß auf die Unterlage, dabei Beine, Arme, Kopf und Schultern ganz locker und entspannt lassen. Weiteratmen und diese Spannung 10 Sekunden halten und wieder entspannen.
Drücken Sie beide Fersen fest auf die Unterlage, lassen Sie dabei den übrigen

Körper ganz entspannt und atmen Sie ruhig weiter. Nach etwa 10 Sekunden wieder Füße lockern und entspannen.
Danach einige Zeit die innere Ruhe und das Gefühl der Entspannung genießen. Machen Sie diese Übung entweder vor dem Einschlafen oder zwischendurch zum Stressabbau, strecken Sie sich danach kraftvoll, stehen Sie langsam auf und atmen Sie tief durch.

In meiner AD(H)S-Praxis habe ich diese Übungen vielen Patienten gezeigt, viele von ihnen haben diese auch erfolgreich praktiziert.

Selbstverständlich gibt es noch zahlreiche weitere Entspannungstechniken, die die gleiche Wirkung erzielen. Welche Übung man anwendet, ist nicht entscheidend, Hauptsache man beherrscht als AD(H)S'ler eine Methode zur Entspannung und zum Stressabbau.

Auch mit Sport und reichlich körperlicher Bewegung im Freien kann man das gleiche Ziel erreichen. Regelmäßigkeit und Intensität sind hierbei ausschlaggebend, um Stress abzubauen, denn negativer Dauerstress kann zu schwerer gesundheitlicher Beeinträchtigung führen. Gerade weil Betroffene mit AD(H)S besonders stressanfällig sind, sollten sie aktiv dagegen etwas unternehmen.

9.2 Langzeitfolgen von negativem Dauerstress

Stress ist eine entwicklungsgeschichtlich bedingte Katastrophenreaktion des Körpers, die für unsere Vorfahren eine wichtige Voraussetzung zum Überleben war. Heute bedeutet Stress vor allem eine Störung des Gleichgewichts zwischen Belastung und Erholung. Dabei ist es unser Gehirn, das darüber entscheidet, wie der Körper auf Stress reagiert: Positiv bei Stress als gewollte Herausforderung oder negativ, wenn er psychisch belastet oder als Bedrohung wahrgenommen wird.

Je stabiler wir psychisch sind, desto besser können wir auf Stress reagieren. Stress wird gut toleriert und positiv erlebt, wenn er uns Erfolg und Anerkennung bringt und der eigenen Selbstverwirklichung dient. So kann Stress durchaus sehr nützlich sein. Psychisch stabile Menschen kommen nach jeder Stressreaktion schneller wieder in ihr seelisches und körperliches Gleichgewicht als psychisch labile. Negativer Dauerstress kann jeden in einen negativen Kreislauf ziehen, aus dem er dann nur schwer wieder herauskommt.

Negativer Dauerstress setzt einen Kreislauf von psychischen Störungen in Gang, der durch seine ständige Wiederholung den Betroffenen immer kränker macht (▶ Abb. 9.1).

9 AD(H)S bedeutet Stress von Anfang an

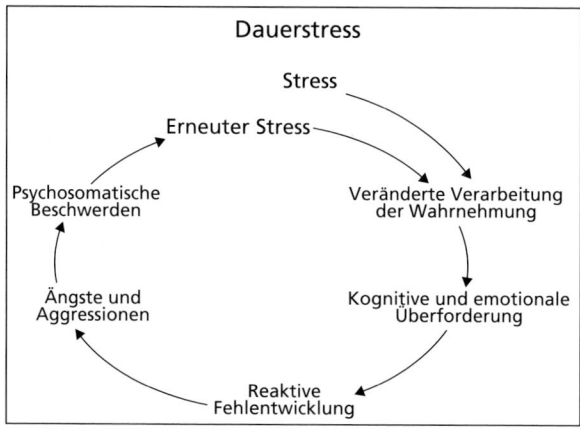

Abb. 9.1: Der Teufelskreis des negativen Dauerstresses

9.3 Strategien zur Vermeidung stressbedingter Krankheiten

9.3.1 Stress und Blackout-Reaktionen

Bei Blackout-Reaktionen wird das Arbeitsgedächtnis durch Stress überlastet, es reagiert mit einem »Kurzschluss«. Alles Gelernte ist dann im Moment nicht mehr abrufbar. Erst mit zeitlicher Verzögerung, nachdem die Entspannung wieder eingesetzt hat, ist das Wissen wieder verfügbar. Beim AD(H)S ist Blackout ein gefürchtetes, häufiges und nicht selten auch das »erste« Symptom, mit dem hochbegabte Studenten und Abiturienten ärztlichen Rat suchen.

Strategien zur Vermeidung von Blackouts:

- Sich ausreichend Zeit zum Lernen nehmen, das Gelernte abfragen lassen
- Mit Freunden oder einem Coach die stressbesetzte Situation im Voraus wie folgt durchsprechen oder mit positivem Ausgang durchspielen oder auch sich allein darauf vorbereiten. Wie gelingt das?
- Mittels einer Art Tagtraumtechnik wird die stressbesetzte Situation vorher ein oder mehrmals durchlebt und dadurch wird die Stärke der Reaktion abgeschwächt.
- Gehen Sie dabei wie folgt vor:
Sich innerlich beruhigen, langsam in den Bauch hinein atmen und entspannen, innerlich zur Ruhe kommen, seinen Blick nach innen richten, sich visuell die bevorstehende Prüfungs- oder Stresssituation vorstellen und diese gedanklich

durchspielen, d. h. das voraussichtliche Geschehen wie einen Film mit erwünscht positivem Ausgang ablaufen lassen
- Wichtig: Die richtige Pausengestaltung: Je nach Alter des Betroffenen und Schwere des Lernstoffes muss eine Pause eingelegt werden, damit der vom Arbeitsgedächtnis aufgenommene Lerninhalt sortiert, weitergeleitet und vom Langzeitgedächtnis »verarbeitet« und gespeichert werden kann, was je nach Umfang meist 20 bis 30 Minuten dauert und durch körperliche Betätigung verbessert wird. Körperliche Bewegung und Entspannung sind dabei wichtige Strategien
- Sich auf kritische Situationen mental vorbereiten, um Angst und Stress zu reduzieren, Bedenkzeit erbeten und den Druck, sich schnell entscheiden zu müssen, vermeiden

9.3.2 Stress und Burnout

Typisch für Erwachsene mit AD(H)S ist es, dass sie ihre gespürten Defizite im kognitiven, emotionalen oder/und sozialen Bereich bei anlagebedingter Überempfindlichkeit und beeinträchtigtem Selbstwertgefühl durch erhöhten Arbeitseinsatz auszugleichen versuchen. Sie haben einen hohen Selbstanspruch und erleben immer wieder, dass ihnen vieles schlechter als erwartet gelingt. Menschen mit AD(H)S müssen sich, je nach Schwere der Problematik, um ein Vielfaches mehr anstrengen, um die gleiche Leistung wie Nichtbetroffene zu erbringen. Also arbeiten sie noch länger, noch intensiver, um sich zu bestätigen und von anderen Anerkennung zu erhalten. Mit erfolgreicher Arbeit wollen sie ihr Belohnungssystem aktivieren. Dabei kann Arbeit zur Sucht werden, was wiederum zu einem Burnout führen kann.

Strategien zur Vermeidung von Burnout:

- Stress und Konflikte vermeiden
- Ausreichend Pausen machen und sich etwas Gutes gönnen
- Reichlich Bewegung, soziale Kontakte und ein bis zwei wirklich gute Freundschaften pflegen
- Seine Grenzen akzeptieren, keinen zu großen Ehrgeiz entwickeln
- Sein Selbstwertgefühl durch Einsatz der vorhandenen Fähigkeiten stärken (Sport, künstlerische Tätigkeiten, soziales Arrangement) und nicht durch noch mehr Arbeit
- Sich nicht ausnutzen lassen, »nein« sagen können
- Humorvoll mit seiner eigenen AD(H)S-Problematik umgehen

9.3.3 Stress und Schlafstörungen

Sozialer Stress beeinträchtigt allgemein das Wohlbefinden, den Schlaf und damit die Leistungsfähigkeit, was auch typisch für AD(H)S ist. Die oft vorhandenen Einschlafstörungen sind durch zu viele Gedanken im Kopf bedingt, die nicht ausgeblendet werden können.

AD(H)S und Durchschlafstörungen treten auf, weil das Gehirn im Schlaf keine Entspannung findet und »weiterarbeitet«. Als Kind waren manche Betroffene deshalb Schlafwandler.

Das Schlafprofil ist beim AD(H)S meist gestört, der Wechsel vom Flach- zum Tiefschlaf erfolgt schneller und kürzer. Die Schlafphasen wechseln sich häufiger ab.

Wichtig für gesunden Schlaf:

- Frühzeitig, d. h. schon in der Kindheit den Schlaf-Wachrhythmus stabilisieren: Regelmäßig feste Einschlafzeiten einhalten, damit sie sich automatisieren, dann erfolgt Einschlafen schneller. Deshalb ist es ungünstig, wenn die Zubettgehzeiten sehr variieren und immer wieder von äußeren Faktoren bestimmt werden (Medien, Ferien, Wochenende).
- Ein AD(H)S-Kind braucht feste Einschlafzeiten, damit sein Gehirn sich auf einen Chronotyp festlegen kann (»Eule« oder »Lerche«). Ein ausreichender Schlaf ist wichtig für die Lern- und Konzentrationsfähigkeit, ein chronisches Schlafdefizit kann dann auch nicht durch Einnahme von Methylphenidat ausgeglichen werden.
- Kurze Spaziergänge vor dem Einschlafen, Lesen, Sudoku oder Kreuzworträtsel bei Erwachsenen oder Geschichten vorlesen bei Kindern sollten zum festen Bestandteil eines individuell gestalteten Einschlafrituals werden.

9.3.4 AD(H)S – Stress – Muskuläre Verspannungen

Stress erhöht die Muskelspannung, die bei Dauerstress zu chronischen Nacken- oder Rückenschmerzen führt. Zähneknirschen gilt als eine Folge einer muskulären Verspannung der Unterkiefermuskulatur. Bestehen muskuläre Verspannungen bei negativem Dauerstress über Jahre oder gar Jahrzehnte, können sich Fibromyalgie ähnliche Schmerzen entwickeln. Hierbei ziehen die chronisch verspannten Muskeln über Jahre an den Sehnen, die dann verhärten. Wenn diese verhärteten Sehnen bei Bewegung an der Knochenhaut reiben, schmerzt das. Ausreichend Sport und körperliche Bewegung von Kindheit an beugen der Entwicklung krankhafter Verspannungen vor, ebenso eine ausreichend lange professionell geleitete AD(H)S-Behandlung, die den Stress reduziert.

9.4 Menschen reagieren unterschiedlich auf Stress

Menschen reagieren individuell unterschiedlich auf Stress: Die spezifischen Stressreaktionen sind anlagebedingt und möglicherweise zum Teil schon in der frühen Kindheit erworben. Zu beachten sind zwei sehr verschiedene Reaktionen auf Stress, die unterschiedliche therapeutische Strategien erfordern:

- Der Typ A, der »männliche Stress-Typ«, ist leicht erregbar, aufbrausend und nervös. Er reagiert überschießend extrovertiert, d.h. er reagiert sich nach außen ab. Dauerstress kann über Jahre zu Bluthochdruck und Herzinfarkt führen. Man könnte sagen, dass dieses Verhalten an AD(H)S mit Hyperaktivität erinnert.
- Der Typ B, der eher »weibliche Stress-Typ«, dessen Betroffene nach außen hin ruhig und angepasst reagieren, oft sogar übergangepasst. Sie sind bemüht, sich den Ärger oder die Kränkung möglichst nicht anmerken zu lassen. Sie schlucken ihren Ärger herunter und suchen die Schuld immer zuerst bei sich. Negativer Dauerstress kann bei ihnen zu Depressionen, Zwängen, Beschwerden im Magen-Darmbereich und zu Allergien führen. Auch hier gibt es eine Parallele im Verhalten zum ADS ohne Hyperaktivität, also dem unaufmerksamen, introvertierten ADS-Typ.

Ich halte es durchaus für möglich, dass sich aus einem ausgeprägten AD(H)S in der Kindheit unter ungünstigen Bedingungen im Erwachsenenalter eine Borderline-Persönlichkeitsstörung entwickeln kann. AD(H)S und Borderline haben viele Symptome gemeinsam, nur sind diese bei der Borderline-Persönlichkeitsstörung viel extremer, z.B. mangelhafte Kontrolle des Verhaltens, Reizbarkeit, innere Anspannung, starke Reaktion auf Stress, Impulsivität, negatives Selbstwertgefühl und aggressive Abwehr bei innerer Verunsicherung. Die Praxis lässt einen Zusammenhang vermuten, die Wissenschaft müsste ihn noch bestätigen.

9.5 AD(H)S: eine Hauptursache für emotionalen Stress und für Essstörungen

Ein schlechtes Selbstwertgefühl durch AD(H)S-bedingte Funktionsbeeinträchtigungen auf den Leistungs- und Verhaltensebenen bewirkt in der Kindheit schon eine innere Verunsicherung mit Zunahme von negativem Dauerstress. Das kann die psychische Entwicklung beeinträchtigen, wie ▶ Abb. 9.2 zeigt.

Geringes Selbstwertgefühl infolge AD(H)S-bedingter Defizite mit dem ständigen Gefühl mangelnder Anerkennung bei hohem Selbstanspruch kann – verbunden mit emotionalen und sozialen Dauerstress – eine Essstörung auslösen. Man sollte diesen Zusammenhang kennen, um frühzeitig mit entsprechenden Strategien gegenzusteuern und das krankmachende Geschehen zu unterbrechen.

Auch bei Essstörungen gibt es zwei unterschiedliche Arten, je nachdem wie der Körper auf Stress reagiert:

- Bei manchen AD(H)S-Betroffenen hat Essen eine beruhigende Wirkung, sie reagieren Stress durch Essen ab. Wirkt Essen stressreduzierend und beruhigt die Betroffenen innerlich, kann es zur Angewohnheit werden und sich mit der Zeit

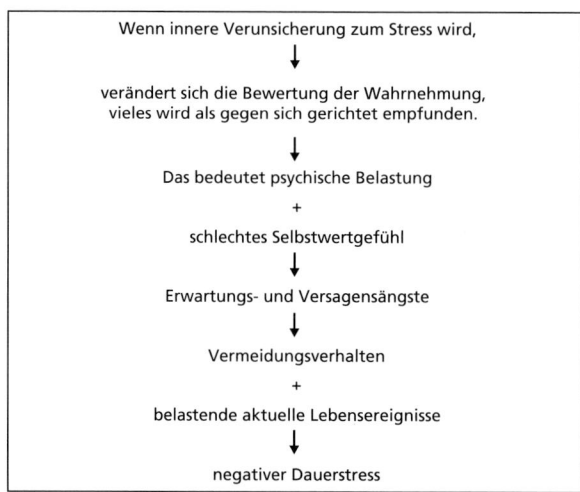

Abb. 9.2: Wenn innere Verunsicherung zum Stress wird – der Weg zum negativen Dauerstress

automatisieren. Wirkt Essen bei Stress innerlich beruhigend und entspannend, wird das Belohnungszentrum aktiviert, was sog. Glückshormone ausschüttet. Dient Essen dem Stressabbau, kann es nach einiger Zeit zur Gewohnheit und zwanghaft werden und süchtig machen. Stress erhöht jedoch gleichzeitig auch den Blutzuckerspiegel. Dieser bewirkt, dass die Bauchspeicheldrüse mehr Insulin ins Blut abgibt, was zum Absturz des Blutzuckerspiegels führt und ein Heißhungergefühl auslöst. Deshalb wird dann viel und kalorienreich gegessen, es droht eine Gewichtszunahme, die nicht gewollt ist und manchmal durch Erbrechen verhindert wird.

> **Exkurs: Frust, Stress, Heißhunger, Bulimie**
>
> Durch Wiederholung stressbedingter Heißhungerattacken mit unkontrolliertem Essen großer Mengen zum Frustabbau wird das Belohnungssystem aktiviert, das dann sog. Glückshormone ausschüttet. So kann Essen zur Sucht werden, der nicht widerstanden werden kann. Das anfangs aktiv ausgelöste Erbrechen kann sich infolge ständiger Wiederholung automatisieren, d. h. es verselbständigt sich und braucht nicht mehr manuell ausgelöst zu werden. Allmählich entwickelt sich so das Krankheitsbild einer Bulimie (Essbrechsucht).

- Bei anderen Personen dagegen »schnürt Stress die Kehle zu«, sie können nichts essen. Das Stresshormon hält ihren Blutzuckerspiegel hoch, sie verspüren deshalb kein Hungergefühl. Ihnen fällt eine Gewichtsabnahme leicht. Abnehmen ist für sie kein Problem und beeinträchtigt ihr Wohlbefinden zunächst recht wenig.

9.5 AD(H)S: eine Hauptursache für emotionalen Stress und für Essstörungen

Verspricht das Super-Schlanksein soziale Anerkennung oder wird es sogar zum Schönheitsideal, so kann es bei einem ADS'ler mit Dauerstress, hohem Blutzuckerspiegel und fehlendem Hungergefühl verbunden mit den folgenden Symptomen zur Magersucht führen:

- hoher Selbstanspruch bei bisher wenig gespürter Anerkennung
- schlechtes Selbstwertgefühl infolge ständiger Enttäuschungen und Niederlagen
- und dadurch bedingte negativ ausgerichteter veränderter Wahrnehmung
- wenn Kalorienzählen das ganze Denken und Handeln bestimmt, alle Gedanken auf Abnehmen ausgerichtet sind
- wenn Abnehmen und Super-Schlanksein Anerkennung von Seiten der Peergruppe versprechen

Ständiges Kalorienzählen mit dem Ziel der Gewichtsabnahme durch Hungern kann dann zwanghaft werden, sich automatisieren, außer Kontrolle geraten und zur Sucht werden. Denn die Erfolge beim Abnehmen aktivieren das Belohnungssystem, es schüttet Dopamin, ein Glückshormon in die Blutbahn aus, das vorübergehend ein Wohlbefinden auslöst. So werden Kalorienzählen und Abnehmen zuerst positiv erlebt, dann zwanghaft und allmählich zur Sucht.

Das Streben nach sozialer Anerkennung und Erfolg durch Abnehmen wird damit für die Betroffenen zum wichtigsten Teil ihrer Persönlichkeit.

> Die durch Gewichtsabnahme erfahrene positive Art der Selbstbestätigung und Anerkennung ebnet den Weg in die Magersucht, wenn dieser Kreislauf nicht frühzeitig unterbrochen wird. Eine ausgeprägte Magersucht ist sehr schwer zu behandeln und wenn sie durch AD(H)S bedingt ist, reichen Diätprogramme allein nicht aus.

AD(H)S, emotionaler Dauerstress und Magersucht stellen ein psychodynamisches Geschehen dar, das bisher noch viel zu wenig bekannt ist und zu lange übersehen wurde. Die Betroffenen selbst leugnen alle ihre mehr oder weniger sichtbaren Symptome hartnäckig, weil sie diese nicht aufgeben wollen und können, bis sie plötzlich schwer krank sind.

Deshalb ist eine frühe und professionelle AD(H)S-Behandlung erforderlich, deren wichtigste therapeutische Strategien der Stressabbau, die Verbesserung des Selbstwertgefühls und der sozialen Kompetenz sind, damit die Anstrengungen der Betroffenen auch erfolgreich sind und ihnen eine andere Art der Anerkennung ermöglichen.

Um die Entwicklung dieser Essstörungen als stressbedingte Folgeerkrankungen beim AD(H)S zu vermeiden, sind folgende therapeutische Strategien zu empfehlen. Ein zentraler Punkt besteht dabei darin, AD(H)S frühzeitig zu behandeln, wobei Frühbehandlung hierbei bedeutet:

- Reizüberflutung und Überforderung vom Kindesalter an verhindern
- Lernen mit Stress und Konflikten selbstschonend umzugehen

- Die Eigenwahrnehmung realitätsgerecht ausrichten und die Überempfindlichkeit durch Selbstberuhigung und Ablenkung reduzieren
- Den Alltag durch Setzen von Grenzen, Strukturen und Ritualen erleichtern
- Selbstvertrauen aufbauen durch Ermöglichung von Erfolgen
- Auf eine altersentsprechende Entwicklung der sozialen Kompetenz achten
- Sich ein gutes Selbstwertgefühl erhalten oder wieder erarbeiten können
- Stressabbau- und Entspannungstechniken erlernen und praktizieren
- Viel körperliche Bewegung und regelmäßig Sport treiben
- Ein Leistungsvermögen ermöglichen, dass der vorhandenen Intelligenz entspricht
- Frühzeitig gezielt gegen negativen Dauerstress vorgehen
- Das AD(H)S ausreichend lange professionell behandeln, einen Coach haben und Therapieabbrüche vermeiden
- Den Zusammenhang zwischen AD(H)S und Essstörungen kennen
- Die AD(H)S-Problematik in der Erwachsenen-Medizin stärker berücksichtigen: sehr viele Frauen mit AD(H)S z.B. hatten eine Essstörung oder haben sie noch
- Falsche Darstellung der AD(H)S-Problematik in den Medien vermeiden und als solche entlarven

Ergänzende verhaltenstherapeutische Strategien bei negativem Dauerstress, die für alle gelten, sind:

- Nach eigenen Ressourcen suchen und diese nutzen
- Seine Sichtweise ändern und das akzeptieren, was sich nicht ändern lässt
- Neues ausprobieren, um neue Erfahrungen zu machen
- Seine positiven Fähigkeiten verstärken und erweitern

9.6 Die eigenen negativen Stressfaktoren kennen und vermeiden

Die eigenen wichtigsten negativen Stressfaktoren zu kennen, hilft nicht nur AD(H)S-Betroffenen, sie zu vermeiden oder aktiv etwas dagegen zu tun. Solche negativen Stressfaktoren sind:

- Ein permanenter Zeitdruck
- Ständige Selbstzweifel und Versagensängste
- Belastende Sorgen
- Regelmäßige akustische, visuelle, körperliche und psychische Störreize
- Streit und ungerechte Behandlung
- Kontrollverlust über Gedanken und Handlungen

- Das Gefühl der Hilflosigkeit, des Nichtverstandenwerdens und des Ausgegrenztseins

Das Trierer Inventar für chronischen Stress listet die wichtigsten Ursachen für negativen chronischen Stress auf und gliedert sie in folgende Kategorien:

- Stress als Folge zu hoher Anforderungen
  - bei Arbeitsüberlastung
  - bei sozialer Überlastung
  - durch ständigen Erfolgsdruck
- Stress als Folge mangelhafter Bedürfnisbefriedigung
  - bei Arbeitsunzufriedenheit
  - durch Überforderung bei der Arbeit
  - durch Mangel an sozialer Anerkennung
  - bei anhaltenden sozialen Spannungen
  - bei sozialer Isolation
- Stress in Korrelation mit besonderen Persönlichkeitsmerkmalen
  - bei chronischer Besorgnis
- Infolge schlechter Verarbeitung von Stress bei Überempfindlichkeit, psychischen Beschwerden und Problemen in der Partnerschaft

Die Reduzierung vorhandener Stressfaktoren ist ein wichtiger Schwerpunkt jeder AD(H)S-Therapie. Hierzu kann jeder Betroffene die Stressoren für sich selbst herausfinden, die ihn am meisten stören und dazu individuell seine Strategien zum Stressabbau entwickeln. Das bleibt für die meisten eine lebenslange Aufgabe, zu der es nicht immer eines Therapeuten bedarf.

10 Versagen trotz sehr guter Intelligenz

Kinder und Jugendliche mit AD(H)S brauchen informierte und verständnisvolle Eltern, die beeinflussen, was aus ihnen wird.

10.1 AD(H)S und Hochbegabung – eine Balance zwischen hohem Selbstanspruch und ständiger Enttäuschung

Hochbegabte Kinder zeichnen sich durch sehr früh entwickelte, weit überdurchschnittliche Fähigkeiten und Interessen aus, worin sie Gleichaltrigen deutlich voraus sind. Sie spüren ihre Fähigkeiten und entwickeln einen hohen Selbstanspruch an sich und andere. Bisher gelten ca. 3% aller Kinder als hochbegabt, d. h. deren Intelligenzquotient liegt über 130%. Trotzdem haben nicht wenige dieser hoch oder weit überdurchschnittlich begabten Kinder und Jugendlichen mehr oder weniger große Probleme in der Schule. Ihre Lernerfolge und ihr Sozialverhalten entsprechen nicht ihren oder den Erwartungen ihrer Eltern und Lehrer. Bisher machte man dafür noch viel zu oft eine Unterforderung verantwortlich und bezeichnete die Betroffenen als »Underachiever«. Aber wesentlich für die Entwicklung dieser Kinder ist größtenteils nicht ihre zeitweilige Unterforderung, sondern eine schon länger bestehende Überforderung infolge einer reifungsbedingten anderen Art der Vernetzung ihrer Nervenbahnen im Gehirn. Ihr Gehirn arbeitet deshalb anders!

Bei der Diagnostik von Kindern und Jugendlichen mit AD(H)S zeigt sich immer wieder, dass weit mehr als 3% der AD(H)S-Betroffenen einen Intelligenzquotienten haben, der besonders im Verbalteil über 130% liegt. Trotzdem konnten diese Betroffenen meist nicht von ihrer guten Intelligenz profitieren, weil ihr Handlungsteil des Intelligenztestes zu viele Defizite aufwies (siehe auch ▶ Abb. 10.1). Aufgrund ihrer guten Reflexionsfähigkeit spürten sie diese Differenz deutlich früher als alle anderen. Den täglichen Ansprüchen nicht genügen zu können, trotz intensiven Bemühens, enttäuschte sie immer wieder und bereitete ihnen auf Dauer negativen emotionalen Stress. Dieser belastet sie psychisch sehr, wenn der Leidensdruck immer größer, das Selbstwertgefühl dagegen immer geringer wird. Ein Kampf zwischen Anspruch und Enttäuschung, eine täglich gemachte Erfahrung, die unerkannt und unbehandelt zunächst über Verhaltensstörungen wie Ängste und Ag-

10.1 AD(H)S und Hochbegabung – eine Balance zwischen hohem Selbstanspruch

gressionen abreagiert wird. Nach Jahren können dann psychische und/oder psychosomatische Erkrankungen folgen.

Alle pädagogischen Bemühungen halfen diesen sehr und hochbegabten Kindern und Jugendlichen bisher nicht wirklich, ihr Selbstwertgefühl und ihre soziale Kompetenz anhaltend verbessern zu können. Was ihre Hilflosigkeit noch verstärkt, denn sie wollen Leistungen erbringen, die ihrer Intelligenz entsprechen und dafür Anerkennung erhalten.

Selbstwertgefühl und soziale Kompetenz zu verbessern sind die wichtigsten Ziele bei der Behandlung von hoch- und sehr begabten Kindern und Jugendlichen mit AD(H)S-bedingten Lern- und/oder Verhaltensschwierigkeiten.

> Für hochbegabte Kinder und Jugendliche, die unter einem AD(H)S leiden, bedeutet dessen Therapie das Beseitigen des Konfliktes zwischen ihrem Anspruch und der täglich erlebten Enttäuschung, sowie das Schaffen der Voraussetzung, uneingeschränkt über ihre Fähigkeiten verfügen zu können.

Wird hochbegabten Kindern und Jugendlichen mit AD(H)S nicht rechtzeitig geholfen, reagieren sie in ihrer Hilflosigkeit mit Verhaltensauffälligkeiten, Schulversagen, Ängsten, Aggressionen, oppositioneller Verweigerungshaltung oder weiteren Störungen, entsprechend dem Schweregrad ihrer AD(H)S-bedingten Beeinträchtigung. Der Gesellschaft geht dann ein großes geistiges Potenzial verloren und das meist unwiederbringlich. Dagegen wäre eine frühzeitige Suche nach möglichen neurobiologisch bedingten Ursachen und deren entsprechender Behandlung für diese Kinder eine große Hilfe. Wichtig wäre eine Frühdiagnose mit gezielter Frühförderung, wenn erforderlich schon vor der Einschulung, damit die Schulzeit für sie nicht zur psychischen Belastung wird. Gerade sehr und hochbegabte Kinder benötigen eine qualifizierte Frühförderung schon im Kindergartenalter, damit ihr Entwicklungspotenzial nicht stagniert. Das kindliche Gehirn braucht Inputs (Informationen und Anregungen), um neuronale Netzwerke aufzubauen, was im Vorschulalter besonders wichtig ist und viel zu wenig beachtet wird. Als einzige Möglichkeit zur Frühförderung besteht in den meisten Fällen nur die Einschulung mit fünf Jahren, was aber als alleinige Maßnahme den Fähigkeiten dieser Kinder nicht entspricht. Denn Hochbegabte wollen nicht täglich in eine Schule gehen, von deren Unterricht sie nicht profitieren und der sie langweilt.

> Eine Reifungsverzögerung in der Gehirnentwicklung mit einer besonderen Art der neuronalen Vernetzung ist Ursache der AD(H)S-bedingten Problematik. Bei allen Hochbegabten und sehr begabten Kindern und Jugendlichen, deren Lern- und Verhaltensprobleme bisher als Folge einer Unterforderung angesehen wurden, sollte an ein ADS mit oder ohne Hyperaktivität gedacht und dieses ausgeschlossen werden.

Wertpunkttabelle

Äquivalente Wertpunkte	Rohpunkte: Verbaltests: Allgemeines Wissen	Zahlen-nachsprechen	Wortschatz-Test	Rechnerisches Denken	Allgemeines Verständnis	Geinsamkeiten-finden	Handlungstests: Bilderergänzen	Bilderordnen	Mosaik-Test	Figurenlegen	Zahlen-Symbol-Test	Äquivalente Wertpunkte
19	24	26–28	32	–	26	32	–	52–56	51	41	83–93	19
18	23	25	31	–	–	–	–	51	49–50	–	81–82	18
17	22	24	30	19	25	31	17	50	48	40	78–80	17
16	–	22–23	29	–	–	30	–	48–49	47	39	75–77	16
15	21	20–21	27–28	18	24	–	16	46–47	46	37–38	72–74	15
14	20	19	26	17	23	29	–	43–45	44–45	35–36	68–71	14
13	18–19	17–18	24–25	16	22	28	–	39–42	41–43	34	64–67	13
12	17	16	22–23	15	21	27	15	36–38	38–40	33	60–63	12
11	15–16	15	20–21	14	20	25–26	–	32–35	36–37	32	56–59	11
10	14	13–14	18–19	13	18–19	23–24	14	28–31	32–35	31	52–55	10
9	11–13	12	16–17	12	16–17	21–22	13	24–27	29–31	29–30	48–51	9
8	10	11	14–15	10–11	14–15	19–20	12	20–23	25–28	26–28	43–47	8
7	7–9	10	12–13	8–9	13	16–18	11	15–19	21–24	22–25	40–42	7
6	6	9	10–11	6–7	10–12	13–15	9–10	11–14	17–20	14–21	34–39	6
5	4–5	8	8–9	4–5	8–9	10–12	8	8–10	13–16	9–13	30–33	5
4	3	7	6–7	3	6–7	6–9	6–7	5–7	10–12	6–8	25–29	4
3	2	6	5	2	5	4–5	5	2–4	9	3–5	13–24	3
2	1	5	4	1	4	3	4	1	8	2	6–12	2
1	0	0–4	0–3	0	0–3	0–2	0–3	0	0–7	0–1	0–5	1

Rohpunkte ankreuzen und zu einem Profil verbinden.

	Jahr	Monat	Tag
Testdatum	11	03	23
Geburtsdatum			
Alter	16	4	

Ergebnis

	Rohwerte	Wertpunkte A	Wertpunkte B
Verbaltests			
Allgemeines Wissen	19	13	
Zahlennachsprechen	23	16	
Wortschatz-Test	24	13	
Rechnerisches Denken	8	7	
Allgemeines Verständnis	22	13	
Gemeinsamkeiten finden	29	14	
Verbalpunkte		76	
Handlungstests			
Bilderergänzen	15	12	
Bilderordnen	21	8	
Mosaik-Test	29	9	
Figurenlegen	22	7	
Zahlen-Symbol-Test	43	8	
Handlungspunkte		44	

		WP	IQ
Verbalpunkte		76	125
Handlungspunkte		44	88
Gesamtpunkte		120	110

Anmerkung

Wertpunkte A: Hier werden die Wertpunkte aus der obigen Tabelle eingetragen. Es handelt sich hier um die Abweichungswerte von den Erwartungswerten der Altersgruppe 20–34 Jahre. Diese Wertpunkte dienen der IQ-Bestimmung.

Wertpunkte B: Hier können entweder die Wertpunktäquivalente für die Altersgruppe des Probanden oder für Gymnasialschüler eingetragen werden. Diese Wertpunkte dienen *nicht* der IQ-Bestimmung.

Abb. 10.1: Beispiel eines Intelligenztests eines 16-jährigen Jugendlichen mit AD(H)S und Rechenschwäche. Der IQ im Verbalteil liegt weit über dem Durchschnitt bei 125, der im Handlungsteil dagegen mit 88 weit unter dem Durchschnitt von 100 %. Beides zusammen ergibt einen Gesamt-IQ von 110. (HAWIE-R, Tewes 1991, Abdruck mit freundlicher Genehmigung von Hogrefe.)

10.2 Diagnostische Strategien bei Lern- und Verhaltensauffälligkeiten trotz sehr guter Begabung

Ein hochbegabtes hyperaktives Kind ist für alle Aufgaben offen und will aus eigenem Antrieb schon vor der Schule rechnen, lesen und schreiben lernen. Alles deutet auf eine sehr gute Intelligenz hin, die eine erfolgreiche Schullaufbahn mit einem selbstzufriedenen Kind verspricht. Leider kommt es oft anders.

Während das hyperaktive Kind durch seine Reizoffenheit und seinen vermeintlich unstillbaren Wissensdrang von seiner AD(H)S-Veranlagung zunächst profitieren kann, verhält sich das Kind mit einem ADS ohne Hyperaktivität unauffällig und angepasst. Es fordert wenig Aufmerksamkeit und Zuwendung von seiner Umgebung, es stellt keine Ansprüche und wird deshalb meist weniger gefördert. Seine Intelligenz droht zu »verkümmern«, weil es sich vor der Umwelt verschließt, vieles gar nicht mitbekommt und wenige Kontakte zu Gleichaltrigen aufnimmt. Es hat meist immer nur einen Freund oder eine Freundin, zu der aber eine enge Bindung besteht.

Deshalb wird die vorhandene sehr gute Intelligenz bei Kindern mit ADS ohne Hyperaktivität vom vorwiegend unaufmerksamen Typ, den sog. »Träumern« oder hypoaktiven Kindern, nur selten bemerkt. Bei ihnen wird Hochbegabung gar nicht erst vermutet, denn diese Kinder fallen zunächst in keiner Weise auf. Sie sind eher schüchtern und äußern Ängste gegenüber der Schule, fremden Kindern und der Trennung von ihren Eltern. Sie scheinen im Begreifen langsamer zu sein, im Handeln umstellungserschwerter, gegenüber Kritik empfindlicher, sie weinen leicht, können sich nicht wehren, sind manchmal geistig abwesend und leben in ihrer eigenen Welt. Sie beschäftigen sich gern allein, nehmen scheinbar von den Geschehnissen der Umgebung wenig Notiz, schauen vor sich hin und lächeln. Viele wichtige Informationen werden von ihnen nicht aufgenommen.

Beiden Subtypen ist gemeinsam, dass die betroffenen Kinder, wenn sie über eine sehr gute Intelligenz verfügen, vorhandene Defizite über einen langen Zeitraum kompensieren können, so dass ihre Besonderheiten vom sozialen Umfeld lange unbemerkt bleiben. Manchmal fällt nur ihr eigenartiges Verhalten auf, ohne dass an den Beginn einer Entwicklungsbeeinträchtigung gedacht wird.

Die betroffenen Kinder selbst dagegen bemerken ihr »Anderssein« meist viel deutlicher und früher als ihre Eltern oder Betreuer. Es verunsichert sie, macht sie aggressiv oder ängstlich. Beides sind nicht selten die ersten Signale einer durch Hilflosigkeit bedingten inneren Verunsicherung, unter der sehr intelligente Kinder mehr als alle anderen leiden.

So ist es keine Seltenheit, dass hochbegabte Kinder mit AD(H)S in der Hauptschule landen und selbst dort wegen ihres Verhaltens, ihrer Leserechtschreib- oder/und Rechenschwäche noch Schwierigkeiten haben, die bis hin zu einer Verweigerungshaltung der Kinder führen können.

Die vorhandene sehr gute Intelligenz wird wesentlich von den AD(H)S-Symptomen beeinträchtigt. Obwohl die Fachwelt bisher die Intelligenz als ein über weite Lebensabschnitte hinweg stabiles Merkmal ansah, trifft dies für AD(H)S-Kinder nicht in jedem Fall zu. Das beweisen Verlaufsuntersuchungen des Intelligenzquotienten bei Kindern mit ausgeprägter AD(H)S-Symptomatik und Hochbegabung.

10 Versagen trotz sehr guter Intelligenz

> **Exkurs: Was sagt der Begriff der Intelligenz aus?**
>
> »Intelligenz ist eine angeborene Fähigkeit zu kreativen Leistungen durch besondere Denkstrategien, eine Fähigkeit, sich in neuen Situationen auf Grund von Einsichten zurechtzufinden und Aufgaben mit Hilfe des Denkens zu lösen, ohne dass dafür eine Erfahrung vorliegt.« (Gardner 1998)
>
> In der erweiterten Beschreibung wird die Intelligenz aktuell wie folgt definiert: »Intelligenz ist eine angeborene Fähigkeit zu geistigen Leistungen, mit deren Hilfe neue Aufgaben und Anforderungen optimal gelöst werden durch Erkennen von Gesetzmäßigkeiten und Regeln. Sich also in neuen Situationen und Aufgaben durch das eigene Denkvermögen zurechtzufinden, ohne dass für diese Situation schon spezielle Erfahrungen vorliegen.« (WHO 1986)
>
> *Was sagt der Intelligenzquotient (IQ) aus?*
> Der Intelligenzquotient (IQ) einer Person wird errechnet als Intelligenzleistung zum statistischen Mittelwert seiner Altersgruppe. Der durchschnittliche IQ liegt bei 100. Von Hochbegabung sprechen wir bei einem IQ von über 130.

Für den Erfolg im Leben und im Beruf ist jedoch auch, wie in ▶ Kap. 5 schon erwähnt, die emotionale Intelligenz von entscheidender Bedeutung. Und gerade sie ist bei ausgeprägter AD(H)S-Problematik immer beeinträchtigt.

Aktuelle Ergebnisse der Erfolgsforschung zeigen darüber hinaus, dass es weder der IQ noch die emotionale Intelligenz alleine sind, die letztendlich den Erfolg im Leben und im Beruf jedes einzelnen bestimmen. Es ist eine Summe von Fähigkeiten, die zuerst von dem amerikanischen Wissenschaftler Gardner unter dem Begriff der *multiplen Intelligenz* zusammengefasst wurden.

Was beinhaltet der Begriff multiple Intelligenz? Gardner (1998) definiert dafür acht Kriterien:

- Den Einfallsreichtum
- Die Geschwindigkeit, um Wesentliches zu erfassen
- Die Merkfähigkeit
- Das Erkennen von Zusammenhängen
- Die sprachliche Ausdrucksweise
- Das rechnerische Denken
- Das Wiedererkennen von Bildern und Objekten
- Den IQ nach herkömmlichen Tests

Daraus ist zu ersehen, dass das AD(H)S sowohl den IQ, die emotionale Intelligenz, die multiple Intelligenz und damit den Erfolg im Leben wesentlich beeinträchtigen kann.

10.2 Diagnostische Strategien bei Lern- und Verhaltensauffälligkeiten

Eltern sollten, um die Frage »Hat mein sehr oder hochbegabtes Kind Probleme in den Verhaltens- oder Lernbereichen, weil es entweder unterfordert oder AD(H)S-bedingt chronisch überfordert ist?« zu klären, nach den folgenden für AD(H)S-spezifischen Defiziten fahnden.

Beim ADS mit Hyperaktivität sind folgende Beeinträchtigungen häufig:

- Verminderte Konzentration und Daueraufmerksamkeit
- Geringe Merkfähigkeit
- Psychomotorische Unruhe
- Emotionale Steuerungsschwäche und hohe Ablenkbarkeit
- Grob- und feinmotorische Beeinträchtigungen
- Probleme in der Wahrnehmungsverarbeitung
- Teilleistungsstörungen
- Selbstwertproblematik mit innerer Verunsicherung
- Soziale Kontaktschwierigkeiten mit drohender Ausgrenzung
- Das Gefühl, nicht verstanden zu werden

Die entsprechenden spezifischen Defizite beim ADS ohne Hyperaktivität sind:

- Ein in sich gekehrtes Verhalten, möglicherweise als Schutz vor zu großer Reizüberflutung und Schwierigkeiten bei der sozialen Kontaktaufnahme
- Innere Unruhe mit hoher Ablenkbarkeit
- Beeinträchtigte Daueraufmerksamkeit und schlechte Konzentrationsfähigkeit besonders bei Routineaufgaben
- Zu langsames und umstellungserschwertes Denken
- Selbstbeschuldigungen und schlechtes Selbstwertgefühl
- Ängste und Probleme in der sozialen Eingliederung
- Mangelnde Fähigkeit, sich zu entscheiden und eine Arbeit zu beginnen
- Viel zu langsames Arbeitstempo mit erhöhter Fehlerquote
- Abgleiten ins Träumen mit Informationsverlusten

Hypoaktive Kinder und Jugendlichen reagieren vorwiegend introvertiert und bekommen frühzeitig psychosomatische Beschwerden. Sie halten sich für Versager und flüchten in eine Traumwelt. In der Schule gelten sie als sozial schwach und werden oft gemobbt. Erst nach erfolgreicher Behandlung, die bei schwerer Beeinträchtigung immer eine Gabe von Stimulanzien erforderlich macht, können diese Kinder von ihrer sehr guten Intelligenz profitieren und die von ihnen so lang ersehnte Anerkennung erfahren.

Hyperaktive Kinder und Jugendlichen dagegen lernen zeitig für ihr Fehlverhalten andere verantwortlich zu machen. Sie reagieren ihre innere Unruhe und vorhandene negative Gefühle aggressiv nach außen hin ab, dadurch leiden sie anfangs weniger unter ihrem Verhalten als ihre Umwelt. In der Schule werden sie dann zum »Klassenclown«, zum »schwarzen Schaf« und später zum Außenseiter.

10.3 Therapeutische Hilfen bei AD(H)S und Hochbegabung

Eine Stimulanzienbehandlung verbessert niemals primär die Intelligenz als solche, sondern sie macht die ursprünglich vorhandene Intelligenz für den AD(H)S-Betroffenen wieder verfügbar. Verlaufsbeobachtungen zeigen, dass bei Nichtbehandlung von Kindern und Jugendlichen mit AD(H)S ein Abfall des IQ-Wertes um bis zu 15% keine Seltenheit ist und dass umgekehrt, mit Hilfe einer multimodalen Therapie, ein Anstieg des IQ-Wertes um die gleiche Punktzahl durchaus möglich ist. Denn Wahrnehmung, Konzentration, Merkfähigkeit, Antrieb, emotionale Steuerung und der Umgang mit Stress werden durch die Therapie verbessert. Die Kinder und Jugendlichen können endlich Anerkennung durch Erfolge genießen, was sie zu weiteren Leistungen motiviert und letztendlich ihr Selbstwertgefühl und ihre soziale Kompetenz verbessert.

In der ersten Klasse und auch schon im Kindergarten sind hochbegabte Kinder oft unterfordert. Sie sollten dann vorzeitig eingeschult werden, evtl. eine Klasse überspringen und wenn möglich eine Schule besuchen, die Förderprogramme für hochbegabte Kinder anbietet. Diese Kinder benötigen außerdem eine kontinuierliche, strukturierte und fördernde Beschäftigung für den Nachmittag. Denn der entscheidende Teil zur Entwicklungsförderung liegt auch bei diesen Kindern außerhalb der Familie.

Die Symptomatik der Unterforderung kann *oberflächlich* betrachtet der des AD(H)S sehr ähnlich sein, die nötigen Konsequenzen sind aber ganz andere. Bisher wird bei einem hochbegabten Kind, das unkonzentriert ist, sich langweilt, den Unterricht stört, gute Denkleistungen erbringt, aber schlechte Noten in den Arbeiten schreibt, noch viel zu oft eine Unterforderung als deren alleinige Ursache vermutet. An eine mögliche AD(H)S-Problematik wird gar nicht erst gedacht. Hier ist noch viel Umdenken erforderlich, damit professionelle Hilfe auch zur richtigen Diagnose und zu einer adäquaten, erfolgreichen Therapie führt.

Woran erkennt man Hochbegabte mit Unterforderung aber ohne AD(H)S? Im Gegensatz zum AD(H)S bestehen bei Unterforderung allein:

- Keine Störungen in der Informationsverarbeitung
- Keine ausgeprägte Impulssteuerungsschwäche
- Keine gestörte Konzentration und Daueraufmerksamkeit
- Keine innere und äußere Unruhe
- Keine fein- und/oder grobmotorischen Auffälligkeiten
- Kein frühzeitiger Leidensdruck mit psychischer Beeinträchtigung
- Keine Teilleistungsstörungen
- Keine erhöhte Ablenkbarkeit

Die Klärung der Ursache, ob eine Unterforderung *oder* ein AD(H)S vorliegt, erfordert deshalb die Beantwortung folgender Fragen:

- Wann, wo, wie und warum ist das Kind auffällig?
- Wie reagiert sein soziales Umfeld darauf?
- Wie psychisch stabil ist es?
- Wie ist seine Intelligenz?
- Welche Beeinträchtigung zeigt seine Wahrnehmungsverarbeitung?
- Liegt ein Aufmerksamkeitsdefizitsyndrom bei Verwandten 1. oder 2. Grades vor?
- Wie war seine Entwicklung von Geburt an?
- Sind typische AD(H)S-Symptome vorhanden?

Wenn im Intelligenztest, z. B. im HAWIK, eine große Differenz zwischen den Werten im Verbal- und im Handlungsteil besteht, sollte an das Vorliegen von Beeinträchtigungen in der Wahrnehmungsverarbeitung gedacht werden. Eine der häufigsten Ursachen für ein deutlich niedrigeres Ergebnis im Handlungsteil, wie es z. B. ▶ Abb. 10.2 zeigt, sind Störungen der Wahrnehmungsverarbeitung, wie sie bei AD(H)S-Kindern trotz guter oder sehr guter Intelligenz in typischer Weise vorhanden sind.

Erreicht ein Kind im Verbalteil ein Ergebnis, das einer Hochbegabung entspricht, im Handlungsteil dagegen nur ein solches, das teilweise auf dem Niveau einer Lernbehinderung liegt, ist diese Diskrepanz behandlungsbedürftig und erfordert unbedingt eine AD(H)S-Diagnostik, wenn auch nur zu dessen Ausschluss.

Je größer diese Differenz ist, umso mehr leidet der Betroffene unter seinem Unvermögen, nicht von seiner eigentlichen Intelligenz profitieren zu können. Er ist nicht unterfordert, sondern infolge seiner AD(H)S-Problematik eher überfordert. Die viel zu häufig angenommene Unterforderung als Ursache für Auffälligkeiten im Leistungs- und Verhaltensbereich von sehr oder hochbegabten Kindern sollte immer öfter hinterfragt, im Intelligenztest die Differenz zwischen Verbal- und Handlungsteil beachtet und an ein Vorliegen eines AD(H)S gedacht werden. ▶ Abb. 10.3 gibt anschaulich wieder, wie sich das Ergebnis des Handlungsteils im Intelligenztest im Zuge einer erfolgreichen AD(H)S-Behandlung änderte, wodurch sich auch der IQ-Wert von 108 auf 119 verbesserte. Solche Therapieerfolge sind mit Hilfe einer multimodalen AD(H)S-Therapie durchaus erreichbar.

HAWIK-III-Wertpunkt-Profil

Verbalteil						Handlungsteil					
AW	GF	RD	WT	AV	ZN	BE	ZS	BO	MT	FL	SS	LA

	Wertpunkte	IQ/Index
Verbalteil	–	138
Handlungsteil	–	86
Gesamt-Test	–	**108**

Abb. 10.2: Das Ergebnis des HAWIK-Intelligenztests zeigt bei diesem AD(H)S-Kind eine extreme Differenz zwischen Verbal- und Handlungsteil auf, die Ursache für Schulversagen mit großem Leidensdruck ist. Der IQ des Verbalteils liegt im Hochbegabtenbereich, der des Handlungsteils tendiert dagegen in Richtung Lernbehinderung. Die graue Linie entspricht dem Durchschnittswert der Intelligenz von 100 %. (HAWIK-III, Wechsler und Tewes 1999, Abdruck mit freundlicher Genehmigung von Hogrefe.)

10.3 Therapeutische Hilfen bei AD(H)S und Hochbegabung

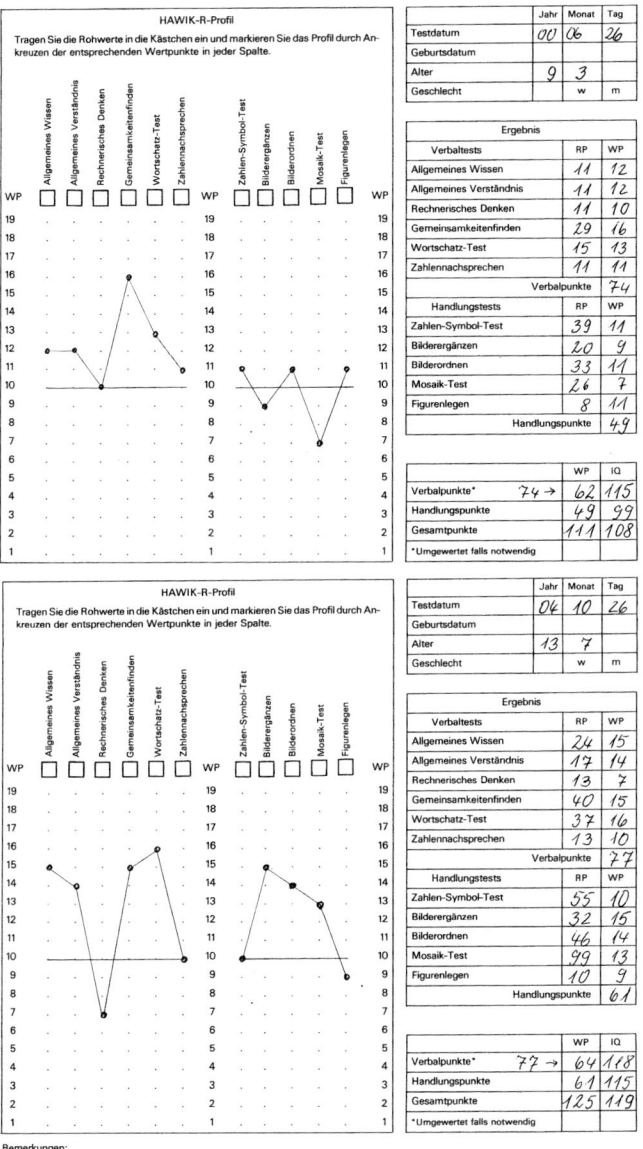

Abb. 10.3: Beispiel eines Intelligenztestes (HAWIK-R) eines AD(H)S-Kindes vor und nach seiner Behandlung mit AD(H)S-bedingter Rechenschwäche vor Behandlungsbeginn und vier Jahre nach Behandlung. Der Gesamt-IQ besserte sich von 108 auf 119, weil die Werte des Handlungsteils zunahmen. (HAWIK-R, Tewes 1983, Abdruck mit freundlicher Genehmigung von Hogrefe.)

11 Strategien zur Diagnostik und Behandlung von AD(H)S-bedingter Leserechtschreib- und Rechenschwäche

Wenn Üben nicht erfolgreich ist, könnte ein AD(H)S die Ursache sein.

11.1 Wenn Üben allein nicht reicht, könnte AD(H)S die Ursache sein

Wenn bei Kindern und Jugendlichen mit einer Leserechtschreib- und Rechenschwäche Üben zu keiner wesentlichen Verbesserung führt, sollte zunächst immer diagnostisch abgeklärt werden, ob ein AD(H)S vorliegt oder ausgeschlossen werden kann. Ist Ersteres der Fall, sind besondere Lernstrategien erforderlich.

Dieses Kapitel möchte für die Betroffenen, die AD(H)S-bedingte Teilleistungsstörungen haben und bemüht sind, aktiv an deren Beseitigung zu arbeiten, spezielle Lernstrategien vermitteln. Denn ohne Mitarbeit geht es nicht und eine medikamentöse Therapie alleine reicht nicht, obwohl sie bei vielen Betroffenen als eine notwendige Voraussetzung erst den Erfolg ermöglicht.

Die im Folgenden erläuterten Strategien sind neurobiologisch fundiert und haben sich in der Praxis hundertfach bewährt. Wichtigste Strategie und damit Voraussetzungen für den Lernerfolg sind regelmäßiges Üben mit Motivation, Konzentration, Nachdenken und ständige Wiederholung, damit die erforderlichen Lernbahnen im Gehirn möglichst dick und breit angelegt werden. Denn über diese Nervenleitbahnen gelangen alle Informationen in die entsprechenden Hirnzentren, werden dort abgespeichert, um dann bei Bedarf abrufbar zu sein. Diese Lernmethode sollte fester Bestandteil eines multimodalen AD(H)S-Therapieprogramms für Kinder und Jugendliche mit AD(H)S-bedingter Rechtschreibschwäche sein, damit diese nicht zum lebenslangen Handicap wird.

Welcher Zusammenhang besteht zwischen AD(H)S und einer Lese-Rechtschreibschwäche?

Eine AD(H)S-bedingte Leserechtschreibschwäche lässt sich in aller Regel anhand des gleichzeitigen Auftretens typischer Symptome erkennen. Auffällig ist vor allem, dass Kindern und Jugendlichen, die unter einem AD(H)S und einer Leserechtschreibschwäche leiden, eine schnelle Verfügbarkeit und ein schneller Abgleich von bereits abgespeichertem Wissen erschwert, verlangsamt und manchmal auch nur begrenzt möglich sind. So werden bspw. einfache und auch bereits sehr oft geschriebene Wörter immer wieder verkehrt geschrieben, weil sie entweder im Wortbildgedächtnis schon falsch abgespeichert sind oder nicht schnell und sicher genug abgerufen werden können. Wird beim Schreibenlernen nicht von Anfang an auf die richtige Schreibweise geachtet, werden besonders viele Wörter schon falsch geschrieben abgespeichert. Einmal abgespeicherte falsch geschriebene Wörter werden somit nicht als Fehler erkannt, wie z. B. »wier«, »vür«, »nemehn«. Hinzu kommt, dass erlernte Rechtschreibregeln zwar grundsätzlich beherrscht werden, aber im konkreten Fall nicht sofort anwendbar sind, weil sie nicht schnell genug abgerufen werden können und somit bei Bedarf nicht gleich zur Verfügung stehen.

Das Buchstabieren und Schreiben am Computer gelingen besser, weil hier beim Schreiben jedes einzelnen Buchstabens länger nachgedacht werden kann. Ein Kind mit AD(H)S-bedingter Rechtschreibschwäche schreibt schwere Wörter zur Überraschung seiner Lehrer häufig richtig, die dann anmerken: »Du kannst ja richtig schreiben, wenn Du willst«. Aber gerade das Wollen in Können umsetzen, das gelingt diesen Kindern nur selten. Ihre Rechtschreibung wird vom Zufallsprinzip bestimmt. Siehe auch ▶ Abb. 11.1.

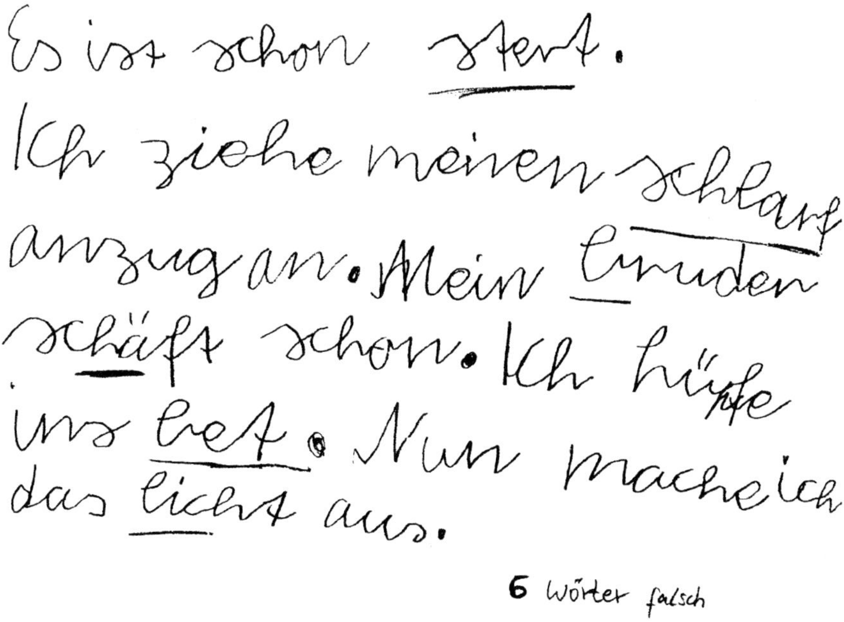
Es ist schon stert.
Ich ziehe meinen schlaf
anzug an. Mein Bruden
schäft schon. Ich hüpfe
ins bet. Nun mache ich
das licht aus.

6 Wörter falsch

Abb. 11.1: Diktat eines Schülers mit typischer AD(H)S-bedingter Rechtschreibschwäche

Sind Schüler mit AD(H)S vom Unterricht oder von der Person des Lehrers sehr begeistert, werden sie in ihrem Lernverhalten dadurch besonders motiviert. Solange ihre Begeisterung anhält, können sie sich deutlich besser konzentrieren. Man nennt das Hyperfokussieren. Diese Fähigkeit ist dafür verantwortlich, dass bei vielen Kindern und Jugendlichen mit AD(H)S die schulischen Leistungen von der Art des Unterrichts und von der emotionalen Beziehung zum Lehrer abhängen, und das fächerübergreifend.

Kinder mit AD(H)S-bedingter Rechtschreibschwäche schreiben schwere Wörter häufig richtig (beim Schreiben wird länger nachgedacht), dagegen werden einfache, oft vorkommende Wörter meist falsch geschrieben, weil wie gehört so geschrieben und nicht nachgedacht wird.

Die Ursache dafür ist, dass akustische und visuelle Informationen im Gehirn nicht ausreichend schnell genug bearbeitet werden können, d.h. der Hin- und Rückweg der Information von der Aufnahme bis zum Abgleich im dafür zuständigen Zentrum im Gehirn verlaufen auf Umwegen und somit zu langsam und zu ungenau. Ein Kind mit einer ausgeprägten AD(H)S-Symptomatik muss schon bei der geringsten schulischen Anforderung intensiver und länger überlegen, was anstrengender ist und schnell zur Erschöpfung führt. Fallen Tests und Klassenarbeiten trotz Anstrengung wieder schlechter als erwartet aus oder ist in einer Hausaufgabe gar wieder einmal alles falsch, fällt die Motivationskurve der betroffenen Kinder steil ab.

AD(H)S-Kindern gelingt das Nachdenken beim Schreiben entweder gar nicht oder nur kurzzeitig, dabei steigt die Ablenkungsrate immer mehr, so dass mit der Länge des Diktates die Fehlerzahl rapide ansteigt.

Auch das Schreiben selbst erfordert für Kinder mit AD(H)S von der Motorik her sehr viel mehr Anstrengung, was von anderen meist gar nicht bemerkt und noch weniger verstanden wird. Denn die Betroffenen halten den Stift verkrampft, drücken zu sehr auf und haben Schwierigkeiten Linien einzuhalten. Bei emotionaler Erregung, unter Stress oder Zeitdruck steigt die Fehlerzahl und die Schrift wird noch unleserlicher. Der Schreibvorgang bei AD(H)S wird nicht automatisiert, deshalb gleicht kein Buchstabe dem anderen. Fast alle AD(H)S-Betroffenen haben ein auffälliges »krakeliges« und unharmonisches Schriftbild, zumindest wenn sie schnell schreiben. Druckschrift gelingt ihnen besser und ist auch lesbarer.

11.2 Diagnostische Kriterien einer AD(H)S-bedingten Rechtschreibschwäche

Folgende Symptome sprechen für die Diagnose einer AD(H)S-bedingten Rechtschreibschwäche:

- Im geübten Diktat nimmt die Fehlerzahl mit der Länge des Textes zu, es sind deutlich weniger Fehler im ersten Teil zu finden

- Das gleiche Wort wird im Text mehrfach sowohl richtig als auch falsch geschrieben
- Fehler in der Groß- und Kleinschreibung betreffen auch die Hauptwörter und den Satzanfang
- Beim Durchsehen des Textes werden weitere Fehler hinein korrigiert
- Das Diktat gelingt zu Hause deutlich besser als in der Schule
- Auch Vokale werden ausgelassen, wenn beim Schreiben schon an den nachfolgenden Konsonanten gedacht wird
- Fehler werden beim Durchsehen nicht erkannt
- Schwere Wörter werden oft richtig geschrieben
- Falsch geschriebene Wörter können richtig buchstabiert werden
- Schreiben erfolgt nach dem Gehör und ohne nachzudenken
- Unter Stress nehmen Fehler zu

11.3 Therapeutische Besonderheiten der AD(H)S-bedingten Rechtschreibschwäche

Aus der Zusammenfassung der Ursachen für AD(H)S-bedingte Rechtschreibschwäche lassen sich folgende therapeutisch notwendige Strategien ableiten.
Was sind die Schwerpunkte der Therapie, die konkret verbessert werden sollten?

- Keine ausreichende Entwicklung der Lernbahnen und des Wortbildgedächtnisses
- Schlechte Konzentration und hohe Ablenkbarkeit
- Informationsverarbeitung erfolgt zu langsam und zu ungenau
- Kein Lernen aus Fehlern, weil Wortbilder und Grammatikregeln zwar abgespeichert, aber nicht sofort verfügbar sind
- Der Rechtschreibprozess ist nicht automatisiert
- Unter Stress Zunahme der Fehlerquote

Nach ausführlicher AD(H)S-Diagnostik, wenn möglich bereits vor der Einschulung, sollte bei Kindern mit spielerischem, aber regelmäßig gezieltem Üben begonnen werden, um einen altersentsprechenden Entwicklungsstand in allen Wahrnehmungsbereichen zu erlangen. Schwerpunkte sind dabei die Visuomotorik, die auditive (akustische) Wahrnehmung, die Feinmotorik und die Konzentration. Dort vorhandene Defizite sollten durch regelmäßiges Üben, sofern erforderlich mit Hilfe einer ergotherapeutischen Anleitung, so weit wie möglich ausgeglichen werden. Das gelingt am besten mit einem täglichen spielerischen Training mit Einbeziehung und Anleitung der Mutter durch den Kinderarzt, der Ergotherapeutin oder der Erzieherin vom Kindergarten. Ergotherapie, nur einmal pro Woche, ohne dass die Mutter weiß, was dort geschieht und welche Fortschritte ihr Kind macht, ist wenig Erfolg versprechend. Es ist wichtig, den Lernerfolg zu registrieren, denn bei AD(H)S ist gerade dieser zu gering und ein wichtiger Gradmesser für den Therapieerfolg und die Schwere des Betroffenseins.

Beim ausgeprägten AD(H)S sollten deshalb schon vor der Einschulung durch wiederholtes Üben die Lernbahnen im Gehirn aktiviert und stabilisiert werden. Das gelingt durch:

- Regelmäßiges sportlich-spielerisches Training
- Musikalische Förderung und rhythmische Übungen
- Das Auswendiglernen von Kinderliedern oder kleinen Versen
- Schreibübungen, schon vor der Einschulung, und dem Lernen, den Stift richtig und locker zu halten
- Übungen, Bilder auszumalen und dabei vorgegebene Linien einzuhalten

Solche Übungen, regelmäßig praktiziert, tragen zum Lernerfolg entscheidend bei, sie helfen, die Lernbahnen im Gehirn zu entwickeln. Denn jedes Üben hinterlässt im Gehirn eine Spur, die durch weiteres Üben verstärkt wird.

Hat ein AD(H)S-Kind bei den Übungen regelmäßig große Probleme und zeigt es über einen angemessenen Zeitraum keinen Lernzuwachs, sollte vom behandelnden Arzt erwogen werden, schon vor der Einschulung die Therapie durch eine Stimulanziengabe zu ergänzen. Ziel muss es sein, einen wichtigen Zeitabschnitt, d.h. das Vorschulalter, nicht ungenutzt verstreichen zu lassen und damit dem Kind zu ersparen, sich mit Schulbeginn gleich als Versager zu erleben und überfordert zu werden.

Lehrer und Eltern sollten beim Schreibenlernen in der ersten Klasse unbedingt darauf achten, dass das AD(H)S-Kind mit dem Lerntempo der Klasse Schritt halten kann.

Manchmal gehen Lehrer im Unterricht zu schnell vor. Ein Kind mit AD(H)S braucht gegenüber seinen Mitschülern wesentlich mehr Zeit, ehe es die Buchstaben und Wörter korrekt erfassen, zuordnen und schreiben kann. Deshalb empfehle ich Eltern, möglichst viele Buchstaben schon vor der Einschulung visuell und akustisch von ihrem Kind erfassen zu lassen. Dieser Lernprozess dauert bei AD(H)S-Kindern im Vergleich zu nicht vom AD(H)S betroffenen Kindern zehn- bis zwanzigmal länger. Deshalb müssen AD(H)S-Kinder von Anfang an die richtige Schreibweise mehrfach und immer wieder üben.

Das in manchen Schulen praktizierte lautgetreue Schreiben – ein Schreiben von Wörtern, so wie sie vom Kind gehört werden – sollte unbedingt vermieden werden. Denn diese falsch geschriebenen Wörter speichern sich im Wortbildgedächtnis der Kinder als erste ab und verstärken ihre Rechtschreibschwäche erheblich. Das erschwert auch deren Behandlung und verschlechtert deren Prognose.

Alle Kinder sollten stattdessen von Beginn an lernen, die Wörter richtig zu schreiben, damit die Buchstaben und Wörter im Wortbildgedächtnis von Anfang an gleich richtig abgespeichert werden. Wird in der ersten Klasse bewusst kein Wert auf das richtige Schreiben der Wörter gelegt, werden diese im Wortbildgedächtnis falsch abgespeichert. Das wieder zu korrigieren, bedeutet eine zusätzliche und unnötige Belastung nicht nur für Kinder mit AD(H)S.

Bemerken Sie als Eltern bei Ihrem Kind eine beginnende Rechtschreibproblematik, sollten Sie mit Ihrem Kind möglichst sofort täglich kleine Diktate mit den in der Schule gelernten Wörtern üben. Dies gilt auch für Kinder, für die noch keine AD(H)S-Diagnose gestellt wurde. Wiederholen Sie die Diktate in den folgenden Tagen, bis Ihr Kind die Buchstaben und Wörter richtig schreiben kann. Das Lerntempo wird dadurch verlangsamt, aber gerade das braucht Ihr Kind, um sich die korrekte Schreibweise dauerhaft einzuprägen.

Ein Übungsprogramm bei AD(H)S-bedingter Rechtschreibschwäche – Tipps für Eltern – ein Beispiel

Lassen Sie Ihr Kind regelmäßig, d. h. am besten täglich, ein Diktat schreiben. Passen Sie die Dauer des Diktats der Klassenstufe an: in den unteren Klassen (1–3) empfiehlt sich eine Dauer von 5 Minuten, in den mittleren Klassen (4–6) eine Dauer von 10 Minuten.

Die Ziele dieser Übungen sind Folgende:

- Das Nachdenken beim Schreiben soll sich automatisieren.
- Das Wortbildgedächtnis soll mit richtig geschriebenen Wörtern erweitert werden.
- Die Nervenbahnen vom Arbeitsgedächtnis zum Schreibzentrum sollen im Gehirn verstärkt und trainiert werden.

Fordern Sie deshalb Ihr Kind auf, beim Schreiben eines jeden Wortes immer nachzudenken und sich zu fragen:

- Wird das Wort groß oder klein geschrieben?
- Wie ist der Wortstamm? Dazu muss eventuell die Mehrzahl gebildet werden.
- Sind Vor- oder Nachsilben im Wort vorhanden?

Üben Sie mit Ihrem Kind Wörter mit Vor- und Nachsilbe besonders intensiv, damit diese sicher beherrscht werden.

Lassen Sie das gleiche Diktat von Ihrem Kind an mehreren Tagen hintereinander schreiben, bis es keine Fehler mehr macht. Danach wird ein anderes Diktat geschrieben. Passen Sie den Schwierigkeitsgrad der Diktate allmählich dem Niveau des Schulstoffes an.

Besprechen Sie mit Ihrem Kind nach dem Diktat dessen Fehler und üben Sie mit ihm, das falsch geschriebene Wort richtig zu schreiben.

Ihrem Kind sollte es gelingen, Diktate nach 4- bis 5-mal Üben möglichst fehlerfrei zu schreiben. Gelingt Ihrem Kind dies nicht, reduzieren Sie den Schwierigkeitsgrad des Diktats oder signalisieren Sie den Schreibfehler durch Klopfen und fordern Sie Ihr Kind dabei gezielt zum Nachdenken auf.

Üben Sie das Diktat am besten immer zur festen, vereinbarten Zeit, lassen Sie keine Störung oder Unterbrechung zu

Lassen Sie Ihr Kind das Diktat an jedem Tag, auch in den Ferien, schreiben, erlauben Sie ihm keine Ausnahme, denn einmal Ausnahme ist immer Ausnahme! Nur durch tägliches Üben können sich die neu gebildeten Bahnen im Gehirn vom Arbeits- zum Wortbildgedächtnis festigen und durch ständiges Benutzen auch erhalten bleiben. Werden die Nervenbahnen nicht regelmäßig benutzt, solange sie noch nicht stabil genug sind, was bei AD(H)S meist Monate dauert, lockern sich diese wieder auf, was erneut rasch zu Fehlern führt. Deshalb sollten die Diktate über mehrere Monate geschrieben werden, erst dann verbessern sie die Rechtschreibnote wesentlich und dauerhaft.

Das Schreiben von Diktaten ist gleichzeitig das wichtigste Konzentrationstraining für Kinder mit AD(H)S-bedingter Rechtschreib-Schwäche.

Ist das Kind auf Methylphenidat eingestellt, sollten die Diktate immer unter Wirkung des Medikamentes geschrieben werden.

Das tägliche Üben setzt Motivation, Struktur und Konsequenz von beiden Seiten (Eltern und Kind) voraus, bringt aber Erfolg, was die Praxis immer wieder beweist. Bleibt der Lernerfolg aus, sollten Sie als Mutter oder Vater überprüfen, ob Ihr Kind während des Schreibens auch genügend nachdenkt. Ist dies nicht der Fall, überprüfen Sie Zeitpunkt und Menge der letzte Medikamenteneinnahme und der Nahrungsaufnahme. Siehe auch

Das Gehirn kann nur gut arbeiten, wenn es ausreichend über das Blut mit Zucker versorgt wird, d. h. der Blutzuckerspiegel Ihres Kindes sollte ausreichend hoch genug sein.

Intensives Lernen und Lernpausen sollen sich miteinander abwechseln.

In den Lernpausen sollte Ihr Kind keine Computerspiele machen, sondern möglichst das Zimmer verlassen und sich körperlich bewegen.

Vermeiden Sie beim Üben jeden Stress, denn dieser blockiert bei Ihrem Kind die Fähigkeit zum Denken.

Das Lernen muss mit der Zeit einen spürbaren Erfolg bringen und die Noten verbessern.

Streben Sie bei Ihrem Kind ein fehlerfreies Schreiben an, denn Fehler werden besser im Gedächtnis gespeichert, da sie meist emotional negativ besetzt sind. Bei zu hoher Fehlerquote sollten Sie als Eltern die Schwierigkeit reduzieren, auf einfachere Wörter zurückgreifen den Lernprozess verlangsamen.

▶ Abb. 11.2 oben ist ein gutes Beispiel für ein Diktat, bei dem ein AD(H)S-Kind ohne medikamentöse Unterstützung nicht nachgedacht hat, mit dem Ergebnis von sechs Fehlern; das untere Bild zeigt dagegen beispielhaft die Konzentration fördernde Wirkung des Medikaments mit dem Ergebnis von nur noch zwei Fehlern im gleichen Diktat bei gleichzeitig etwas besserer Schrift des Kindes.

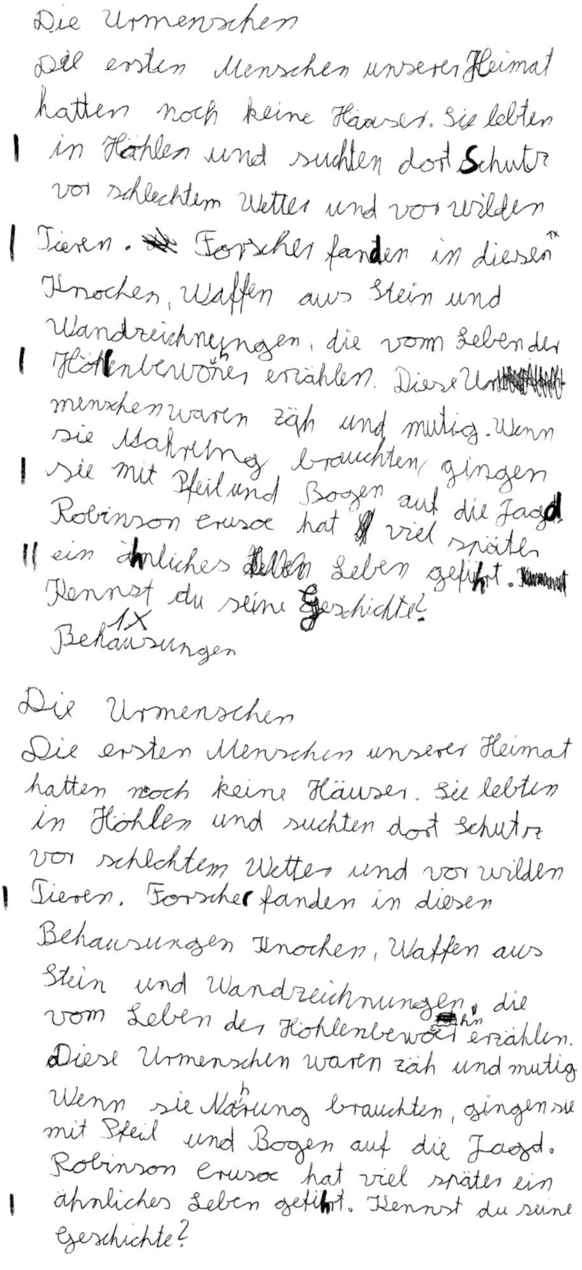

11.3 Therapeutische Besonderheiten der AD(H)S-bedingten Rechtschreibschwäche

Abb. 11.2: Diktat mit typisch AD(H)S-bedingter Rechtschreib-Schwäche zum aktuellen Nachweis der Medikamentenwirkung, zunächst *ohne* (Bild oben), sodann *nach* Einnahme und Wirkung von Methylphenidat (Bild unten) am gleichen Vormittag von einem 12-jährigen Kind geschrieben, ohne dass das erste Diktat zwischenzeitlich korrigiert wurde. Nach Durchsicht des zweiten Diktates korrigierte das Kind selbst sein zuerst geschriebenes Diktat.

Auf diese Weise kann man die Wirkung des Medikaments überprüfen, was ich in meiner Praxis den Eltern auch immer wieder empfohlen habe.

11.4 AD(H)S-bedingte Leseschwäche

Infolge starker Verzweigung des neuronalen Netzwerkes und der im Gehirn schlecht entwickelten Lernbahnen kann beim AD(H)S ein konzentriertes Lesen mit zielgerichtetem Erfassen des Textinhaltes deutlich erschwert sein. Lesen bereitet dann den Betroffenen viel mehr Mühe, und das schon in der ersten Klasse. Manche AD(H)S-Kinder haben so ein erstaunlich gut ausgeprägtes visuelles Gedächtnis, dass sie sich mehrfach gesehene Wortbilder als Ganzes schnell einprägen und damit die Fähigkeit zum Lesen vortäuschen können.

Bei jeder Leseschwäche sollte eine Blicksteuerungsschwäche ausgeschlossen werden. Sie ist oft mit AD(H)S kombiniert und Folge einer beeinträchtigten Feinabstimmung im Zusammenspiel der Augenmuskeln – eine diskrete Koordinationsstörung, deren Ursache im Kleinhirn liegt und die belastungsabhängig sein kann. Das Sehvermögen dieser Kinder ist dabei völlig intakt, vorausgesetzt sie schauen geradeaus. Deshalb findet der Augenarzt beim üblichen Sehtest keine Auffälligkeiten. Trotzdem kann der Betroffene ein gestörtes dynamisches Binokularsehen haben, d. h. sein beidäugiges Sehen gibt beim Blick zur Seite, nach oben oder nach unten ein unscharfes Bild am Rande des Gesichtsfeldes. Diese sog. Blicksteuerungsschwäche ist also keine Erkrankung der Augen an sich, sondern eine Störung in der Feinabstimmung der Augenmuskeln, wobei die Augen beim Blick zur Seite diskret von ihrer Parallelstellung abweichen. Dadurch entsteht kurzzeitig ein unscharfes Bild, was von den Kindern als Verdopplung oder Verschwimmen der Buchstaben beschrieben wird. Das Kind versucht mit Blinzeln oder Kopfschiefhaltung diese kleine Differenz auszugleichen und diese Bildunschärfe zu korrigieren. Das kostet dem Kind Zeit und Konzentration. Viel schlimmer ist aber, dass dadurch das Wortbild vom Wortbildgedächtnis schlechter erfasst und unscharf abgespeichert werden kann, was sich dann auch auf die Rechtschreibung auswirkt. Wenn Kinder von der Tafel sehr fehlerhaft abschreiben, weil ihnen die Zeilen »verrutschen«, sollten Sie als Eltern immer eine Blicksteuerungsschwäche ausschließen lassen!

Bei der Blicksteuerungsschwäche kann die zeilengetreue Blicksteuerung nicht konstant aufrechterhalten werden. Zeilen und Buchstaben verrutschen, deshalb können Wörter nicht richtig erkannt, Buchstaben beim Lesen übersehen werden. Dadurch erschweren sich die Sinnerfassung des Textes und das Lesen insgesamt.

Zusätzlich kann es noch zu Blicksprüngen kommen, die ihrerseits das Erfassen des gesamten Wortes und dessen richtige Abspeicherung im Wortbildgedächtnis erschweren.

11.4 AD(H)S-bedingte Leseschwäche

Die Ursache dieser Blicksteuerungsschwäche liegt im Kleinhirn, das die Funktion der Augenmuskeln steuert und beim AD(H)S in seiner Funktion beeinträchtigt sein kann. Dann ist die Feinabstimmung der Augenmuskeln gestört und beide Augen bleiben bei Änderung der Blickrichtung nicht in ihrer Parallelstellung. Diese Funktionsstörung kann abhängig von der Tageszeit sein und sich bei Ermüdung verstärken.

Die Behandlung erfolgt bisher nur von wenigen Spezialisten mit Training der Augenmuskulatur oder, sofern erforderlich, vorübergehend mit Prismenbrillen. Letztere sollen helfen, die Funktion der Augenmuskeln so zu korrigieren, dass beide Augen bei allen Bewegungen immer in Parallelstellung bleiben. Nur so kann ein scharfes Bild vom Gehirn wahrgenommen werden.

Die Praxis zeigt immer wieder, dass Kinder mit AD(H)S-bedingter Leseschwäche leichter das Lesen lernen, wenn der Abstand zwischen den einzelnen Buchstaben größer ist und wenn sie bei ausgeprägter AD(H)S-Problematik Methylphenidat einnehmen.

> Wann sollten Eltern, Pädagogen und Therapeuten an eine AD(H)S bedingte Leseschwäche denken?
>
> - Wenn beim Lesen die Zeilen »verrutschen«
> - Das Kind beim Lesen den Kopf schief hält
> - Lesen erfolgt zu lange buchstabenweise und dann auch nur wortweise

Können Kinder mit AD(H)S-bedingter Leseschwäche endlich einzelne Wörter lesen, haben sie meist weiterhin noch Schwierigkeiten, vorausschauend zu lesen. Sie lesen über Jahre hin wortweise, stockend und meist Finger führend. Sie ermüden schnell, denn Lesen strengt sie sehr an, da es sich nicht automatisiert. Wörter, die am Rande des Gesichtsfeldes stehen, werden unscharf wahrgenommen. Diese Wörter werden dann auch im Wortbildgedächtnis ungenau abgespeichert. Lesen und Schreiben erfolgen somit fehlerhaft und der Inhalt des Gelesenen wird nur ungenau erfasst.

> **Lesetraining bei AD(H)S-bedingter Leseschwäche**
>
> Zum Erlernen des flüssigen, korrekten und vorausschauenden Lesens ist ein tägliches Training, je nach Alter von mindestens 5 bis 15 min, erforderlich. Lassen Sie hierbei den Text von Ihrem Kind möglichst mit etwas größerer Schrift dreimal hintereinander laut vorlesen. Dadurch werden das Wortbilderfassen, die Lesegeschwindigkeit und die für die Automatisierung des Lesens wichtigen neuronalen Bahnen trainiert, d. h. sie werden dichter und leistungsfähiger. Lassen Sie sich von Ihrem Kind anschließend das Gelesene inhaltlich kurz wiedergeben.
> Bleibt das Training auf längere Sicht (ca. drei Wochen) ohne Erfolg, sollten Sie als Eltern eine medikamentöse Behandlung Ihres Kindes erwägen, damit das tägliche Lesetraining schneller erfolgreich wird. Viele Kinder mit AD(H)S kön-

nen nur mit Hilfe einer Stimulanzienbehandlung ihre Leserechtschreib-Schwäche durch Üben und auf Dauer erfolgreich überwinden. Das Medikament gibt ihnen eine Möglichkeit, sich so entwickeln zu können, wie es ihren eigentlichen Fähigkeiten und ihrer Intelligenz entspricht.

AD(H)S und familiäre Häufung von Lese-Rechtschreib- oder Rechenschwäche sind Folge einer genetisch bedingten spezifischen Störung in der Informationsverarbeitung infolge einer Reifungsverzögerung des Gehirns mit Beeinträchtigung der Automatisierung von Lernprozessen.

Eine gezielte und richtig verstandene Frühförderung, noch weit vor der Einschulung begonnen, kann Kindern mit AD(H)S helfen, vorhandene Defizite zu verringern. Um zu vermeiden, dass AD(H)S-Kinder vom ersten Schultag an überfordert werden, kann die Bedeutung professioneller Frühförderung von Eltern und Kindergarten-Erziehern gar nicht hoch genug eingeschätzt werden.

Eine Zurückstufung in den Kindergarten oder der Besuch der Vorschule sollte bei Kindern mit einer ausgeprägten AD(H)S-Symptomatik immer von einer ursachenbezogenen und multimodalen Behandlung begleitet sein. Bei Vorschulkindern mit guter Intelligenz und großem Lernwillen beeinträchtigt eine Zurückstellung von der Einschulung häufig deren Gesamtentwicklung negativ. Diese Kinder sollten von AD(H)S-Spezialisten bereits vor der Einschulung nach einer entsprechenden Diagnosestellung umfassend, d. h. ggf. auch mit Stimulanzien, behandelt werden, damit sie altersgerecht und ohne Schwierigkeiten den Schulbeginn meistern können.

Für ein Kind mit AD(H)S-bedingter Lese-Rechtschreibschwäche kann vorübergehend ein Nachteilsausgleich in Anspruch genommen werden. Dieser wird im Allgemeinen auch komplikationslos von der Schulleitung gewährt, allerdings nur vorübergehend mit der Auflage einer lerntherapeutischen Behandlung. Einen entsprechenden Antrag dazu stellt der behandelnde Arzt mit einer Begründung, die wie folgt lauten könnte:

»Es ist typisch für das AD(H)S, dass auch bei guter intellektueller Ausstattung unter bestimmten Leistungsanforderungen einige Fähigkeiten nicht altersadäquat abgerufen werden können, um hinreichend schnell und korrekt die angeforderten Aufgaben zu erledigen. Deshalb ist ein Nachteilsausgleich in der Zeit von ... bis ... für das Kind hilfreich und pädagogisch erforderlich, damit es nicht psychisch leidet.«

Wichtig wäre es, die Qualität und Quantität bei der Frühförderung aller Kinder zu verbessern, um mögliche Defizite, die zu einer AD(H)S bedingten Lese-Rechtschreib- und/oder Rechenschwäche führen könnten, schon vor der Einschulung zu erkennen und durch gezieltes und spielerisches Üben zu verringern. Die Zeit vor dem sechsten Lebensjahr ist durch ein großes Interesse am Lernen und einer hohen Lerneffektivität geprägt, deshalb sollte diese Zeit nicht ungenutzt verstreichen.

11.4 AD(H)S-bedingte Leseschwäche

Abb. 11.3: AD(H)S-Kindern, wie im Beispiel dieses 8-jährigen hypoaktiven Mädchens, fällt es aufgrund ihrer fein- und visuomotorischen Beeinträchtigung schwer, einfache geometrische Formen nachzuzeichnen. Das wäre auch ein wichtiger Test für die Überprüfung auf Schulfähigkeit.

Eine drohende AD(H)S-bedingte Rechtschreibschwäche kann von AD(H)S-erfahrenen Ärzten und Psychologen schon vor der Einschulung anhand einer Summe von motorischen, kognitiven, visuomotorischen, auditiven oder Verhaltensdefiziten diagnostiziert werden. Die Beseitigung dieser Defizite sollte gezielt, möglichst spielerisch und mit Einbeziehung der Eltern erfolgen. Der dabei gewonnene Lernzuwachs entscheidet dann über weitere diagnostische und therapeutische Maßnahmen.

▶ Abb. 11.3 zeigt ausgeprägte fein- und visuomotorische Beeinträchtigungen bei AD(H)S. Das ist ein wichtiger Test für die Visuomotorik und ein Frühsymptom für eine sich oft erst später entwickelnde Rechtschreibschwäche, sofern keine intensive frühzeitige Förderung oder Behandlung erfolgt.

11.5 AD(H)S-bedingte Rechenschwäche

Die AD(H)S-bedingte Rechenschwäche entspricht einer Entwicklungsverzögerung, die als solche erfolgreich behandelbar ist. Hierbei ist bei den betroffenen Kindern der Zahlenbegriff vorhanden, aber die Rechenwege werden immer wieder vergessen. Die Automatisierung des Rechenprozesses erfolgt im Gehirn nur sehr langsam, weil sich die dafür notwendigen neuronalen Bahnen nicht ausreichend entwickeln konnten. Das Rechenzentrum ist unzureichend entwickelt, das darin abgespeicherte Wissen gering, nur langsam und ungenau abrufbar.

AD(H)S und Rechenschwäche können in dieser Kombination vererbt werden, wobei unbehandelte Erwachsene dann immer noch Schwierigkeiten mit dem Kopfrechnen haben. Einfaches Bruch- und Prozentrechnen können sie oft nicht mehr, weil sie die Rechenwege vergessen haben. Das Einmaleins ist noch verfügbar, wenn es früher sicher gekonnt wurde.

Was deutet auf eine AD(H)S-bedingte Rechenschwäche hin, was sind mögliche Frühsymptome? Ein wichtiges und leicht erkennbares Frühsymptom einer AD(H)S-bedingten Rechenschwäche besteht in einem mangelhaften Mengenbegriff. Kinder, die dieses Symptom zeigen, gelingt es nicht, eine Menge unter 10 zahlenmäßig zu erfassen, sie zählen immer mit den Fingern.

Damit sich die Rechenbahnen im Gehirn gut entwickeln können, sollten Zählen und Rechnen bis 10 schon vor der Einschulung spielerisch geübt werden. Den Kindern macht das bei altersentsprechender Entwicklung Spaß – sie haben Freude am erfolgreichen Lernen. So zeigt schon ein zweijähriges Kind stolz mit seinen Fingern, dass es jetzt zwei Jahre alt sei. Ein sechsjähriges Kind dagegen sollte in der Lage sein, die Menge 6 ohne mit den Fingern zu zählen zu erfassen sowie bis 10 vorwärts und rückwärts zu zählen.

Die ersten Symptome der AD(H)S-bedingten Rechenschwäche zeigen sich beim Kopfrechnen und dort besonders beim Minusrechnen mit Zehnerüberschreitung. Diese Aufgaben müssen dann von Anfang an immer wieder geübt und auswendig gelernt werden, ohne zu Hilfenahme der Finger. Das farbige Schreiben der Aufgaben auf Kärtchen mit großen Zahlen erleichtert das Lernen, da diese Kinder über ein gutes visuelles Gedächtnis verfügen. Mit Hilfe dieser Kärtchen sind die Rechenaufgaben immer wieder zu üben, bis sie sich sicher eingeprägt haben.

> **Beispiel**
>
> Aufgaben auf Kärtchen schreiben und immer wieder üben, bis sie ohne Zuhilfenahme der Finger auswendig beherrscht werden:
> 9–4 = ; 6–3 = ; 8–5 = ; 7–4 = ; 9–6 = usw.
> Wenn das beherrscht wird, dann die Zehnerüberschreitung üben:
> 11–4 = ; 12–4 = ; 13–4 = ; 12–3 = ; 12–4 = ; 12–5 = ; 13–6 = usw.
> Am besten mit folgendem Lösungsweg:
> 11–4 → 11–1–3 = 7; 12–4 → 12–2–2 = 8 usw.

11.5 AD(H)S-bedingte Rechenschwäche

Das Lösen von Textaufgaben bereitet Kindern mit AD(H)S in aller Regel Schwierigkeiten, weil ihnen ein auf die Fragestellung zentriertes Denken schwerfällt. Hierbei empfiehlt es sich, mit folgenden Schritten zur Lösung kommen:

- Langsam die Textaufgabe durchlesen und herausfinden: Wie lautet die Aufgabe?
- Dann sich fragen: Welche Rechenschritte sind erforderlich?
- Nun sich befehlen: Jetzt muss ich mich konzentrieren!
- Das Ergebnis überprüfen durch Überschlagsrechnung.
- Die Aufgabe noch einmal überprüfen, ob das Ergebnis stimmig ist und die Aufgabe vollständig beantwortet wurde.
- Die Bezeichnung für die Zahlen nicht vergessen!

Das Überprüfen des Kopfrechnens war in meiner Praxis seit jeher ein fester Bestandteil der AD(H)S-Diagnostik. Ab dem dritten Schuljahr stelle ich Kindern Aufgaben wie »42 minus 28« und beobachte dabei, ob und wie sie gelöst werden. Einige Kinder können das nur schriftlich, indem sie die Zahlen untereinander schreiben und voneinander abziehen.

Nicht selten kommt es vor, dass auch die Eltern von AD(H)S-Kindern diese Aufgabe im Kopf nicht schnell und sicher rechnen können. Die mit der AD(H)S-Symptomatik verbundene Rechenschwäche vererbt sich eben!

Im Rahmen meiner Diagnostik prüfte ich bei den betroffenen Kindern ebenso regelmäßig das Einmaleins und das Lösen von Textaufgaben.

AD(H)S-bedingte Rechenschwäche bei Schülern der oberen Gymnasialklassen führt dazu, dass diese Jugendlichen sich z.B. nicht an die Regeln des Bruch- oder Prozentrechnens erinnern. Das Lösen der aktuellen Mathematikaufgaben gelingt ihnen nur mit mehr oder weniger großer Anstrengung. Siehe auch ▶ Abb. 11.4.

Inwieweit die Summe AD(H)S-bedingter Defizite zur Rechenschwäche führt, wird bestimmt von der

- genetischen Veranlagung
- rechnerischen Frühförderung
- Schwere der AD(H)S-Problematik und der individuellen Rechenproblematik
- intellektuellen Ausstattung
- Unterrichtsgestaltung
- Lernmotivation

Typische Symptome, die auf eine AD(H)S-bedingte Rechenschwäche bei Kindern hinweisen, sind:

- Sie beherrschen den Zahlenbegriff
- Sie können lediglich mit den Fingern rechnen
- Sie vergessen rasch die korrekten, im Unterricht eingeführten Rechenwege
- Sie sind schnell überfordert, wenn man ihnen mehr als *einen* Rechenweg zeigt
- Sie lesen die Textaufgaben nicht genau und verstehen deshalb die Aufgabe nicht

- Sie geben mit einem sinngemäßen »Das kann ich nicht« sofort auf, ohne die Aufgabe noch einmal gründlich zu lesen, um sie zu verstehen
- Sie beachten bei Textaufgaben nur die Zahlen, nicht jedoch die im Text gestellte eigentliche Aufgabenstellung
- Sie machen keine Überschlagsrechnung und beherrschen diese oft auch nicht
- Offensichtlich unsinnige Lösungen werden nicht erkannt
- Es kommt zu Gedächtnisblockaden, sie können sich an Lösungswege, die längere Zeit nicht geübt wurden, nicht mehr erinnern
- Ihnen gelingt das Lösen von zehnerübergreifenden Minusaufgaben und das Einmaleins nicht automatisch
- Bei ihnen trifft die häufig geäußerte Beobachtung ihrer Lehrer: »Dein Rechenkästchen im Gehirn öffnet sich zu langsam« in aller Regel zu

Die Stimulanzientherapie bei AD(H)S ist kein Mittel zur Behandlung einer Rechenschwäche, aber sie macht intensives Üben erfolgreicher, weil sich dadurch die entsprechenden Lernbahnen im Gehirn schneller und besser so entwickeln können, die bei den Klassenkameraden längst vorhanden sind. Als Bestandteil der Therapie müssen mit individuellen Übungs- und Trainingsprogrammen die vier Grundrechenarten konsequent geübt und wiederholt werden. Meist kann erst nach Gabe von Methylphenidat konzentriert und, wenn erforderlich, auch über ein bis mehrere Stunden richtig gerechnet werden. Ein intensives regelmäßiges Üben ist deshalb so wichtig, weil sich die Rechenwege erst durch das ständige Wiederholen im Gehirn einschleifen und damit nicht mehr vergessen werden können.

Eine erfolgreiche Behandlung der Rechenschwäche verbessert nicht zuletzt auf Dauer auch das Selbstwertgefühl und das Sozialverhalten. Die betroffenen Kinder und Jugendlichen fühlen sich nicht mehr ausgegrenzt, ihr Leidensdruck und ihre Versagensängste werden weniger, der Mathematikunterricht verliert seine Schrecken.

> **Das gibt es nur bei AD(H)S**
>
> In meiner AD(H)S-Sprechstunde für Erwachsene lernte ich einen Mathematiker kennen, der als Schüler aufgrund einer Rechenschwäche das Abitur nicht bestand. Dieses holte er später in der Abendschule nach. Dort hatte er einen Lehrer, der ihm Mathematik verständlich machte, so dass ihn diese zunehmend so begeisterte, dass er sie als Studienfach wählte. Er schloss sein Mathematikstudium erfolgreich ab und arbeitet heute als Informatiker.

Kinder und Jugendliche mit AD(H)S leiden nicht alle unter einer Rechenschwäche. Unter ihnen gibt es auch »Rechengenies«, die die Fähigkeit haben, schwere Textaufgaben in kurzer Zeit im Kopf zu lösen. Häufig notieren sie das Ergebnis ins Heft, ohne den entsprechenden Lösungsweg ebenfalls darzulegen. Ein solches Vorgehen wird nicht von allen Lehrern akzeptiert, da diese den Rechenweg der Kinder überprüfen möchten, der bei Klassenarbeiten ebenfalls in die Bewertung mit einfließt. Ihr nicht vorhandener schriftlicher Lösungsweg bringt den betroffenen

11.5 AD(H)S-bedingte Rechenschwäche

Textaufgaben

1. Firma Lutz bestellt für die Büroräume 13 Schreibtische zu je 693 €, dazu passende Bürosessel zu je 478 € und 26 Besucherstühle zu je 245 €.

Wie viel muss die Firma bezahlen? 21593 €

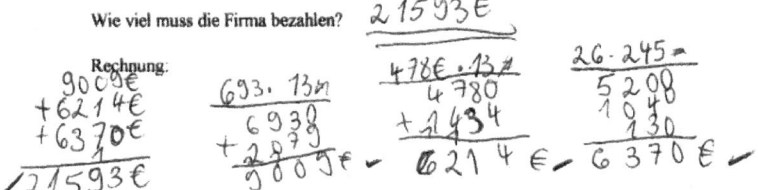

2. Peter kauft sich einen Computer. Er zahlt 480 € an. Den Rest bezahlt er in 12 Monatsraten zu je 126 €.

Wie viel kostet der Computer? 1992 €

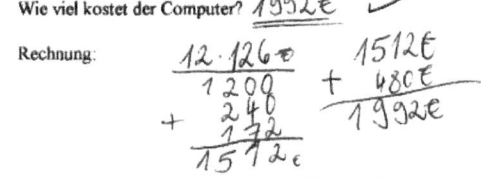

3. Frau Maier und ihre Tochter haben im Monat 1650 € zur Verfügung. Für ihre Wohnung geben sie ein Drittel und für Ernährung ein Sechstel aus.

Wie viel bleibt ihnen im Monat noch übrig? 825 €

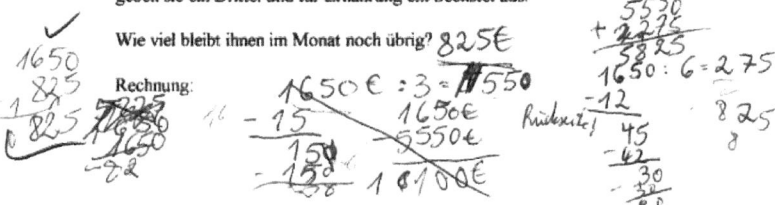

4. Herr Walter hat mit seinen sieben Freunden 38 472 € im Lotto gewonnen. Jeder spendet ein Drittel für einen guten Zweck.

Wie viel EURO spendet jeder? 1603 €

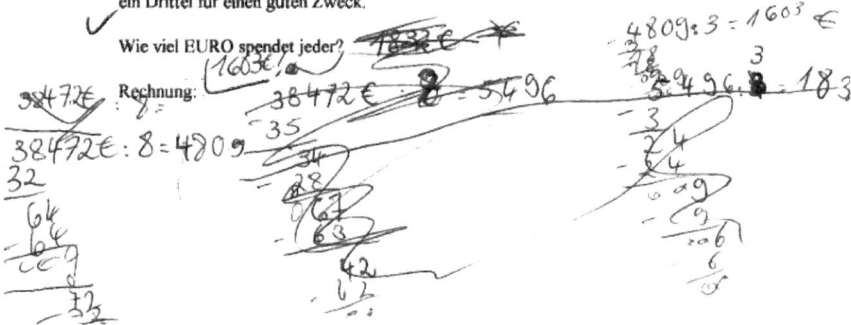

Abb. 11.4: Beispiel einer typischen Rechenleistung eines AD(H)S-Kindes

Kindern und Jugendlichen jedoch keine Punkte. Auch ist ihr Rechenweg manchmal ein ganz anderer als der, den sie vom Lehrer im Unterricht gezeigt bekamen und der in dieser exakten Form sodann auch so erwartet wird. Über solche und ähnliche Sonderbegabungen verfügen nicht wenige AD(H)S'ler.

11 AD(H)S-bedingte Leserechtschreib- und Rechenschwäche

▶ Abb. 11.5 und ▶ Abb. 11.6 stellen zwei weitere typische Beispiele für eine AD(H)S-bedingte Rechenschwäche dar.

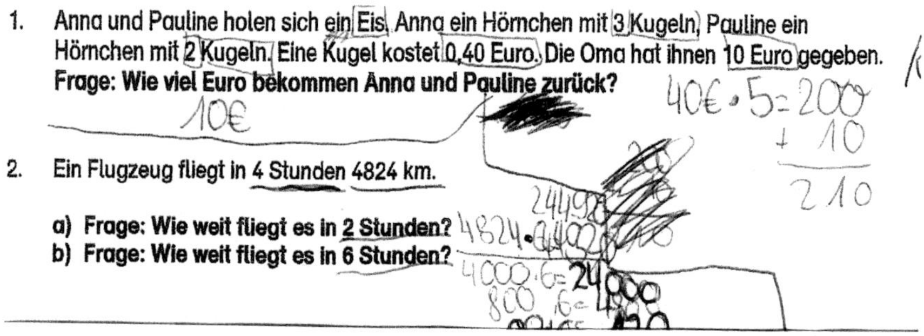

1. Anna und Pauline holen sich ein Eis, Anna ein Hörnchen mit 3 Kugeln, Pauline ein Hörnchen mit 2 Kugeln. Eine Kugel kostet 0,40 Euro. Die Oma hat ihnen 10 Euro gegeben. Frage: Wie viel Euro bekommen Anna und Pauline zurück?

2. Ein Flugzeug fliegt in 4 Stunden 4824 km.
   a) Frage: Wie weit fliegt es in 2 Stunden?
   b) Frage: Wie weit fliegt es in 6 Stunden?

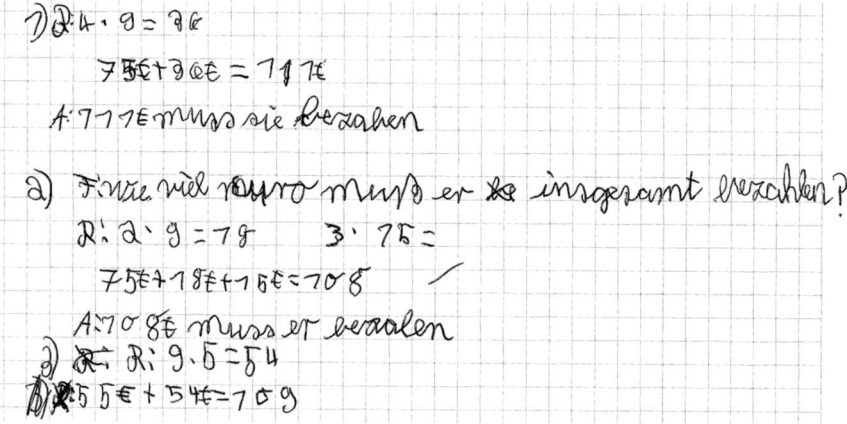

Abb. 11.5: Beispiel einer typischen Arbeitsweise bei AD(H)S-bedingter Rechenschwäche

Abb. 11.6: Lösungsversuche von Textaufgaben eines AD(H)S-Kindes (10 Jahre), mit Unterstützung anschließend korrigiert

12 Smartphones, Computerspiele, Fernsehen und AD(H)S

Ein hoher Medienkonsum ist eine Gefahr für die körperliche und geistige Entwicklung und kann süchtig machen.

12.1 Auf den richtigen Umgang mit den Medien kommt es an

Elektronische Medien sind in Familien in Mittel- und Westeuropa heute allgegenwärtig und selbstverständlich. Ohne Fernsehen, Internet, Smartphone und Computer bricht im Alltag (scheinbar) alles oder zumindest vieles zusammen, aber für einige Personen kann ihr Gebrauch zum Risiko werden. Dabei sind Inhalt und Dauer des Konsums sowie das Alter der Benutzer von Bedeutung. Die Zahl der spielsüchtigen Menschen, die sich selbst in die nationale Spielersperrsystem eingetragen haben oder von ihren Angehörigen eingetragen wurden, hat sich in den vergangenen zweieinhalb Jahren mehr als vervierfacht. Das meldet die bundesweite Spielersperrsystem OASIS, die im Regierungspräsidium Darmstadt geführt wird. Dort waren 2023 insgesamt 192.600 Personen als mediensüchtig registriert.

Aus der reellen Welt in die virtuelle zu flüchten, kann zwanghaft und damit zur Sucht werden. In der virtuellen Welt von Computer und Internet werden psychische und soziale Defizite vorübergehend ausgeblendet, was Menschen mit beeinträchtigtem Selbstwertgefühl, mangelhafter sozialer Anerkennung und eingeschränkter Fähigkeit zu kommunizieren entgegenkommt. Mit Hilfe von Computerspielen und Selbstdarstellungen in sozialen Medien können sich viele nach ihren Wünschen beschreiben. In der virtuellen Welt lassen sich Konflikte einfacher und weniger belastend lösen. Entsprechende Programme oder Kontakte helfen ihnen auch, emotionale Spannungszustände abzubauen, ihr Gehirn zu stimulieren, um sich dann richtig aktiv, kraftvoll und erfolgreich zu fühlen. Diese Scheinwelt erfüllt Wünsche, die sie in der Schule, am Arbeitsplatz, im Studium, in der Familie und im Freundeskreis nicht verwirklichen können. Aber auch für psychisch Stabile und Hochbegabte sind Strategiespiele eine Herausforderung, die zwanghaft und letztendlich zur Sucht werden können. Besonders organisierte Gruppenspiele bieten ihnen eine Möglichkeit, ihre außergewöhnlichen Fähigkeiten unter Beweis zu stellen, um Anerkennung zu genießen.

So verbringen heute viele Kinder und Jugendliche mehr Zeit vor den Bildschirmen als in der Schule. Während die Jungen vorwiegend in die Welt der Computerspiele abtauchen, kommunizieren die Mädchen derweil in Chatrooms und auf sozialen Medien. Eine immer größere Anzahl von Kindern und Jugendlichen gerät dabei zunehmend in die Abhängigkeit der »neuen« Medien. Dies zu verhindern, wird zum täglichen Kampf zwischen den Betroffenen und deren Eltern, vor allem wenn Schulleistungen und häusliche Pflichten vernachlässigt werden. In immer mehr Studien wird inzwischen nachgewiesen, dass ein früher und hoher Medienkonsum im Alter von 2 bis 3 Jahren mit Entwicklungsverzögerungen in den motorischen, sprachlichen und sozialen Bereichen im Alter von 5 Jahren einhergeht.

> **Exkurs: Studien zum Internetkonsum von Kindern**
>
> Immer mehr Studien weisen den in den letzten Jahren stets häufigeren und längeren Medienkonsum von Kindern und Jugendlichen nach. Aktuelle und reelle Werte erfasste bspw. Die KIM-Studie von 2012 des Medienpädagogischen Forschungsverbundes Südwest (Deutsches Ärzteblatt, Jg. 111 Heft 18): Laut dieser Studie nutzen 21 % der Mädchen und Jungen im Alter von 6 bis 7 Jahren täglich das Internet, 48 % sind es sogar bei den 8- bis 9-Jährigen. Natürlich werden dabei auch Internetangebote genutzt, die zumindest in ihrem vollständigen Angebot primär nicht kindgerecht sind, weil für Erwachsene gedacht (Google, Facebook, YouTube usw.).
>
> Prof. Manfred Spitzer schreibt in der Zeitschrift für Kinder- und Jugendmedizin (Jg. 2022 Heft 22): »dass 90 % der Kinder im Jahr 2021 bereits im Kleinkindalter mit Smartphones und Tablets spielen. Die mit den Bildschirmmedien verbrachte Zeit betrug 49 Minuten bei den unter 2-Jährigen, bei den 2- bis 4-Jährigen 2 Stunden und 30 Minuten und bei den 5- bis 8-Jährigen 3 Stunden und 5 Minuten. Eine exzessive Smartphonenutzung führt zu Veränderungen im Gehirn und wird mit Schwierigkeiten bei der Regulation von Emotionen und Aufmerksamkeit, sowie mit Impulsivität, beeinträchtigten kognitiven Funktionen, Abhängigkeit von sozialen Netzwerken, Schüchternheit und geringem Selbstwertgefühl in Verbindung gebracht.«
>
> Die Zeitschrift Kinderärztliche Praxis (2022, Jg. 94 Heft 4) berichtet: »dass nach Meldungen von Wissenschaft und Politik sich die Zahl der Kinder mit extrem hohen Medienkonsum seit 2019 verdoppelt habe.«
>
> Analysen der Wissenschaftler Prof. Walter Dorsch und Prof. Klaus Zierer ergaben: Je länger sich Kinder und Jugendliche in ihrer Freizeit mit ihren Smartphones beschäftigen und je mehr Zeit sie in sozialen Netzwerken verbringen, desto geringer ist ihre schulische Lernleistung (Pädiatrie, 2019, Jg. 31 Heft 5).

Deshalb sollten Eltern ihre Kinder im Internet begleiten und deren Konsum überwachen. Eine Initiative von Ärzten und Psychologen in Zusammenarbeit mit der Niedersächsischen Landesmedienanstalt hat eine entsprechende Empfehlung für die Eltern zusammengestellt unter: www.aekn.de; Rubrik Presseinformationen. Und unter www.whiteit.de haben diese Experten Internetangebote für Kinder zusammengestellt. Sicher nur ein Angebot von vielen, aber ein wichtiger Schritt.

12.1.1 Strategien zum richtigen Umgang mit Computer, Fernsehen, Smartphone und sozialen Medien

Sehr wichtig ist, von Anfang an strikt zwischen der Computerbenutzung für die Schule und der Freizeit zu trennen. Da eine Kontrolle technisch kaum mehr möglich ist, müssen Eigenverantwortung und das gegenseitige Vertrauen in der Familie einen hohen Stellenwert im täglichen Umgang miteinander haben. Ein wichtiger erster Schritt dazu ist die Vereinbarung von festen Computerzeiten, die schriftlich festlegt und strikt einzuhalten sind. Gelingt das ohne Probleme über einen längeren Zeitraum, können zusätzliche Computerzeiten ausgehandelt werden, aber immer mit konkreter Zeitangabe. Für Betroffene mit AD(H)S ist das ein unbedingtes »*Muss*«, denn sie gehören zur Risikogruppe mit Beeinträchtigung von Lernen und erhöhter Suchtgefährdung bei uneingeschränkter Mediennutzung.

Deshalb sollte der zeitlich begrenzte Umgang mit den Medien von klein auf als selbstverständlich akzeptiert werden.

Eine immer wieder gestellte Frage: Wie viel Zeit sollte ein Kind zwischen 6 und 9 Jahren fernsehen dürfen?

- Kinder mit AD(H)S sollten nicht länger 2 Stunden am Tag elektronische Medien nutzen, dies gilt vor allem für Schultage, kann darüber hinaus evtl. Auch für das Wochenende sinnvoll sein. Eltern sollten ferner folgende Hinweise beachten:
- Stellen Sie kein Fernsehgerät ins Kinderzimmer, auch nicht den ausgedienten, alten Apparat! Ihr Kind wird ansonsten schlussfolgern, dass es mit »seinem Fernsehgerät« machen kann, was es will, und das bedeutet, ihn unbegrenzt zu benutzen.
- Überwachen Sie den Smartphonegebrauch Ihres Kindes und begrenzen Sie die Zeit für die Nutzung der sozialen Medien.
- Als Eltern haben Sie zu Hause zu bestimmen, machen Sie das bitte zeitig Ihrem Kind klar. Konkret heißt dies, dass Sie Ihrem Jugendlichen verständlich machen sollten, dass er erst wichtige Entscheidungen alleine treffen kann, wenn er seine eigene Wohnung hat. Selbst mit 18 Jahren ist mancher Jugendlicher mit AD(H)S dazu noch nicht reif genug, um für sich in wichtigen Situationen richtig zu entscheiden. Auch wenn es sich »konservativ« oder »altbacken« anhört, bleibt dieser Satz richtig: »Solange Du bei uns wohnst, haben wir das letzte Wort«! Nicht alle, aber manche Jugendliche brauchen diese klare Aussage ihrer Eltern, die möglichst oft wiederholt werden sollte.
- Machen Sie sich als Eltern klar, dass Erziehung stets mit Ihrer Vorbildwirkung beginnt: Lassen Sie Ihr Fernsehgerät im Wohnzimmer nicht stundenlang laufen, sondern beschränken Sie Ihren eigenen Konsum auf ausgewählte Sendungen.

- Nehmen Sie mit Ihren Kindern eine feste Wochenplanung vor, die für alle transparent dokumentiert, wann und wie lange jedes Kind das Fernsehgerät oder den Computer benutzen darf.
- Handeln Sie mit Ihren Kindern feste Regeln für Medienzeiten aus, die u. a. bei guten Noten eine Zeitgutschrift, bei schlechten Noten einen Zeitabzug beinhalten.
- Lassen Sie als Eltern auf Verfehlungen Ihrer Kinder unmittelbar Sanktionen folgen, die zu den Überschreitungen einen direkten Bezug haben. Die Sanktionen müssen dabei im Verhältnis zu den Verfehlungen stehen. Wird beispielsweise die vorgegebene Zeit der Computernutzung überschritten, erhält Ihr Kind eine Benutzersperre für einen Tag, bei Wiederholung auch für einen längeren Zeitraum.
- Alle Verhaltensregeln, die Sie mit Ihren Kindern vereinbaren, halten Sie gemeinsam schriftlich mit Unterschrift fest, sie sind von allen Beteiligten strikt einzuhalten.

Denn unbestritten ist:

- Zu viel Medienkonsum reduziert die Lernerfolge und kann süchtig machen, und das nicht ausschließlich, jedoch besonders bei AD(H)S-Betroffenen!
- Computerspiele beeinträchtigen im Kindesalter die sprachliche, soziale und moralisch-ethische Entwicklung!
- Aggressive Spiele reduzieren die Hemmschwelle für Gewalt, was abhängig ist vom Alter, von der Veranlagung der Kinder und von der Grausamkeit der Spiele!
- Grausame und aggressive Spiele können Kinder traumatisieren und langfristig psychisch belasten!
- Soziale Medien wie Facebook täuschen soziale Beziehungen vor: Es werden Verbindungen geknüpft, die – so hoffen die Kinder – durch Übermittlung von »Geheimnissen« und gegenseitiges Vertrauen als Freundschaften gewertet werden, in der Realität jedoch zumeist nur lose, oberflächliche und nicht belastbare Beziehungen darstellen!

Je älter das Kind wird, umso länger wird es den Computer für Hausaufgaben benötigen. Das kann nicht eingeschränkt, wohl aber kontrolliert werden.

12.2 Warum Fernsehen, Internet und Computerspiele das Lernen beeinträchtigen

Eine immer wieder gemachte Erfahrung zeigt: Je mehr Kinder und Jugendliche elektronische Medien pro Tag konsumieren, umso schlechter sind ihre sozialen Beziehungen und Schulleistungen.

12.2 Warum Fernsehen, Internet und Computerspiele das Lernen beeinträchtigen

- Viele wissenschaftliche Studien bestätigen, dass ca. 60 % aller Schüler mehr Zeit vor dem Bildschirm verbringen als in der Schule.
- In den ersten Lebensjahren geht Kindern durch Fernsehen viel Lernzeit verloren. In dieser frühen Entwicklungsphase lernen Kinder vorwiegend über Nachahmung von realen Personen ihres sozialen Umfelds, zu denen eine warme emotionale Beziehung besteht. Soziale Kontakte und Zuspruch aktivieren ihre Spiegelneurone im Gehirn, wodurch Handlungsmuster kopiert und geprägt werden. Menschen im Fernsehen, wie faszinierend sie im Einzelfall auch immer wirken mögen, können wirkliche Menschen und Beziehungen in keiner Weise ersetzen.
- Durch Filme und Videospiele mit viel Aktion, einem schnellen kontraststarken Bildwechsel und starker emotionaler Wirkung wird das Arbeitsgedächtnis für ca. 30 Minuten blockiert. Das bedeutet, alle Informationen, die sich gerade dort befinden, werden verdrängt. So kann das soeben Gelernte verloren gehen, bevor es das Langzeitgedächtnis erreicht.
- Informationen mit starker emotionaler Wirkung werden über kurzgeschlossene Angstbahnen vordringlich vom Gehirn aufgenommen und bleiben besonders lange im Gedächtnis.
- Das Gehirn wird durch »Action«-Filme und -Spiele aktiviert, es findet jedoch tatsächlich nur eine »Scheinaktivierung« des Gehirns statt, die die Aufnahme von Lernstoff verhindert.
- Computer- und Online-Spiele haben bei Kindern und Jugendlichen auf die Entwicklung von altersgerechtem Selbstwertgefühl und sozialer Kompetenz nur wenig Einfluss, da ihre Erfolge in aller Regel nur flüchtig und ohne real erlebte Anerkennung und Bewertung sind. Gruppenspiele ermöglichen zwar zunächst Anerkennung und Erfolge durch deren Mitglieder. Sie kosten aber viel Zeit und entsprechen inhaltlich nicht den schulischen Anforderungen.
- Computerlernprogramme haben Vor- und Nachteile. Gute Lernprogramme, die dem Schulstoff angepasst sind und auch ernsthaft bearbeitet werden, können sehr hilfreich sein. Aber oft werden sie von Kindern und Jugendlichen nur als Alibi für einen extensiven Computerkonsum benutzt, wenn Eltern zu wenig kontrollieren.
- Es gibt einige gute Trainingsprogramme zum Erlernen von Sprachen, die der Klassenstufe angepasst sind.
- »Action«-Programme machen süchtig: AD(H)S Betroffene sind hierbei besonders gefährdet, weil ihr Gehirn durch sie stimuliert wird. Dabei wird mehr Botenstoff Dopamin produziert, das als Glückshormon bekannt ist. Lässt dessen Wirkung nach, entwickeln sich bei der Risikogruppe, die unter einem Mangel an Dopamin leidet, verstärkt Entzugssymptome, die unangenehm sind und länger anhalten als bei Menschen ohne Botenstoffmangel.
- Das Belohnungssystem bei AD(H)S ist im Zustand der Unterfunktion, so dass unbehandelt immer ein Dopaminmangel besteht. Computerspiele lösen einen Wiederholzwang aus, weil das Belohnungssystem durch die Ausschüttung von Dopamin immer wieder aktiviert wird. Die danach entstehenden Entzugssymptome werden durch erneutes Spielen abgeschwächt oder gar kurzzeitig beseitigt. Ein ständiges und zwanghaftes Wiederholen dieser Handlungen führt zu deren Automatisierung und kann der Beginn einer Sucht sein.

- Nicht altersgerechte Filme, und hierzu zählen grundsätzlich alle »Action«-Filme, setzen besonders bei jüngeren Kindern die Hemmschwelle gegenüber Gewalt herab. Wenn gewaltreiche Filme immer wieder angesehen werden, hinterlassen sie eine neuronale Spur, die vom Alter abhängig das Sozialverhalten und die Reaktion auf Stress nachteilig und bleibend verändern kann.
- Die Auswirkung der elektronischen Medien auf die Entwicklung von Kindern und Jugendlichen ist altersabhängig. Sie ist vor dem 18. Lebensjahr deutlich höher als später, wenn das Gehirn reifer und somit fähig ist, das Gesehene objektiv zu bewerten und sich von dessen Handlungen zu distanzieren. Diese Reife erreicht das Gehirn bei Menschen mit AD(H)S oft erst nach dem 24. Lebensjahr. Beim AD(H)S besteht eine verzögerte Reifung des Stirnhirns, welches für die Unterscheidung zwischen virtueller und realer Welt verantwortlich ist.
- Elektronische Medien ermöglichen ein verlockendes Abgleiten in eine irreale Scheinwelt, in der Unangenehmes ausgeblendet und ein »Wunsch-Ich« mit vielen Fähigkeiten konstruiert werden kann.

Diese Ausführungen sollen Zusammenhänge erklären, deren Verständnis ein konsequentes Handeln im Umgang mit den elektronischen Medien erleichtert, ermöglicht und rechtfertigt.

> Kinder und Jugendliche mit AD(H)S brauchen Grenzen, Regeln und konsequente Eltern, die sie aufstellen, ohne dass sie dabei ein schlechtes Gewissen haben.

12.3 Umgang mit der Sucht nach Fernsehen, Internet und Computer

Eine elektronische Mediensucht wird durch AD(H)S begünstigt und ist, wenn sie einmal besteht, nur schwer zu beseitigen. Dabei lässt sich die Mediensucht beim AD(H)S als das Ergebnis einer versuchten Selbstbehandlung verstehen: Durch die Stimulation ihres Gehirns aktivieren die Betroffenen dessen Belohnungssystem. In dessen Folge wird Frust abgebaut und werden Glücksgefühle ausgelöst, aber nur vorübergehend und zu einem sehr hohen Preis. Denn als Sucht beherrscht sie fortan das Denken und Handeln der Betroffenen.

Die Computersucht ist ein weit verbreitetes Problem, das an Häufigkeit sehr zugenommen hat. Die Dunkelziffer ist groß, die Therapieerfolge sind dagegen gering. Die Therapie erfordert von den Betroffenen Einsicht in ihre Notwendigkeit, viel Motivation und Mitarbeit, Konsequenz, psychische Stärke, Anleitung und Kontrolle durch einen Therapeuten. Bei AD(H)S-bedingter Mediensucht ist eine ganztägige medikamentöse Therapie fast immer unumgänglich.

12.3 Umgang mit der Sucht nach Fernsehen, Internet und Computer

Was deutet auf das Vorliegen einer Computersucht hin?

- Anhaltender Wiederholzwang, den Computer zu bedienen mit Verlust der Handlungskontrolle
- Der Computerbenutzung nicht widerstehen zu können
- Rückgang und Vernachlässigung von sozialen Kontakten und Freizeitaktivitäten
- Vermeiden und nicht Erfüllen von Pflichten: Diese werden verschoben und wegdiskutiert
- Ohne laufenden PC kommt es zu den typischen Entzugssymptomen: Zunahme der inneren Unruhe, schlechtere Konzentration, fehlender Antrieb, stärkere Gefühlsschwankungen, Selbzweifel und Selbstwertkrisen
- Kontinuierliche Zunahme von Dauer und Intensität des Medienkonsums
- Entwicklung asozialer Strategien, um die Abhängigkeit zu vertuschen
- Verändertes Zeitgefühl, Verleugnungstendenz gegenüber Vereinbarungen
- Gegebene Versprechen können nicht eingehalten werden

Letztlich sind die oben beschriebenen Kriterien auch für die Diagnostik anderer Suchtarten gültig, wie z. B. der Spielsucht, der Nikotin- und der Alkoholsucht, dem zwanghaften Perfektionismus, der Arbeitssucht, der Ess- und Magersucht, der Kauf- und Stehlsucht, der Sammelsucht sowie dem Gebrauch illegaler Drogen.

Strategien zur Vermeidung einer Suchtentwicklung bei AD(H)S:

- AD(H)S frühzeitig und ausreichend mit einem vielschichtigen individuellen Therapieprogramm erfolgreich behandeln und Therapieabbrüche vermeiden
- Das Wichtigste und Einfachste wäre, die Entwicklung einer Computersucht möglichst frühzeitig zu erkennen und zu verhindern, sich in eine Sperrdatei eintragen lassen
- Inzwischen gibt es viele Zentren zur Behandlung von Computersucht. Bei AD(H)S-Betroffenen gilt es allerdings einige Besonderheiten zu berücksichtigen, die eine Einbeziehung von AD(H)S-Therapeuten erfordern. Denn Methylphenidat sollte möglichst nicht abgesetzt, sondern als fester Bestandteil in Kombination mit einem individuellen Verhaltens- und Kontrollprogramm in die Therapie mit eingebunden werden. Gleichzeitig sollte ein feststrukturierter Beschäftigungsplan aufgestellt werden mit viel körperlicher Bewegung und erreichbaren Zielen, die Erfolg, Anerkennung und Abwechslung in den Tagesablauf bringen
- Zu Beginn der Suchttherapie ist der Computer aus dem Zimmer zu entfernen, am besten gar keine elektronischen Medien benutzen. Wenn unbedingt erforderlich den Gebrauch für Schule und Studium auf das Notwendigste beschränken und das unbedingt kontrollieren.
- Die Betroffenen benötigen einen festen Willen, um von ihrer Abhängigkeit loszukommen, und sie brauchen einen konsequenten Coach
- Hilfreich dabei ist, sich Selbstinstruktionen zu geben, um sein Ziel zu erreichen, und Tagesprotokolle mit täglicher Rückmeldung zu führen

- Die Betroffenen sollten regelmäßig versuchen, ihre besonderen Fähigkeiten einzusetzen, um das Belohnungssystem ihres Gehirns durch andere Erfolge zu aktivieren und um sich loben zu können
- Wichtige Regeln im Alltag sind: Jeglichen Stress möglichst vermeiden, für Abwechslung im Tagesverlauf sorgen, Ruhephasen mit Entspannungsübungen fest etablieren, Rituale einführen, die den zwanghaften PC-Gebrauch einzuschränken und zu unterbrechen helfen
- Die Betroffenen sollten sich täglich Ziele vorgeben, einen Tagesplan machen, soziale Kontakte pflegen und positive Abendreflexion üben, um sich psychisch zu stabilisieren mit dem Ziel, ihr Handeln wieder selbst zu bestimmen
- Eine Hilfe zur Selbsthilfe bietet das 2010 gestartete Modellprojekt »Escapade«, ein familienorientiertes Programm für Jugendliche mit problematischer Computernutzung (www.escapade-projekt.de)

12.3.1 Über die Schwierigkeiten, eine Computersucht zu erkennen und zu behandeln – Vier Fallbeispiele aus der AD(H)S-Praxis

Fallbeispiel 1: Jonas, 12 Jahre alt

Jonas, ein 12-jähriger Junge, Sohn einer Handwerkerfamilie und ein guter Schüler mit behandeltem AD(H)S ohne Hyperaktivität. Mit Hilfe der AD(H)S-Therapie wurde zunächst alles gut. Es gab über einen längeren Zeitraum keine besonderen Auffälligkeiten mehr, bis die Lehrerin einmal die Mutter auf der Straße traf und sich nach dem Befinden des Jungen erkundigte, weil dieser schon über 14 Tage nicht die Schule besucht hatte. Die Lehrerin befürchtete, dass Jonas an einer ernsten Erkrankung litt. Die Mutter konnte zuerst nicht glauben, dass die Lehrerin von ihrem Sohn sprach. Jonas sei doch jeden Tag in der Schule gewesen, sie habe ihn selbst morgens auf dem Weg zur Arbeit dorthin gebracht. Jonas war aber tatsächlich nicht in der Schule, was für die Mutter völlig unverständlich war, denn er machte jeden Nachmittag seine Hausaufgaben. Er aß seine Frühstücksbrote und berichtete ihr über aktuelle Vorkommnisse in der Schule.

In Wirklichkeit hatte Jonas nach der Verabschiedung von seiner Mutter nur noch ein Ziel: schnell wieder zurück nach Hause und an den Computer. Seine Krankmeldung hatte er mit dem Computer selbst geschrieben.

Von nun an änderte sich zu Hause einiges. Beide Eltern kontrollierten konsequent, was Jonas in seiner Freizeit tat. Der Computer erhielt einen neuen Standort im Schlafzimmer der Eltern. Zum Glück war Jonas noch nicht so abhängig vom Computer, so dass diese Verhaltensänderungen von beiden Seiten ausreichten und er wieder erfolgreich die Schule besuchen konnte. Dank der Konsequenz seiner Eltern und der Aufmerksamkeit seiner Lehrerin.

Fallbeispiel 2: Maximilian, 14 Jahre alt

Maximilian, ein 14-jähriger hochbegabter Gymnasiast mit AD(H)S, hatte seit mehreren Wochen einen schulischen Leistungsabfall, den sich keiner erklären konnte. Bis herauskam, dass er jede Nacht, während seine Eltern schliefen, fest eingebunden an Computergruppenspielen teilnahm. Die übrigen Gruppenmitglieder waren alle erwachsen und die meisten von ihnen ohne eine feste berufliche Anstellung. Maximilian war stolz darauf, nicht nur mit ihnen mithalten zu können, sondern wegen seiner Kenntnisse als wichtiges Mitglied auch deren Anerkennung zu genießen. Die Folge waren erhebliche Schlafdefizite, die seine Konzentrationsfähigkeit derart beeinträchtigten, dass selbst die Einnahme von Methylphenidat wirkungslos schien. Nach Bekanntwerden der Nachtarbeit kam Maximilian trotz ambulanter Behandlung zunächst nicht mehr von seiner Sucht los und musste daraufhin mehrere Monate in eine Klinik. Nachteilig war hierbei, dass seine Eltern überhaupt nicht in der Lage waren, Maximilian gegenüber zu handeln. Nur an seine Vernunft zu appellieren, reichte nicht. In der Klinik wurde damals Methylphenidat abgesetzt, so dass er trotz Rückversetzung um eine Klassenstufe nicht mehr seine ehemals sehr guten Leistungen in der Schule erreichte und später wieder rückfällig wurde. Maximilian brach den Schulbesuch in der 10. Klasse ab und widmete sich von nun an nur noch dem Computer. Mehrere Praktika halfen ihm auch nicht, den Einstieg in eine Berufsausbildung zu finden.

Fallbeispiel 3: Paul, 10 Jahre alt

Paul, ein 10-jähriger, sehr begabter Junge mit behandeltem AD(H)S besaß in seinem Zimmer alle verfügbaren elektronischen Medien und benutzte sie unbegrenzt. Er erbrachte gute Schulleistungen und wurde ständig von vielen Freunden besucht. Seine Eltern bemerkten keine Auffälligkeiten. Nur der Junge selbst machte sich Sorgen und schilderte mir eindrucksvoll seine Abhängigkeit vom Computer, die ihn irritierte: »Wenn ich in mein Zimmer komme, muss ich sofort den Computer anstellen, ich kann diesen Drang nicht unterdrücken. Wenn ich mich bei den Hausaufgaben konzentrieren will, muss ich die Computermaus anfassen, aber es bleibt nicht dabei. Ich muss den PC einschalten, will ihn auch gleich wieder ausschalten, aber das kann ich nicht. Ohne laufenden Computer kann ich überhaupt nicht arbeiten, auch wenn er mich immer wieder ablenkt. Ich vermisse den Computer sogar in der Schule und nach der Schule kenne ich nur ein Ziel: schnell nach Hause an meinen Computer, um Facebook aufzurufen und zu sehen, wer sich von meinen Freunden gemeldet hat. Diese Abhängigkeit stört mich.« Mit Einbeziehung seiner Eltern und seiner eigenen Therapiemotivation konnte Paul geholfen werden.

Fallbeispiel 4: Julia, 21 Jahre alt

Julia, eine 21-jährige Studentin mit AD(H)S war internetsüchtig, was sie sich aber auf keinen Fall selbst eingestehen wollte und ihren Eltern gegenüber hartnäckig und lautstark verleugnete. Anstatt ihre universitären Hausarbeiten zu schreiben, kommunizierte sie in Chatrooms und per Facebook bis in die frühen Morgenstunden. So verpasste sie viele Vorlesungen und Abgabetermine. Tagsüber fühlte sie sich ausgelaugt, alle früheren Aktivitäten und Freundschaften wurden aufgegeben. Als der Studienabbruch drohte, bekam sie Panik und war bereit, eine strengere Kontrolle durch ihre Eltern zuzulassen und den Computer aus ihrem Zimmer zu entfernen. Sie benutzte ihn fortan nur noch zum Schreiben ihrer Arbeiten, was aber immer wieder zu lautstarken Diskussionen führte. Zum Glück waren ihre Eltern konsequent und ließen ihr keine andere Wahl. So kam sie von der Internetsucht mit großen Anstrengungen von beiden Seiten und noch mehr emotional lautstarken Reaktionen über mehrere Wochen endlich los. Sie war aber lange danach noch rückfallgefährdet und ließ sich auf eine verhaltenstherapeutische Behandlung ein. Einige Prüfungen wiederholte sie, mehrere Praktika verlagerte sie auf spätere Semester. So beendete sie ihr Studium zwei Jahre später, jedoch mit schlechterem Abschluss als es ihrer Leistungsfähigkeit und ihrer Vorstellung entsprach. Sie schaffte es, weil sie es wollte und ihre Eltern sie mit Konsequenz unterstützten und hartnäckig blieben.

13 Wie kann die Schule bei AD(H)S unterstützen und fördern?

Beim AD(H)S sind Aufmerksamkeit und deren Regulation beeinträchtigt. Sie können sich aber bei emotional positiver Aktivierung deutlich verbessern.

13.1 Häufigkeit und Schwere der AD(H)S-Problematik nehmen zu

Schulamt und Lehrer sollten davon ausgehen, dass der Anteil der von AD(H)S betroffenen Schüler an den Schulen in Deutschland bis zu 10% betragen kann und zukünftig möglicherweise noch ansteigt. Das entspricht einem Erfahrungswert aus der ambulanten ärztlichen AD(H)S-Praxis.

Alle bisher statistisch erhobenen Zahlen erfassen nur einen geringen Teil der Kinder und Jugendlichen mit einem AD(H)S *ohne* Hyperaktivität. Die Problematik dieser Kinder und Jugendlichen wird bisher noch viel zu oft übersehen, da sie im Verhalten (oberflächlich betrachtet) unauffällig sind. Ihre Defizite liegen vorwiegend in den Lernbereichen und hängen von der Höhe der Anforderungen und der Fähigkeit zu deren Kompensation ab. So fallen diese Kinder und Jugendlichen oft erst in der dritten Klasse oder noch viel später auf, wenn sie z. B. Symptome einer AD(H)S-bedingten Teilleistungsstörung, wie Lese-Rechtschreib- oder Rechenschwäche zeigen. Ein anderer Teil der Jugendlichen kommt noch später, erst nach der 5. Klasse, wegen eines starken Leistungsabfalls bei nicht mehr zu kompensierenden Lernproblemen in Verbindung mit Verhaltensauffälligkeiten zur ärztlich-psychologischen Diagnostik. Bei sehr guter Begabung können Jugendliche ihre AD(H)S-bedingten Defizite sehr lange und nicht selten bis zum Ende der Schulzeit durch Fleiß ausgleichen. Was aber immer vorliegt, jedoch selten bemerkt wird, ist ihre geringe psychische Belastbarkeit, die abhängig ist von der Schwere des Betroffenseins und von der Höhe der Anforderungen. Außerdem sind Selbstwertgefühl und soziale Kompetenz meist nicht altersentsprechend entwickelt. Die Betroffenen selbst merken deutlich, dass sie anders sind als ihre Klassenkameraden, z. B. viel empfindlicher, viel kritischer, viel unsicherer bei Entscheidungen, viel vergesslicher und viel störanfälliger unter Stress. Bei ihnen verläuft vieles trotz Anstrengung schlechter als erwartet, was sie nach außen hin nicht zugeben, sie aber innerlich verunsichert und hilflos macht. Die kritische Phase für diese Jugendlichen ist dann die Pubertät, da von nun an soziale Reife und Selbstsicherheit erwartet werden. Aber gerade hierbei haben sie Defizite, unter denen sie psychisch zunehmend leiden, was schließlich auch ihren Freunden nicht entgeht. Erst wenn ihr Leidensdruck zu groß wird, suchen sie nach einem Therapeuten, der ihnen helfen soll, so wie die anderen zu sein. Sie wollen mehr Anerkennung und Erfolg haben und nicht länger unter dem Gefühl des Andersseins und der Ausgrenzung leiden.

Noch immer wird diese Gruppe der Jugendlichen mit AD(H)S *ohne* Hyperaktivität viel zu selten diagnostiziert und behandelt. In der bisher üblichen Statistik zur Häufigkeit des AD(H)S werden sie kaum erfasst. Am ehesten fallen sie in der Schule auf. Hier wäre ein Vertrauenslehrer, der sich mit der AD(H)S-Problematik auskennt, ein geeigneter, erster Ansprechpartner für sie und eine große Hilfe. Denn viele von ihnen durchlaufen noch immer einen langen Leidensweg, ohne nach Hilfe zu suchen, aus Angst, psychisch krank zu sein und eine psychiatrische Behandlung zu benötigen. Dabei ist AD(H)S primär vielmehr eine neurologisch bedingte Beeinträchtigung einiger Funktionen im Gehirn, was unbehandelt zu psychiatrischen Symptomen führen kann. So habe ich es meinen Jugendlichen immer erklärt, das konnten sie auch immer akzeptieren und waren dann bereit, bei der Diagnostik mitzuarbeiten.

13.2 Was könnte von Seiten des Schulsystems und der Lehrer getan werden, um Kindern mit einer AD(H)S-Problematik die Schullaufbahn zu erleichtern?

Neben den Eltern haben Schule und Lehrer den größten Einfluss auf die Entwicklung aller Kinder. Aber gerade für Kinder mit Schwierigkeiten beim Lernen und im Verhalten kann die Schule zur psychischen Belastung werden mit Auswirkungen auf die gesamte Persönlichkeitsentwicklung. Deshalb sind Ärzte, die eine gründliche Diagnose und ein vielschichtiges AD(H)S-Behandlungskonzept anbieten, genauso wichtig, wie verständnisvolle Lehrer mit ausreichenden Kenntnissen über den Umgang mit der AD(H)S-Problematik. Ein neurobiologisch ausgerichtetes pädagogisches Unterrichtskonzept, Elternhaus und Lehrer sollten eine Einheit zur Förderung dieser Kinder bilden. Da AD(H)S-Symptome sich zuerst und deutlicher unter Belastung zeigen, sind es oft die Lehrer, die den Beginn von Schwierigkeiten im Lernen und im Verhalten noch vor den Eltern bemerken.

Fallbeispiel

So bat eine Lehrerin eine Mutter, ihren Sohn wegen seiner beginnenden schulischen Schwierigkeiten ärztlich untersuchen zu lassen, was auch erfolgte. Als dann die Mutter der Lehrerin mitteilte, dass ihr Sohn nach Meinung der Ärztin ein ADS habe, und die Mutter die Lehrerin bat, ihre Beobachtungen für die Ärztin aufzuschreiben bzw. auf einer vorgefertigten Skala festzuhalten, schrieb die Lehrerin der Ärztin folgenden Brief:

»Christian fällt nicht (*nicht* zweimal unterstrichen) wegen seiner Überaktivität auf! Er träumt häufig, ist geistig abwesend und beschäftigt sich zeitweise mit irgendwelchen Kleinigkeiten und scheint ganz versunken in seiner Gedankenwelt zu sein. Daher erledigt er gestellte Aufgaben häufig nicht vollständig oder falsch. Seine Hausaufgaben sind oft unvollständig. Im Unterricht arbeitet er sehr langsam und muss immer wieder zur Mitarbeit aufgefordert werden. Auf dem Schulhof meidet er den Kontakt mit seinen Mitschülern.«

Diese Lehrerin beschrieb das Verhalten von Christian als ein ADS-Kind *ohne* Hyperaktivität außerordentlich treffend und unterstützte damit die ärztliche Diagnose ungewollt. Wahrscheinlich war der Lehrerin damals diese Form des AD(H)S noch nicht bekannt. Aber inzwischen werden den Lehrern regelmäßig Fortbildungen über AD(H)S angeboten.

Meist reicht es nicht, die AD(H)S-Symptome zu kennen, man muss AD(H)S begreifen, um zu verstehen, dass diese Kinder und Jugendlichen weder krank noch behindert sind, es aber unter ungünstigen Bedingungen, d.h. bei zu später und bei unzureichender Behandlung werden können. Fast immer verfügen sie über eine gute bis sehr gute intellektuelle Grundausstattung, über die sie leider zu wenig verfügen können. Ihre Eltern, die betroffen Kinder und Jugendlichen selbst, sowie ihre Therapeuten und Pädagogen sind deshalb gleichermaßen gefordert, ihnen bei der Beseitigung der Defizite zu helfen.

Kein Betroffener sollte der Meinung sein, er habe AD(H)S und deshalb könne er für seine Besonderheiten und Beeinträchtigungen nichts. Alle anderen hätten das zu respektieren und zu berücksichtigen und deshalb stünde ihm eine Sonderbehandlung zu. Eine solche Haltung sollte weder in der Familie noch in der Schule oder Freizeit hingenommen werden. Denn diese Betroffenen besitzen dank ihrer besonderen Fähigkeiten ein unermesslich großes Potenzial für ihre eigene Entwicklung und für die Gesellschaft, dass durch Unkenntnis und Untätigkeit nicht leichtsinnig verspielt werden sollte.

Lehrer allein können es aber nicht richten! Schwierig wird es beispielsweise, wenn Eltern eine dringend notwendige medikamentöse Behandlung ihres Kindes ablehnen. Sie schaden damit ihrem Kind und blockieren seine Entwicklung. Nicht selten ist ein hyperaktives Kind so stark auffällig, dass es den gesamten Unterricht stört und seine Lehrer überfordert.

Einige Lehrer klagen zu Recht darüber, dass sie in ihrer Ausbildung vom AD(H)S (früher als hyperkinetisches Syndrom bekannt) nichts erfahren haben und sie auf die

Unterrichtung dieser Kinder nicht vorbereitet wurden. Tatsache ist jedoch, dass AD(H)S an Häufigkeit und Intensität an den Schulen in dem Maße zunimmt, wie die Reizüberflutung immer mehr Teil unseres Alltags wird, der wir nur sehr schwer ausweichen können. Darunter leiden besonders diejenigen Kinder und Jugendlichen, die durch einen Reiferückstand über kein intaktes Reizfiltersystem verfügen und deren altersgerechte Verknüpfung der Nervenbahnen deshalb verzögert verläuft.

Aus meiner praktischen Erfahrung im Umgang mit AD(H)S-Schülern möchte ich im Folgenden wiedergeben, was sich AD(H)S-Betroffene von ihrer Schule und von ihren Lehrern wünschen.

Wünschenswerte AD(H)S-Hilfen von Seiten der Schule:

- Information der Lehrer über AD(H)S mit und ohne Hyperaktivität und dessen neurobiologische Ursachen
- Favorisierung des Frontalunterrichts und der Autorität des Lehrers, damit Ruhe im Klassenraum herrscht
- Gute Schulbücher, in der ersten und zweiten Klasse möglichst nur ein Lehrbuch für das Fach Deutsch, zu viel angebotenes Lernmaterial irritiert
- Weniger Lernstoff anbieten, diesen öfter wiederholen, damit er sicherer beherrscht wird
- Die täglichen Hausaufgaben in ihrer Menge begrenzen und auch kontrollieren
- Die Notwendigkeit von Nachhilfeunterricht reduzieren
- Den Unterricht auf erprobte und wissenschaftlich fundierte Lehrkonzepte aufbauen, weniger methodische Experimente durchführen
- Eine feste Sitzordnung einhalten, die einen Blickkontakt ohne den Kopf zu verdrehen und eine direkte Ansprache der Schüler als Voraussetzung zur Mitarbeit ermöglicht
- AD(H)S-Kinder sollten möglichst vorn sitzen, damit die Lehrer sie im Blick haben und vor ihnen sitzende Mitschüler sie nicht ablenken
- AD(H)S-Kinder können gut neben Mitschülern sitzen, deren Verhalten vorbildlich, ruhig und ausgeglichen ist
- Von Anfang an richtiges, d.h. orthografisch korrektes Schreiben vermitteln, nicht erst so schreiben dürfen, wie es vom Kind gehört wird
- Den Klassenraum nicht mit zu viel Material überladen, da dieses AD(H)S-Kinder unnötig ablenkt

Wünsche an den AD(H)S-freundlichen Lehrer:

- Eine konsequente pädagogische Grundhaltung ausüben und auf Ruhe im Unterricht achten
- Den Unterricht strukturiert, lebhaft und interessant gestalten, wenn möglich mit viel bildhafter Darstellung
- Große farbige Plakate mit gut lesbarer Schrift einsetzen, diese prägen sich besonders gut ein

13.2 Was könnte von Seiten des Schulsystems und der Lehrer getan werden

- Sowohl mündliche als auch schriftliche Hausaufgaben in das Hausaufgaben- oder Arbeitsheft immer eingetragen lassen und diese am nächsten Tag auch kontrollieren
- Hausaufgaben laut und deutlich vor dem Ende der Stunde ansagen (Sobald es läutet, schalten AD(H)S-Kinder sofort ab, da sie in aller Regel erschöpfter als die anderen Kinder sind)
- Mehr mündliches Arbeiten, auch Lernstoff als Hausaufgabe ins Hausaufgabenheft eintragen lassen und in der nächsten Stunde abfragen
- Reines Abschreiben bringt wenig Lernzuwachs und wirkt demotivierend, weil der Schreibvorgang für AD(H)S-Kinder anstrengender ist
- Nacherzählen üben, Lerninhalte müssen sich abspeichern und abrufbar sein
- Individuelle Vereinbarungen mit AD(H)S-Schülern sollten, sofern erforderlich, zur Verhaltenssteuerung mit kurzer Rückmeldung gemeinsam getroffen werden
- Wichtigen Stoff öfter wiederholen
- Das Wichtigste vom Thema am Schluss einer Stunde zusammenfassen und einen Ausblick auf die nächste Stunde geben
- Viel loben, nicht nur gelungene bzw. korrekte Beiträge, sondern auch schon das Bemühen um solche
- Kinder, die bummeln oder träumen, in den Unterricht zurückholen
- Ausgrenzungen einzelner Schüler von Seiten der Mitschüler von Anfang an nicht dulden
- Einsetzen von Strukturhilfen, mit Problemschülern unter vier Augen sprechen und mit ihnen gemeinsam nach Lösungen suchen
- Eventuell Vereinbarungen treffen über Punktebelohnung und Gesten, die dem Kind Anreiz und Möglichkeit zum Feedback über sein Verhalten geben
- Schulische Probleme *zuerst* mit dem Kind besprechen, erst *danach* mit seinen Eltern
- Angekündigte Leistungskontrollen und Klassenarbeiten zum genannten Termin schreiben und nicht auf später verschieben

Sehr wichtig wäre auch eine Verbesserung der Qualität und Quantität der Frühförderung aller Kinder in den Kindergärten, um mögliche Defizite schon vor der Einschulung zu erkennen und zu behandeln. So könnten viele AD(H)S-bedingte Belastungen für das Kind und seine Lehrer vermieden oder reduziert werden.

Folgende schulische Maßnahmen beeinträchtigen das Lernen bei Kindern mit und ohne AD(H)S und sollten überdacht werden:

- Selbstständiges, eigenorganisiertes Lernen im Team am Gruppentisch zu einem Zeitpunkt, zu dem die Schüler aufgrund ihres allgemeinen Entwicklungsstandes dazu noch gar nicht in der Lage sind (1. bis 3. Klasse)
- Eine wöchentlich wechselnde Sitzordnung in der Klasse schafft Unruhe, Ablenkung und schadet der Konzentration
- Lernstoff soll in Freiarbeit erarbeitet werden: Dabei geht es in der Klasse zumeist laut und unruhig zu, häufig fehlen die konkrete Anleitung und Kontrolle seitens der Lehrkraft. In den unteren Klassen sind Schüler aufgrund ihrer noch einge-

schränkten Konzentrationsfähigkeit nur selten zur Freiarbeit in der Lage. Die wenigen, die es können, geben ihre Erkenntnisse weiter, ohne dass diese von den anderen selbst erarbeitet und verstanden werden
- Die Ansage des Lehrers, es dürfe »leise« gesprochen werden: »Leise« ist relativ, kann störend sein und lenkt die Kinder in aller Regel ab
- Ganztagsunterricht ja, bei qualifizierter Hausaufgabenbetreuung in ruhigen Arbeitsräumen. Die Botschaft der Betreuer, wer fertig mit den Hausaufgaben sei, dürfe schon spielen gehen, verleitet die Kinder allerdings zum schnellen Fertigsein durch Abschreiben und vermindert damit die Chance eines konzentrierten Arbeitens
- Zu viele Hefte und Bücher: Der Überblick geht verloren, gerade das benötigte Buch fehlt dann meist
- Die Aufforderung, sich Hausaufgaben zu merken, überfordert viele Kinder. Zu Hause gibt es dann stressbesetzte Diskussionen mit den Eltern und viele Telefonate mit im Zweifelsfall ebenso unsicheren Mitschülern
- Mehrere Lösungswege erst vermitteln, wenn *einer* sicher beherrscht wird
- Bei allen Teilleistungsstörungen sollte an die Möglichkeit einer AD(H)S-bedingten Ursache gedacht werden, die dann einer anderen Art der Förderung bedarf

13.3 AD(H)S-Kinder möchten so wie ihre Mitschüler sein. Sie wollen erfolgreich lernen, können es aber oft nicht, darunter leiden sie!

AD(H)S-Kinder sind zu Beginn der Schulzeit zunächst hoch motiviert. Bald aber können sie besonders in den schriftlichen Leistungen, im Arbeitstempo, im Verhalten, im sozialen Miteinander und in der Daueraufmerksamkeit mit ihren Klassenkameraden nicht mehr Schritt halten. Alle gut gemeinten Ratschläge von Seiten ihrer Lehrer, wie stillsitzen, nicht stören, nicht zappeln, nicht dazwischenrufen, nicht träumen, nichts vergessen, besser schreiben, die Linien einhalten, andere nicht ärgern, sich nicht ablenken lassen usw. würden diese Kinder gern befolgen, wenn sie es nur könnten. So wird die Schule für sie zum Alptraum; sie beginnen an sich und ihren Fähigkeiten zu zweifeln.

Hyperaktive Kinder reagieren bei geringstem Anlass schnell unangemessen stark. Ist ihnen langweilig, beginnen sie den Unterricht durch Abreagieren ihrer inneren und äußeren Unruhe zu stören. Dieses Verhalten geschieht automatisch, selbst verursachtes Stören wird deshalb als solches nicht bewusst wahrgenommen, deshalb geben sie oft den Mitschülern dafür die Schuld.

Noch mehr leiden die »hypoaktiven« Kinder, sie sind introvertiert, suchen die Schuld immer zuerst bei sich und reagieren zu empfindlich. Sie ziehen sich zurück, entwickeln Versagensängste und flüchten in eine Traumwelt. Lehrer, Kind und

Eltern merken bald: »Üben allein hilft nicht«. Zu Hause wird der Schulstoff oder das Diktat gekonnt, in der Schule versagt das Kind. Es setzt sich selbst so sehr unter Druck, dass Stress sein Denken und Handeln blockiert.

Hilfreiche Strategien für Lehrer, um ihnen den Umgang mit AD(H)S-Kindern zu erleichtern:

- Erwerben Sie Kenntnisse über AD(H)S! Stellen Sie eine ärztlicherseits verordnete medikamentöse Therapie nicht infrage und unterlassen Sie es, eventuell eigene Bedenken gegenüber dem Kind zu äußern!
- Besprechen Sie Ihre Verhaltensbeobachtungen und eine erwartete Verhaltensänderung zuerst mit dem Kind und erst im zweiten Schritt mit den Eltern (ein Team bilden)!
- Schaffen Sie klare Strukturen im Unterricht!
- Setzen Sie auffällige Schüler nicht nach hinten, sondern nach vorn!
- Sorgen Sie dafür, dass die Blickrichtung dieser Schüler immer frontal zur Tafel und zum Lehrer ist!
- Setzen Sie AD(H)S-Schüler, sofern von diesen gewünscht, an Einzeltische, jedoch nicht als »Strafmaßnahme«!
- Achten Sie darauf, dass nur notwendiges Arbeitsmaterial auf dem Tisch liegt!
- Geben Sie kurze und klare Anweisungen laut und deutlich!
- Beginnen Sie den Unterricht erst, wenn absolute Ruhe in der Klasse herrscht!
- Kontrollieren Sie immer die Hausaufgaben ihrer Schüler!
- Motivieren Sie Ihre Schüler mit wohlgemeintem Zuspruch im Unterricht, wenn nötig, führen Sie ein Vieraugengespräch nach der Unterrichtsstunde abseits der Mitschüler!
- Fragen Sie das »Problemkind«: »Wie kann ich dir helfen?« Bitten Sie es, ggf. auch für weitere Lehrer vertrauensvoll aufzuschreiben, was es im Unterricht stört, worüber es sich ärgert oder was es gern geändert hätte!
- Seien Sie dem Kind gegenüber immer ehrlich, denn es hat einen starken Gerechtigkeitssinn!
- Lassen Sie in der Klasse unter den Schülern keine »Schwarze Peter-Rolle« zu, achten Sie auf Mobbing und unterbinden Sie dieses so frühzeitig wie möglich!

14 Die Wirkungsweise der Medikamente und was man darüber wissen sollte

Stimulanzien stellen weder ruhig noch machen sie süchtig.
Stattdessen beruhigen sie und verbessern das Denken und Handeln.

14.1 Besonderheiten im Umgang mit Stimulanzien

Für die Behandlung eines Aufmerksamkeitsdefizitsyndroms mit und ohne Hyperaktivität mit ausgeprägter Problematik und Leidensdruck ist die Einbindung der medikamentösen Substanz Methylphenidat in ein multimodal und individuell ausgerichtetes Therapieprogramm meist unumgänglich.

Nicht wenige Therapeuten, Betroffene und Eltern haben häufig unberechtigt große Vorbehalte wegen der oft beschriebenen Nebenwirkungen von Methylphenidat, das im Handel unter verschiedenen Arzneimittelnamen (z.B. Ritalin®, Medikinet®, Equasym®, Concerta®) erhältlich ist. Kritiker einer Stimulanzientherapie befürchten, dass Methylphenidat süchtig macht. Das kann und muss eindeutig verneint werden, wenn es von Therapeuten mit entsprechender Fachkompetenz und Anleitung der Betroffenen (bei Kindern und Jugendlichen auch deren Eltern) zur Behandlung eines AD(H)S verordnet wird.

Eine Behandlung des AD(H)S mit Hilfe von Methylphenidat setzt voraus, dass die ärztliche Diagnose AD(H)S eindeutig ist. Dessen Therapie umfasst eine intensive und regelmäßige Beratung mit Erstellung eines problem- und persönlichkeitsbezogenen individuellen Verhaltenstherapieprogramms. Die Wirksamkeit der Therapie ist von Ärzten regelmäßig zu überprüfen. Eine rechtzeitig begonnene Therapie mit Einbeziehung der Eltern als Coach verhindert bei kontinuierlicher Gabe des Medikamentes die Ausbildung möglicher Begleit- und Folgeerkrankungen und auch einer Sucht mit legalen und illegalen Drogen. Wichtig ist dabei, dass die Schwerpunkte der Behandlung nicht nur auf das kurzfristige Beseitigen von aktuellen Problemen ausgerichtet sind, sondern dass langfristig in kleinen Schritten an der Verbesserung von Selbstwertgefühl und sozialer Kompetenz gearbeitet wird.

Der Einsatz von Stimulanzien ist *nicht* in jedem Fall erforderlich. Er hängt ab von der Schwere des Betroffenseins, der Höhe der Belastung und des Leidensdrucks, der Stärke der Beeinträchtigung der Lebensqualität, aber auch davon, wie belastend ein auffälliges Verhalten für das soziale Umfeld ist.

14.2 Wie wirken Stimulanzien?

14.2.1 Methylphenidat

Methylphenidat blockiert im Gehirn den Abbau der Botenstoffe Dopamin und Noradrenalin in den Nervenverbindungsstellen (Synapsen). Durch die Beseitigung dieser für AD(H)S-typischen Transporterstörung können Informationen schneller weitergeleitet werden. Methylphenidat besetzt dabei die Bindungsstellen der Dopamin- und Noradrenalintransporter und blockiert sie dadurch. So wird in den Nervenverbindungsstellen (Synapsen) die Botenstoffdichte erhöht, was die Weiterleitung von Informationen verbessert. Damit werden im Belohnungssystem und in einigen anderen Hirnbereichen deren Unterfunktion ausgeglichen und therapiebedingt Erfolge möglich. Außerdem wirken Stimulanzien in komplexer Weise auch noch auf andere Botenstoffe (Neurotransmitter) wie z. B. Serotonin. Die Erforschung von ihrer Bedeutung für die AD(H)S-Symptomatik hat gerade erst begonnen.

Die Höhe der therapeutisch erforderlichen Dosis hängt nicht an erster Stelle vom Körpergewicht ab, sondern von der Transporterdichte in den Synapsen und diese ist bei Kindern und bei stark ausgeprägter Symptomatik deutlich höher. Deshalb vertragen Kinder und Jugendliche pro Kilogramm Körpergewicht oft eine höhere Dosis als Erwachsene. Auch Männer benötigen oft mehr als Frauen pro Kilogramm Körpergewicht. In jeden Fall muss Methylphenidat immer langsam von niedrig zu hoch aufdosiert werden. Mit zunehmendem Alter nimmt im Allgemeinen die Transporterdichte in den Schaltstellen der Nerven ab, weshalb manche Erwachsenen mit Dosierungen von 3 mal 5 mg Methylphenidat gut auskommen – eine Erfahrung, die ich oft in der Praxis gemacht habe. Andere Erwachsene brauchen dagegen 80 mg Methylphenidat/Tag.

Bei zu hoher Dosierung treten mehr Nebenwirkungen auf und die Wirkung des Stimulans kann mit zunehmender Unruhe, Nachlassen der Konzentration und starken emotionalen Reaktionen ins Gegenteil umschlagen. Bei kurzzeitiger Überdosierung wird die Konzentration zu stark fokussiert, wodurch das Reagieren vorübergehend leicht beeinträchtigt wird, was die Betroffenen sofort bemerken und als unangenehm registrieren. Die richtige Dosierung ist sehr wichtig, um Therapieabbrüche zu vermeiden.

> AD(H)S ist eine Netzwerkstörung. Stimulanzien stabilisieren die neuronalen Verbindungen vom Stirnhirn zu den wichtigen Zentren im Gehirn, die für Lernen, Handeln, Koordination und Steuerung der Gefühle verantwortlich sind. Je länger die Therapie durchgeführt wird, umso wirksamer können die Symptome gebessert werden (Pädiatrie hautnah 2016, Jg. 28 Heft 4).

Die Behandlung des AD(H)S sollte deshalb so lange weitergeführt werden, bis sich die Lebensqualität deutlich verbessert, Erfolge und Anerkennung den Alltag bestimmen und eine ausreichende Selbststeuerung möglich ist. Die medikamentöse

Therapie dauert meist mehrere Jahre, manchmal benötigen die Betroffenen auch eine jahrzehntelange Therapie, die erfahrungsgemäß nie süchtig macht. Die Medikamente können jederzeit abgesetzt werden. Mindestens einmal im Jahr ist durch die Leitlinien der medizinischen Fachgesellschaft ein Auslassversuch vorgeschrieben, der die Notwendigkeit der Fortsetzung der Medikamentengabe überprüft.

Wird die Behandlung zu früh beendet, ist das neuronale Netzwerk noch nicht ausreichend stabil genug und die AD(H)S-Symptome können sich wieder verstärken. Eine ausreichend lange medikamentöse Therapie soll ermöglichen, dass sich in dieser Zeit die geübten und erwünschten Lern- und Verhaltensstrategien automatisieren können und dadurch korrekter jederzeit verfügbar sind. Eine *vollständige* Heilung von der AD(H)S-Symptomatik gibt es jedoch nicht, man kann aber lernen, mit ihr und den eigenen besonderen Fähigkeiten gut zu Recht zu kommen.

Gegner einer medikamentösen Behandlung von Kindern, Jugendlichen und Erwachsenen mit AD(H)S äußern die Sorge über eine angebliche Veränderung der Persönlichkeit der Betroffenen. Diese Befürchtung bzw. dieser Vorwurf ist unberechtigt! Methylphenidat ist ein Psychostimulans, das im Gehirn von AD(H)S-Betroffenen sowohl die vorhandenen Unterfunktionen als auch den Mangel an Botenstoffen ausgleicht. Dadurch werden die AD(H)S-Kernsymptome weniger, aber vorhandene Persönlichkeitsmerkmale nicht verändert, sondern diese können sich im Gegenteil besser entfalten.

Methylphenidat schädigt weder die Nieren noch die Leber, weil es im Körper nicht abgebaut wird. Trotzdem sollten Leber- und Nierenwerte laborchemisch vor und während Behandlung regelmäßig untersucht werden, wie es die Leitlinien vorschreiben und es grundsätzlich bei jeder Langzeit-Therapie empfohlen wird.

Übrigens verbessert reichliches Trinken die Medikamentenwirkung deutlich, weil dünnflüssiges Blut die kleinsten Gefäße im Gehirn besser und schneller passieren kann und somit mehr Synapsen (den Ort der Wirksamkeit von Botenstoffen und des Medikamentes) erreicht werden. Auch das Trinken von Milch beeinträchtigt nicht, wie früher einmal befürchtet, Aufnahme und Wirkung des Medikamentes.

Viel diskutiert wird immer noch eine mögliche Beeinträchtigung des Wachstums unter Gabe von Methylphenidat. Dazu erfolgten viele Studien, die das widerlegen konnten. Eine Beeinträchtigung des Längenwachstums ist entwicklungsneurologisch schon lange als sozialer Kleinwuchs bekannt, Jahrzehnte bevor man überhaupt das hyperkinetische Syndrom oder AD(H)S kannte. Kinder, die von klein auf und über viele Jahre unter ungünstigen sozialen Bedingungen mit viel negativem Dauerstress aufwuchsen, blieben manchmal in ihrem Wachstum zurück, da ein ständig zu hoher Blutspiegel an Stresshormonen die Bildung von Wachstumshormon beeinträchtigte. So gesehen würde eine ausreichende Behandlung des AD(H)S das Gegenteil bewirken und sogar einer stressbedingten Wachstumsbeeinträchtigung entgegenwirken.

14.2.2 Atomoxetin

Als ein Mittel der zweiten Wahl ist auch der Wirkstoff Atomoxetin (im Handel erhältlich unter dem Medikamentennamen Strattera®) zur Behandlung des AD(H)S bei Erwachsenen, Jugendlichen und Kindern (ab dem Alter von sechs Jahren) zugelassen.

Atomoxetin ist ein selektiver Noradrenalin-Wiederaufnahmehemmer, der, so konnten es Studien nachweisen, auch die Kernprobleme des AD(H)S verbessert. Die Verschreibung von Atomoxetin fällt nicht unter das Betäubungsmittelgesetz, da es zur Gruppe der Antidepressiva gehört, aber auch vorhandene Defizite im Botenstoffbereich ausgleicht.

Ich habe in der Praxis gute Erfahrungen mit Atomoxetin gemacht. Es verbessert die Lernfähigkeit und die Verhaltenssteuerung. Bei manchen Kindern und Jugendlichen mit ADS ohne Hyperaktivität kann es zeitweilig gegenüber Methylphenidat von Vorteil sein, nämlich insbesondere bei ängstlichen Kindern, die emotional sehr labil sind und überschießend reagieren, d. h. auf geringste Anlässe mit kurzen depressiven Abstürzen und/oder unangemessen starken Wutanfällen reagieren. Bei Kindern mit Tic-Symptomatik oder einem auffälligen EEG (Hirnstromableitung) mit Krampfpotenzialen oder bei familiärer Veranlagung zu Krampfanfällen habe ich es öfter eingesetzt. Seine spürbare therapeutische Wirkung setzt frühestens nach 14 Tagen oder noch später ein. Dann baut Atomoxetin einen stabilen Blutspiegel auf, dessen Höhe durch eine einmalige Gabe pro Tag stabil bleibt. Es wird in der Leber abgebaut, so dass es eine funktionstüchtige Leber voraussetzt und regelmäßig deren laborchemische Kontrolle erfordert. Die Praxis zeigt eine gute allgemeine Verträglichkeit des Medikaments.

14.2.3 Amphetamine

Amphetamine, als Dexamfetamin (Attentin®) oder als Lisdexamfetamin (Elvanse®), gehören ebenfalls in die Gruppe der Stimulanzien und sind chemisch mit Methylphenidat verwandt. Bisher wurden sie als Reservemittel unter besonderen Kriterien für die AD(H)S-Behandlung bei Kindern verordnet. Im Handel werden sie z. B. auch unter den Namen Vyvanse® oder Adderall® geführt. Sie gehören zu den Stimulanzien mit ähnlichem Wirkungsprofil wie Methylphenidat und sollten nur bei dessen klinisch unzureichender Wirkung und gesicherter AD(H)S-Diagnose verordnet werden. Ihre Wirkung ist komplexer, wobei sie wissenschaftlich nachgewiesen nicht nur die Verfügbarkeit von Dopamin, sondern auch von Serotonin in einigen Gehirnbereichen erhöhen. Eine Eigenschaft, die sich in der Praxis immer wieder bei der Behandlung von Kindern mit starken emotionalen Schwankungen und kurzen depressiven Abstürzen als Vorteil erweist. Die Wirkung von Amphetamin setzt im Vergleich zu Methylphenidat etwas später ein, hält aber dafür bis zu 13 Stunden länger an. Sie sind inzwischen auch für die Behandlung Erwachsener zugelassen.

14.2.4 Allgemeine Aspekte der Stimulanzienbehandlung

Welches Medikament zur Behandlung eingesetzt wird, muss letztendlich der Arzt in Eigenverantwortung und in Absprache mit dem Patienten (und seinen Eltern) entscheiden. Einher geht dies selbstverständlich mit der Pflicht, regelmäßig den Erfolg und die Notwendigkeit zur Fortsetzung der Medikamentengabe zu überprüfen.

Arzt und Patient besprechen ggf. auch den Einsatz von sog. Retard-, also Langzeit-Präparaten von Methylphenidat, die ca. acht Stunden wirken. Gleiches gilt für die Verordnung von kurzwirksamen Methylphenidat. ▶ Abb. 14.1 informiert über die Höhe der wirksamen Blutspiegel und die Dauer der Medikamentenwirkung. Verglichen werden Ritalin® LA à 40 mg als Beispiel für ein retardiertes Methylphenidat mit Langzeitwirkung von ca. 8 Stunden mit einem kurz wirkenden (unretardierten) Methylphenidat à 20 mg (z.B. Ritalin®, Medikinet®). Dabei zeigt das länger wirkende retardierte Methylphenidat die höchsten Blutspiegelwerte und damit die beste Wirkung nach 2 und 5,5 Stunden, während das kurz wirkende, unretardierte Methylphenidat nach 4 Stunden noch einmal eingenommen werden sollte, damit ein wirksamer Blutspiegel erhalten bleibt. Nach dieser zweiten Einnahme erhöht sich der Blutspiegel noch einmal deutlich, d.h. die Medikamentenwirkung wird erneut intensiviert. Allerdings unterliegen Blutspiegelhöhe und Medikamentenwirkung individuellen Schwankungen, die unbedingt berücksichtigt werden sollten.

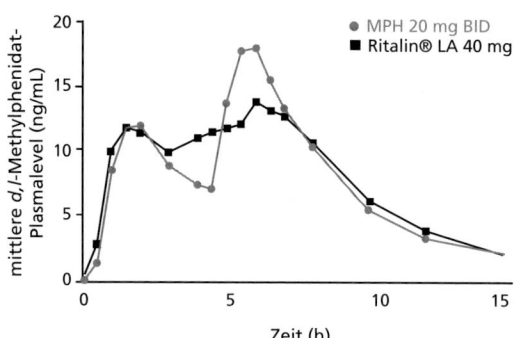

Abb. 14.1: Methylphenidat-Blutspiegelkurven im Vergleich von Ritalin® LA à 40 mg als Beispiel für ein langwirksames Retardpräparat mit einem kurzwirksamen unretardiertem Methylphenidat à 20 mg mit einer zweiten Gabe nach 4 Stunden (nach Gonzales et al. 2002)

Was können Methylphenidat, Amphetamine und mit Einschränkungen auch Atomoxetin bewirken?

- Sie verbessern die Stirnhirnfunktion und gleichen einen bestehenden Botenstoffmangel aus (Atomoxetin vorwiegend einen Noradrenalinmangel)
- Die innere Unruhe und die Hyperaktivität werden weniger
- Das Denken kann aufgabenorientiert ausgerichtet werden

- Außenreize werden gefiltert und reduziert, eine Reizüberflutung wird vermieden, so dass sich die Lernbahnen besser vernetzen können. Gelerntes kann besser abgespeichert und abgerufen werden
- Konzentration und Daueraufmerksamkeit sind besser, die Ablenkung geringer
- Gefühle und Impulse können kontrolliert und besser gesteuert werden
- Selbstwertgefühl und soziale Kompetenz können sich altersgerecht entwickeln
- Ein Suchtverhalten als Selbstbehandlung wird vermieden

14.3 Wann sollte bei AD(H)S der Einsatz von Stimulanzien unbedingt erwogen werden?

Im Hinblick auf die Frage, ab welchem Zeitpunkt bei Kindern, Jugendlichen und Erwachsenen mit AD(H)S an eine medikamentöse Therapie gedacht werden sollte, ist nicht das Vorliegen eines einzelnen Symptoms, sondern die Summe von Symptomen entscheidend, sowie die Größe des Leidensdruckes, der Beeinträchtigung der Lebensqualität und der Schwere und Anzahl von Komorbiditäten.

Bei welchen wesentlichen Symptomen sollte unbedingt eine Gabe von Stimulanzien erwogen werden?

- Bei großen Schwierigkeiten im Leistungs- und Verhaltensbereich in der Schule, beim Studium oder auf der Arbeit. Wenn Ausgrenzung, Schulversagen, Studienabbruch oder Arbeitsplatzverlust drohen
- Bei hochgradiger innerer Unruhe und Umtriebigkeit und dem Gefühl, ihr hilflos ausgeliefert zu sein. Als Beispiel dafür sei hier diese Bemerkung eines Patienten mit AD(H)S angeführt: »Ich rackere den ganzen Tag, bin am Abend todmüde und habe wieder überhaupt nichts erledigt!« Spontanes und willkürliches Handeln anstelle von Prioritäten und Strukturen
- Wenn das Alltagsleben chaotisch und strukturlos verläuft und von spontanen Entscheidungen beherrscht wird, die im Nachhinein negative Folgen haben und die Lebensqualität deutlich verschlechtern
- Wenn sowohl die Betroffenen selbst als auch ihr soziales Umfeld unter ihrer Impulsivität leiden
- Wenn immer mehr Tätigkeiten trotz Bemühen schlechter als erwartet ausfallen und Versagensängste und andere Ängste das Denken und Handeln bestimmen
- Bei Beginn von Komorbiditäten, d. h. dem gleichzeitigen Auftreten von Symptomen unterschiedlicher Erkrankungen, z. B. AD(H)S und Depression oder Essstörung
- Wenn die Eltern mit ihrer Erziehung am Ende sind und ihre Erschöpfung die Form eines Burnouts anzunehmen droht

- Bei Mobbing, deutlichen Defiziten im Sozialverhalten, Selbstwertkrisen und beginnenden depressiven Reaktionen

Oben genannte Kriterien sind nur die wichtigsten, bei denen nach der AD(H)S-Diagnostik eine medikamentöse Behandlung unbedingt erwogen werden sollte. Diese kann aber immer nur Bestandteil einer mehrdimensionalen Behandlung sein. Sie ist umso erfolgreicher, je besser man weiß, wie Methylphenidat wirkt, welche Nebenwirkungen auftreten können, wie sie zu vermeiden sind und dass eine motivierte Mitarbeit erforderlich ist.

Die Besonderheit der Stimulanzien besteht darin, dass sie eine Unterfunktion im Gehirn ausgleichen. Man muss also über eine Selbstinstruktion seinem »Gehirn« sagen, was man ändern will. Schulkinder, denen man das nicht klar macht, wundern sich, dass sie mit dem Medikament während des Unterrichts plötzlich viel mehr mitbekommen, was alles auf dem Schulhof oder auf der Straße passiert, wenn sie ihre Konzentration nicht mit einem Vorsatz aktiv auf den Unterricht richten. Solche individuellen Vorsätze zur Selbstinstruktion (ca. zwei oder drei) müssen formuliert, aufgeschrieben und auswendig gekonnt werden, hier weist inneres Sprechen den Weg zum Handeln.

Auch sollte sich jeder, der mit einem Stimulans behandelt wird, in gewissen Zeitabständen fragen, was ihm jetzt mit dem Medikament besser gelingt. Als Beispiel hierfür sei im Folgenden die Liste von Paul, eines 11 Jahre alten Jungen, angeführt, der die 4. Klasse besuchte (▶ Abb. 14.2).

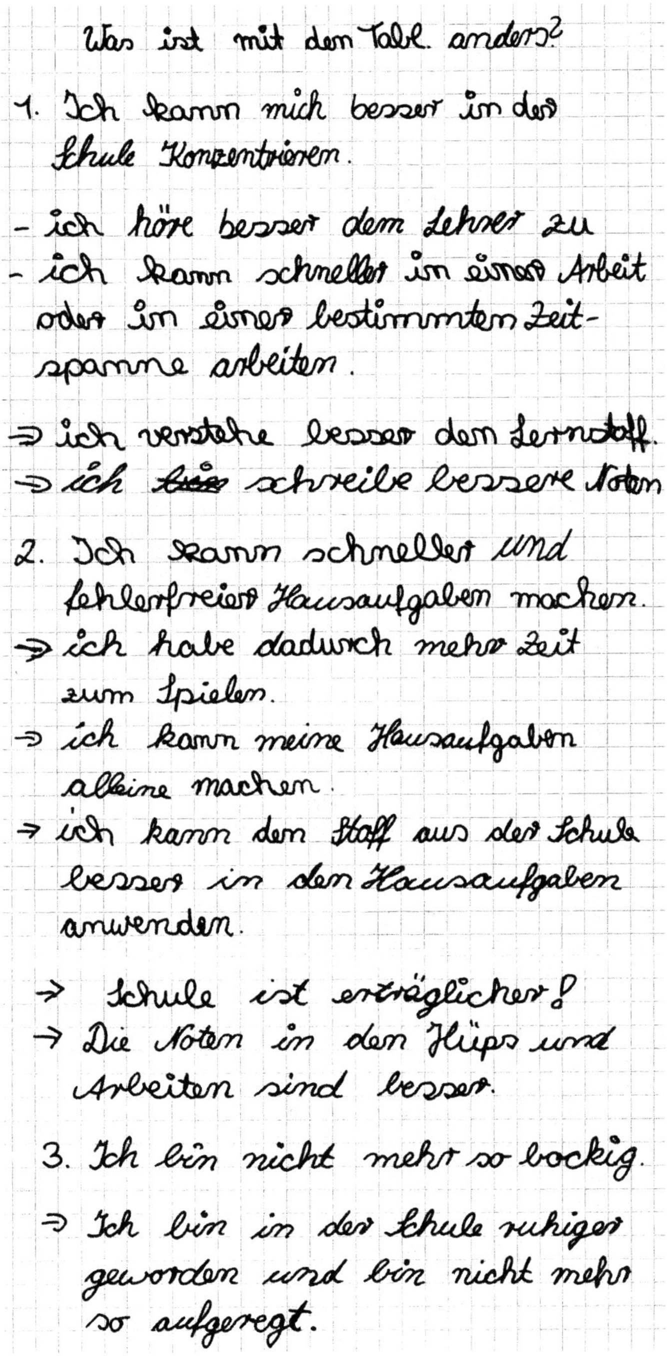

14.3 Wann sollte bei AD(H)S der Einsatz von Stimulanzien unbedingt erwogen werden?

Was ist mit den Tabl. anders?

1. Ich kann mich besser in der Schule konzentrieren.
- ich höre besser dem Lehrer zu
- ich kann schneller in einer Arbeit oder in einer bestimmten Zeitspanne arbeiten.
⇒ ich verstehe besser den Lernstoff.
⇒ ich schreibe bessere Noten

2. Ich kann schneller und fehlerfreier Hausaufgaben machen.
⇒ ich habe dadurch mehr Zeit zum Spielen.
⇒ ich kann meine Hausaufgaben alleine machen.
⇒ ich kann den Stoff aus der Schule besser in den Hausaufgaben anwenden.
→ Schule ist erträglicher!
→ Die Noten in den Hüps und Arbeiten sind besser.

3. Ich bin nicht mehr so bockig.
⇒ Ich bin in der Schule ruhiger geworden und bin nicht mehr so aufgeregt.

Abb. 14.2: »Was ist mit den Tabletten anders?« – Pauls Liste

14.4 Therapeutische Ziele einer multimodalen AD(H)S-Behandlung (mit Einbeziehung von Stimulanzien)

Welche therapeutischen Ziele sind durch Stimulanzien plus aktiver Mitarbeit im kognitiven Bereich zu erreichen?

- Die Aufmerksamkeit wird besser, vor allem bei monotonen Aufgaben
- Es fällt leichter, mit einer Arbeit zu beginnen und sie auch zu beenden
- Man lässt sich weniger ablenken und es wird weniger vergessen
- Die Merkfähigkeit und das Arbeitstempo bessern sich
- Verweigerungshaltungen verschwinden, die Mitarbeit ist besser
- Man leidet weniger unter Stress und kann gezielter überlegen
- Das abgespeicherte Wissen ist schneller und korrekter abrufbar, das Verhalten angepasster
- Arbeitsleistung und Motivation verbessern sich
- Die Beherrschung der eigenen Gefühle gelingt besser, man kann abwarten und reagiert nicht mehr so impulsiv
- Endlich kann man von seinen Fähigkeiten profitieren und Anerkennung erfahren
- Die Schulnoten werden deutlich besser, die Versagensängste weniger

Welche positiven Änderungen sind im sozialen Bereich therapeutisch zu erreichen?

- Die Gruppenfähigkeit wird besser, es wird weniger stark und seltener gemotzt
- Die Hausaufgaben werden ohne Unterbrechungen und selbständig erledigt
- Besseres Spielverhalten, man kann sich gut allein oder mit anderen beschäftigen
- Es gibt weniger Streit und somit weniger Frust
- AD(H)S-Betroffene werden von ihren Mitschülern besser akzeptiert und nehmen keine Außenseiterrolle mehr ein
- Betroffene erleben sich positiver und reagieren nicht mehr so überempfindlich
- Man vergisst weniger und wird zuverlässiger
- Die Lebensqualität der gesamten Familie verbessert sich

Worauf begründet sich die Notwendigkeit zur Behandlung von Kindern und Jugendlichen mit AD(H)S?

- Damit bei Ihnen eine Entwicklung ermöglicht wird, die ihren Fähigkeiten und ihrer Intelligenz entspricht
- Damit sie befähigt werden, altersentsprechende Aufgaben zu lösen, was sie infolge ihrer Defizite sonst nicht könnten, obwohl sie dazu die Voraussetzungen besitzen und sich bemühen
- Damit ihre Anstrengungen nicht immer erfolglos bleiben, sie sich mehr zutrauen und sich nicht als Versager und Außenseiter erleben

- Damit sie ein gleichwertiges und anerkanntes Gruppenmitglied sein können
- Damit sie die Fähigkeit eines angepassten Sozialverhaltens mit guter sozialer Kompetenz erfahren
- Damit sie mit sich zufrieden, psychisch ausgeglichen sind und ein gutes Selbstwertgefühl entwickeln können
- Damit bei ihnen Spätschäden in Form von psychosomatisch bedingten Begleit- und Folgeerkrankungen (Komorbiditäten) vermieden werden
- Damit, besonders während oder nach der Pubertät ein Drogenkonsum als Selbstmedikation vermieden wird.
- Damit sie psychisch stabil den Anforderungen des Lebens gewachsen sind

14.5 Empfehlungen zur Vermeidung von Nebenwirkungen der Stimulanzientherapie

Nebenwirkungen führen oft zu Therapieabbrüchen, die wiederum die weitere Entwicklung der Kinder gefährden und somit negative Folgen haben. Um sie zu vermeiden, sollte man ihre häufigsten Ursachen kennen. Nach meinen Erfahrungen aus der Praxis sind es immer wieder folgende Ursachen, die zu Therapieabbrüchen führen:

- Die Eltern sind sich unsicher oder zweifeln daran, mit der Medikation den richtigen Weg eingeschlagen zu haben
- Die Eltern lassen sich durch unsachliche Medienberichte verunsichern
- Die Eltern versuchen, ihre ablehnende Haltung dem Medikament gegenüber vor dem Kind zu verbergen (»Ich sage es meinem Kind doch nicht, dass ich eigentlich gegen diese Medikamente bin«), aber ein AD(H)S-Kind spürt das!
- Die Eltern haben, wenn auch nicht offen geäußert, Angst vor Nebenwirkungen und fragen ihr Kind immer wieder danach
- Die Eltern praktizieren eine inkonsequente Erziehung
- Die Eltern überlassen dem Kind selbst die Entscheidung, ob es Medikamente nehmen will oder nicht
- Die Eltern sind sich untereinander nicht einig über die Gabe des Medikaments
- Nahe Verwandte (z. B. Großeltern) versuchen, das Kind zu beeinflussen: »Nimm das Zeug doch nicht, davon wirst du süchtig, das hast du doch gar nicht nötig.«
- Das Auftreten von Nebenwirkungen und die Angst davor

Sowohl die bekannten »sehr gefürchteten« als auch die nicht so häufigen, aber nicht weniger gefürchteten Nebenwirkungen der Stimulanzienbehandlung des AD(H)S lassen sich weitgehend vermeiden, wenn man deren Ursachen kennt und versucht, diese auszuschalten. Das setzt natürlich eine entsprechende Information und eine Mitarbeit der Eltern voraus. In meiner Praxis habe ich durch die gezielte Vermittlung von Kenntnissen über den Umgang mit Methylphenidat eine weitgehende Vermeidung seiner Nebenwirkungen erreicht, in jedem Fall deren Häufigkeit und Schwere deutlich reduzieren können.

Was sollte man im Umgang mit dem Medikament Methylphenidat beachten, um Nebenwirkungen möglichst zu vermeiden?

14.5.1 Ein Hauptproblem: Die Appetitstörungen

Methylphenidat verringert als ein Stimulans den Appetit, genau wie Nikotin, Kaffee oder schwarzer Tee, die ebenfalls stimulierend wirken. Zu Appetitstörungen kommt es nicht generell, aber fast immer bei den »schlechten Essern«. Bei diesen Kindern und ihren Familien sollte vor Beginn der Stimulanzientherapie auf regelmäßige und gemeinsame Mahlzeiten zu festgesetzten Zeiten am Familientisch und in der Schule geachtet werden. Ohne vorherige Nahrungsaufnahme keine Stimulanzieneinnahme!

Struktur, Rituale und Konsequenz sind gefragt: Fünf kleine Mahlzeiten, regelmäßig eingenommen, damit sich der Körper darauf einstellt. Vor allem vor der Schule oder vor der Arbeit am Morgen gemeinsam am Familientisch frühstücken. Das sollte für alle gelten, denn für Denk- und Konzentrationsleistungen braucht jedes Gehirn Zucker, diesen liefern die Kohlenhydrate der Nahrung. Stärkeprodukte sind dafür noch besser geeignet, sie halten länger vor, werden langsamer abgebaut, der Blutzuckerspiegel steigt langsamer an und fällt auch langsamer wieder ab, er bleibt aber länger erhöht.

Deshalb habe ich vor jeder Verordnung von Methylphenidat immer erst nach den Essgewohnheiten des Kindes und seiner Familie gefragt und wenn erforderlich eine entsprechende Korrektur mit den Eltern und ihren betroffenen Kindern vereinbart. Bei nicht wenigen Familien musste das regelmäßige Einnehmen von Mahlzeiten vorher geübt werden. Die Tabletten können nicht gut wirken, wenn dem Gehirn Zucker fehlt, weil der Blutzuckerspiegel zu niedrig ist. Dann kann es sogar zur Unterzuckerung mit den unten beschriebenen Folgen kommen.

Praktische Hinweise aus der Praxis:

- Vereinbaren Sie als Therapeut mit den Eltern, dass sie ihrem Kind immer ein belegtes Brötchen und eine Trinkflasche mit in die Schule geben und sich nachmittags nach deren Verbleib erkundigen. Viele ältere Schulkinder erhalten Geld anstelle einer gefüllten Brotdose, um sich zum Frühstück etwas zu kaufen. Das entpuppt sich in der Praxis immer wieder als eine sehr unsichere Angelegenheit mit vielen Risiken: So versäumen es Kinder z. B. aus Zeitmangel, sich etwas zum Essen zu kaufen, oder sie geben das Geld für andere Dinge aus usw.
- Da das Schulessen zu Mittag meist nicht bis zum Abend vorhält, sollten sich Kinder angewöhnen, am Nachmittag eine Kleinigkeit zu essen, damit die meist erforderliche zweite Gabe des Medikamentes auch gut wirken kann. Sind Mutter oder Vater nachmittags nicht zu Hause, sollten sie ihrem Kind etwas zum Essen hinzustellen mit Angabe der Essenszeit und einer liebevoll gemeinten, kurz ge-

fassten schriftlichen Bitte, das Essen nicht zu vergessen. Dem können AD(H)S'ler zumeist nicht widerstehen.
- Denken Sie als Eltern immer daran: Sie erziehen Ihre Kinder vor allem durch Ihr Vorbild. Regelmäßige und gemeinsam eingenommene Mahlzeiten am Familientisch prägen frühzeitig das Essverhalten Ihrer Kinder, auch ohne viele Worte.
- Eine häufige Situation mit ungünstigen Folgen, die Sie als Eltern möglichst vermeiden sollten, ist folgende: Ein Vorstellungstermin beim Arzt nach der Schule oder eine andere wichtige Besorgung steht an. Sie holen Ihr hungriges Kind deshalb von der Schule ab, kommen selbst von der Arbeit und haben nichts Essbares dabei. Sie geben Ihrem Kind aber noch die fällige Nachmittagsdosis Methylphenidat. Prompt bekommt Ihr Kind Kopfschmerzen, wird müde, unkonzentriert und misslaunig. Wenn noch Zeit und Gelegenheit ist, wird vor dem Arztbesuch schnell noch eine Bretzel gekauft, ansonsten erscheint Ihr Kind hungrig, wehleidig, unmotiviert und missgelaunt beim Arzt. Dann helfen nur Traubenzucker, Kekse, Bonbons oder Cola, das, was eben gerade verfügbar ist, damit Ihr Kind aus seinem Zustand der Unterzuckerung kommt. Geben Sie Ihrem Kind danach etwas Zeit, lassen Sie es so lange im Wartezimmer bleiben, bis es Lust hat, mit dem Arzt zu sprechen. Nun erleben Sie ein ganz anderes Kind.

Fallbeispiel: Arbeiten unter Zuckermangel

Ein Kontrollkonzentrationstest des 12-jährigen Jonathan fiel auffallend schlecht aus. Dies veranlasste mich, die Mutter zu fragen, wann Jonathan zuletzt die Medikamente eingenommen und was er wann zuletzt gegessen hatte. Eines von beiden oder beides zusammen stimmte hier nicht. Jonathan bekam vor dem Besuch meiner Praxis zwei Tabletten Methylphenidat, aber nichts zu essen. Für solche Fälle hatte ich immer Traubenzucker und ein paar Kekse parat. Nach Kohlenhydratgabe fiel bei Jonathan dann nach ca. 20 Minuten die Wiederholung des Tests viel besser aus und alle waren zufrieden.

14.5.2 Ein häufiges Problem: Kopfschmerzen

Ohne einen ausreichend hohen Blutzuckerspiegel wird das Gehirn mit Zucker, den es zum Arbeiten braucht, nicht genügend versorgt. Es kann nicht gut arbeiten, am ehesten leidet die Konzentrationsfähigkeit. Soll durch ein Stimulans die Unterfunktion einiger Gehirnregionen ausgeglichen und deren Aktivität gesteigert werden, verbraucht das Gehirn viel mehr Zucker, weil es regelrecht zum Arbeiten »angetrieben« wird. Fehlt dieser, kommt es zur Unterzuckerung (Hypoglykämie) mit Konzentrationsschwäche, Zittrigkeit, innerer Unruhe, Schwindel- und Schwächegefühl, Kraftlosigkeit, Müdigkeit (Gähnen) und schließlich zu Kopfschmerzen, hauptsächlich im Stirnbereich. Sie werden als drückende, bohrende Schmerzen beschrieben und sind fast immer Folge eines Blutzuckermangels bei zu geringer Nahrungszufuhr vor der Tabletteneinnahme. Sie wären damit weitgehend vermeidbar.

Der Blutzuckerspiegel fällt umso steiler ab, je weniger körpereigene Reserven vorhanden sind. Diese befinden sich als Glykogen in der Leber und in der Muskulatur. Bei zu geringer Nahrungsaufnahme und fehlenden Glykogenreserven kommt es unter Medikamentenwirkung dann zur Unterzuckerung (Hypoglykämie).

Dann sollten sofort schnell verdauliche Kohlenhydrate wie Traubenzucker, Bananen, glukosehaltige Fruchtsäfte, Cola, Süßigkeiten, Schokolade, Müsliriegel u. a. gegessen bzw. getrunken werden. Sie bewirken einen schnellen Ausgleich des Glukosemangels im Blut. Damit lassen sich auch die Kopfschmerzen schnell beseitigen, vorausgesetzt sie bestehen nicht schon über Stunden.

> Unter Stimulanziengabe ist der Blutzuckerverbrauch generell immer erhöht, weil das Gehirn mehr arbeitet und dazu mehr Zucker benötigt!

Ist der Blutzuckerspiegel bei konzentriertem Arbeiten über längere Zeit zu niedrig, gewinnt das Gehirn über einen Milchsäurestoffwechsel Zucker zur Aufrechterhaltung seiner lebensnotwendigen Funktionen. Dabei kommt es zur Übersäuerung des Gehirns durch saure Zwischenstoffwechselprodukte, die vorübergehend eine geringe Anschwellung des Gehirns (ein leichtes Hirnödem) bewirken. Das geschieht bei allen und nicht nur bei Menschen mit AD(H)S. Dieses lokale und leichte Hirnödem löst durch seinen Druck auf die Gehirnhäute (Meningen), die der eigentliche Ort der Schmerzempfindlichkeit im Gehirn sind, einen Druckschmerz aus, der dann als Kopfschmerz empfunden wird.

> Achten Sie als Eltern, Lehrer oder Betreuungsperson unbedingt auf eine ausreichende Nahrungsaufnahme vor und während der Zeit der Stimulanzienwirkung. Lässt die Konzentration im Laufe des Schulvormittages z. B. gegen 11 Uhr nach, sollte nicht gleich eine weitere Tablette eingenommen werden. Stattdessen sollte zuerst etwas gegessen und/oder zuckerhaltige Säfte getrunken werden. Dies deshalb, da Methylphenidat bei zu niedrigem Blutzuckerspiegel nicht gut wirken kann, da das Gehirn Zucker braucht, um arbeiten zu können. Hyperaktive Kinder verstoffwechseln von Natur aus wegen ihres großen Bewegungsdranges viel mehr Blutzucker.

14.5.3 Erhöhung der Herzfrequenz (Tachykardie)

Der Therapiebeginn mit Methylphenidat sollte aus zwei Gründen in langsam aufsteigender Dosierung erfolgen. Zum einen benötigt jeder Betroffene seine individuelle optimale Dosierung, zum anderen kann die Gabe einer für den Körper ungewohnt hohen Dosis vorübergehend die Herzfrequenz beschleunigen und den Blutdruck erhöhen. Methylphenidat ist ein Stimulans, das den Nervus sympathicus anregt, der Herzfrequenz und Blutdruck erhöht. Sein Gegenspieler, der Nervus vagus, reguliert Herzfrequenz und Blutdruck herunter, er wird dagegen nicht durch das Medikament aktiviert. Beide Nervensysteme beeinflussen sich gegenseitig und befinden sich normalerweise im Gleichgewicht. Dieses Gleichgewicht ist bewusstseinsunabhängig, kann aber durch Stress oder durch zu schnelle Erhöhung der Stimulanziendosis bei Therapiebeginn vorübergehend gestört werden.

Durch niedrige Anfangsdosen mit langsamer Aufdosierung des Medikaments lässt sich vermeiden, dass es unter Methylphenidatgabe zu Behandlungsbeginn zur Erhöhung der Herzfrequenz (Tachykardie) und des Blutdrucks kommt. Übrigens tritt diese Erscheinung nur zu Beginn der Behandlung auf. Nach kurzen Therapiepausen wird die zuletzt eingenommene Medikamentenmenge meist komplikationslos wieder vertragen.

Es sollte jedoch vor jeder Behandlung mit Methylphenidat eine Störung im Reizleitungssystem des Herzens mittels EKG und Abhören des Herzens ausgeschlossen werden. Vorsicht ist auch bei erhöhtem Blutdruck geboten! Hier muss zuerst die Ursache geklärt werden. Meist ist ein erhöhter Blutdruck bei Erwachsenen mit AD(H)S stressbedingt und lässt sich dann, wenn er noch nicht so lange besteht und die Blutgefäße noch nicht geschädigt sind, gut mit Betablockern behandeln und normalisieren. Nur wenn der Blutdruck dann stabil im Normbereich liegt, kann unter regelmäßiger fachärztlicher Kontrolle mit der Gabe von Methylphenidat begonnen werden. Beide Medikamente werden gut vertragen, aber sie beeinflussen sich gegenseitig in ihrer Wirkung, was bei der Behandlung zu berücksichtigen ist.

Regelmäßige Kontrollen von Blutdruck und Herzfrequenz, die der behandelnde Arzt dokumentiert, sind bei der Stimulanzientherapie erforderlich und in den Leitlinien für diese Therapie vorgeschrieben.

14.5.4 Bauchschmerzen

Die gleiche anregende Wirkung wie auf das Herzkreislaufsystem kann Methylphenidat bei Behandlungsbeginn auf die Muskulatur des Magendarmtraktes haben. Wird Methylphenidat auf nüchternen Magen oder nur nach Flüssigkeitszufuhr eingenommen, kann es zu einer verstärkten Magen-Darmperistaltik (verstärkte Kontraktionen der Darmmuskulatur) kommen, die als schmerzhaft empfunden wird. Auch hier wird die Magendarmmotorik über das sympathische Nervensystem angeregt, genau wie beim Herzen. Durch eine ausreichende Nahrungsaufnahme vor der Tabletteneinnahme mit Füllung des Magen-Darmtraktes durch feste Speisen lassen sich diese Bauchschmerzen als Nebenwirkung weitgehend abschwächen.

Das empfohlene Zeitintervall zwischen Nahrungsaufnahme, Tabletteneinnahme und Schulbeginn zur Erreichung einer optimalen Medikamentenwirkung von einer Stunde ist in der Praxis des Schulalltages kaum einzuhalten. Meist müssen auch 20–30 Minuten genügen, als praxisrelevantes und realisierbares Zeitintervall.

Außerdem sind Wirkungseintritt und Wirkungsdauer von Methylphenidat individuell sehr unterschiedlich. Die unretardierten Präparate sollen ca. vier Stunden wirken, tatsächlich wirken sie manchmal aber nur 2,5–3 Stunden oder bei einigen Betroffenen auch bis sechs Stunden, was Einfluss auf den Therapieerfolg hat und berücksichtigt werden muss. Auch Retardpräparate, die normalerweise ca. acht Stunden wirken, aber infolge eines individuell unterschiedlichen Abbaus in Ausnahmefällen zwischen 8–10 Stunden oder auch bei manchen Betroffenen sehr viel kürzer wirken.

14.5.5 Einschlaf- und Durchschlafstörungen

Unter der Voraussetzung, dass die Diagnose AD(H)S korrekt ist, sollten Stimulanzien bei den Betroffenen keine Schlafstörungen auslösen, sofern man Folgendes beachtet:

Die Stimulanzien bewirken bei AD(H)S-Betroffenen eine innere Ruhe mit verbesserten kognitiven Fähigkeiten und der Fähigkeit, die »Gedanken ausrichten zu können«. Das Medikament gleicht die Reizfilterschwäche aus, indem es eine ungesteuerte Überflutung des Gehirns mit wichtigen und auch unwichtigen Informationen vermeiden hilft. Wenn aber die Wirkung der Stimulanzien nachlässt, kommt es infolge des sog. Rebound (Rücklauf)-Effektes vermehrt zur inneren Unruhe mit »Einschießen« vieler Gedanken, was als störendes Grübeln erlebt wird und das Einschlafen erschwert. Dieser Rücklauf-Effekt ist zu Beginn der Stimulanzienbehandlung besonders ausgeprägt und länger anhaltend. Deshalb sollten Sie als Eltern zu Behandlungsbeginn diese Nebenwirkung unbedingt beachten. Vor dem Hintergrund meiner Erfahrungen empfehle ich, das Medikament so einzunehmen, dass zur Schlafenszeit so wenig wie möglich von ihm noch im Blut enthalten ist. Das erreicht man mit der unretardierten, kurz wirksamen Form des Medikaments, wenn diese anfangs nicht nach 16 Uhr eingenommen wird.

Nach einer etwa dreiwöchigen Eingewöhnungszeit können die AD(H)S-Betroffenen das Stimulans auch nach 16 Uhr einnehmen. Denn viele Studenten, berufstätige Erwachsene, Gymnasiasten oder Schüler der höheren Klassen müssen abends noch lernen. Damit das effektiv ist, d. h. das Gelernte auch noch nach Tagen verfügbar ist, sollte immer unter Stimulanzienwirkung gelernt werden. Das Einschlafen gelingt im Allgemeinen auch, wenn noch ein geringer Stimulanzienspiegel im Blut ist, der innere Ruhe und das Ordnen von Gedanken ermöglicht.

Inzwischen nehmen sehr viele Jugendliche und Erwachsene noch nach 16 Uhr Methylphenidat ein und klagen weder über Einschlaf- noch über Durchschlafprobleme. Sie müssen nur ihre Nachtruhe beginnen, bevor das Medikament zu wirken aufhört und der Rücklaufeffekt einsetzt. Die meisten Gymnasiasten und Studenten nehmen zweimal täglich ein Retardpräparat ein, etwa um 7 und um 15 Uhr. Wichtig dabei ist, dass sein kontinuierlicher Schlaf-Wachrhythmus vorhanden ist und dieser eingehalten wird.

Auch das bei Kindern mit AD(H)S manchmal vorkommende Schlafwandeln verschwindet meist unter der Behandlung mit Stimulanzien.

14.6 Wichtige Hinweise zum Umgang mit Methylphenidat

14.6.1 Methylphenidat und die Einnahme anderer Drogen

Methylphenidat verstärkt die Wirkung von Alkohol und Nikotin. Unter der Behandlung mit Methylphenidat sollte niemals Cannabis konsumiert werden, es kann zu einer schweren schizophrenen Psychose kommen. Alle Party-Drogen müssen streng gemieden werden, da deren Kombination mit Methylphenidat schwere Herzkreislaufbeeinträchtigungen oder Krämpfe auslösen kann.

Alle älteren Kinder ab etwa 10 Jahren, Jugendliche und Erwachsenen sollten darüber mit Hilfe einer schriftlichen Dokumentation, die ihnen ausgehändigt wird, belehrt werden. Im Rahmen meiner Praxis habe ich dafür ein Informationsblatt formuliert, der nach der Belehrung sowohl von den Jugendlichen als auch von deren Eltern unterschrieben wurde (▶ Abb. 14.3). Ein Exemplar verbleibt in den Akten, ein zweites bekommt der Jugendliche mit.

Wichtige Information

Hiermit bestätige ich,

dass ich von Frau Dr. .... , meiner behandelnden Ärztin, darauf hingewiesen wurde,

dass Methylphenidat und Amphetamin die Wirkung von Alkohol und Nikotin verstärken.

Außerdem darf ich unter der Behandlung mit Methylphenidat niemals Cannabis-Präparate, Ecstasy oder andere illegale Drogen konsumieren. Durch die Kombination dieser Substanzen kann es zu lebensbedrohlichen Zuständen oder bei deren chronischem Gebrauch zu schweren psychischen Erkrankungen (Psychosen) kommen.

....
Ort, Datum   Unterschrift

Abb. 14.3: Informationsblatt über die Gefahren bei gleichzeitiger Einnahme von Stimulanzien und Drogen mit Verpflichtungserklärung

14.6.2 AD(H)S und Tic-Symptomatik

Bestehen bei AD(H)S-Betroffenen muskuläre oder auch vokale Tics, sollte alles getan werden, damit diese bald wieder verschwinden und nicht chronisch werden, d. h. sich automatisieren (einschleifen), da Stimulanzien eine schon bestehende Tic-Symptomatik verstärken können.

Bei einer vorliegenden Tic-Symptomatik sollte in jedem Fall vorsichtig mit kleinen Methylphenidatdosen begonnen oder besser gleich mit Atomoxetin behandelt werden. Amphetamine werden bei Tic-Symptomatik manchmal besser toleriert.

> **Exkurs: Tics**
>
> Tics sind plötzlich einschießende schnelle Zuckungen einzelner Muskeln oder Muskelgruppen, die auf Dauer nicht unterdrückt werden können. Sie treten im Gesicht, an den Armen und im Bereich des Schultergürtels auf. Vokale Tics äußern sich als nicht zu unterdrückendes und sich ständig wiederholendes Husten, Räuspern oder unkontrollierbares Ausstoßen von Vokalen oder Wörtern.

In meiner Praxis habe ich gute Erfahrungen mit einer vorherigen oder gleichzeitigen Behandlung mit dem Medikament Tiaprid gesammelt, das in der Regel zum Verschwinden der Tics führte. Tiaprid ist ein Medikament, das über den Botenstoff Dopamin die Erregbarkeit der Muskulatur beeinflusst. Es verbessert die Tic-Symptomatik, ist aber für deren Behandlung nicht zugelassen. Deshalb werden es nur wenige Spezialisten verordnen, da diese Behandlung viel Erfahrung erfordert und gut überwacht werden muss.

Bei der Kombination von Tic-Symptomen mit AD(H)S ist immer eine intensive ärztliche Betreuung durch einen Neuropädiater oder einen Neurologen erforderlich, weil manchmal mit dieser Symptomatik ein Tourette-Syndrom beginnen kann, dass sich oft erst in voller Ausprägung viele Jahre später manifestiert.

Das Tourette-Syndrom besteht aus einer Kombination vieler Tics, wobei besonders vokale Tics vorhanden sein müssen. Die Muskelbewegungen sind hierbei sehr ausfahrend, unkoordiniert und allgemein sehr störend. Die Behandlung dieses Krankheitsbildes ist wenig erfolgreich, so dass alles getan werden sollte, seine Entwicklung von Anbeginn an zu verhindern.

14.6.3 AD(H)S und Krampfanfälle

Krampfanfälle und Epilepsien treten bei AD(H)S- Betroffenen im Kindesalter häufiger auf als bei Erwachsenen. Kinder mit Epilepsien haben häufig auch ein AD(H)S. Meist handelt es sich um ein genetisch bedingtes Leiden, das gut behandelbar ist und zu keiner Intelligenzminderung führt. Ein bekanntes Krampfleiden in der Anamnese oder bei Verwandten 1. und 2. Grades ist unbedingt immer dem behandelnden Arzt mitzuteilen und evtl. vorhandene EEG-Befunde (Hirnstromkurven = Elektroenzephalogramme) vorzulegen. Für die Behandlung mit Methylphenidat sind die aktuellen EEG-Befunde sowie deren weitere Kontrollen von entscheidender Bedeutung. Ein unauffälliges EEG garantiert jedoch nicht in jedem Fall eine dauerhafte Anfallsfreiheit weder mit oder ohne Methylphenidat. Weil Methylphenidat eine ruhende Anfallsbereitschaft aktivieren kann, sind EEG-Kontrollen bei belastender Anamnese erforderlich.

Deshalb ließ ich bei Vorliegen einer Krampfbereitschaft eine Bescheinigung von den Eltern oder von den Betroffenen nach ihrer ausführlichen Aufklärung über einen möglichen Zusammenhang von Methylphenidatgabe und Krampfbereitschaft unterzeichnen, die mir auch zur eigenen Absicherung diente (▶ Abb. 14.4). Das Original bleibt bei den Krankenunterlagen, die Kopie wird den Eltern mitgegeben.

Wichtige Information

Wir wurden darauf hingewiesen, dass es bei meinem Kind

....
Vor- und Nachname

unter der Stimulanzientherapie zum Auftreten von epileptischen Anfällen kommen kann. Wegen der Schwere der AD(H)S-bedingten Symptomatik sind wir als Eltern bereit, dieses mögliche Risiko einzugehen.

....
Ort, Datum   Unterschrift der Eltern

Abb. 14.4: Informationsblatt zum Risiko epileptischer Anfälle, mit Einverständniserklärung der Eltern

14.6.4 Schilddrüsen-Überfunktion und Glaukom

Leidet der AD(H)S-Betroffene unter einer Schilddrüsen-Überfunktion oder unter einem Glaukom (erhöhter Augeninnendruck), sollte Methylphenidat nicht gegeben werden. Eine Schilddrüsen-Unterfunktion infolge einer Autoimmunerkrankung (Hashimoto) fand ich gehäuft bei Frauen mit AD(H)S oder bei deren familiärer AD(H)S-Veranlagung. Nicht wenige Mütter von Kindern mit AD(H)S litten darunter.

Ein Zusammenhang zwischen einer Schilddrüsen-Unterfunktion und AD(H)S konnte wissenschaftlich bisher nicht nachgewiesen werden, könnte aber Folge einer stressbedingten Schwächung des Abwehrsystems sein, so dass sich Antikörper gegen die eigene Schilddrüse bilden.

14.6.5 Besonderheiten bei Auslandsreisen

Das Schengener Abkommen (Artikel 75 der Durchführungsbestimmung) verpflichtet alle Betroffenen, die Stimulanzien bekommen, zum Mitführen einer ärztlichen Bescheinigung über Diagnose, sowie die täglich verordnete und insgesamt notwendige Medikamentenmenge für die Dauer der Reise. Für die Länder der Europäischen Union und für die übrigen Länder müssen unterschiedliche Formulare vom behandelnden Arzt ausgefüllt werden. Informieren Sie als AD(H)S-Betroffener oder als dessen Eltern deshalb Ihren Arzt unbedingt über Ihren bevorstehenden Urlaub! Eine Mitnahme von Stimulanzien ohne ärztliches Attest könnte besonders Ihnen in den arabischen Ländern und in den Vereinigten Staaten von Amerika große Probleme bereiten.

Für Reisen innerhalb der Europäischen Union ist ein Formular erforderlich, das vom behandelnden Arzt ausgefüllt und von der zuständigen Landesgesundheitsbehörde beglaubigt sein muss (▶ Abb. 14.5)[1]. Für Reisen in Länder, die nicht der Europäischen Union angehören, ist ebenfalls ein Formular vom behandelnden Arzt auszufüllen (▶ Abb. 14.6)[2]. Es berechtigt zum Mitführen der für den eigenen Bedarf erforderlichen Medikamentenmenge. Dieses Formular ist für Reisen ins außereuropäische Ausland unbedingt erforderlich. Es kann im Internet heruntergeladen werden, muss vom behandelnden Arzt ausgefüllt und noch vom Gesundheitsamt gegengezeichnet sein. Über die dafür zuständige Abteilung der Gesundheitsbehörde informiert Ihr Arzt.

14.6.6 Methylphenidat und Fahrverhalten

Eine ausgeprägte AD(H)S-Symptomatik beeinträchtigt die Fahrtüchtigkeit, sofern Betroffene mit AD(H)S zu Konzentrationsmängeln, Geschwindigkeitsübertretungen und aggressiven Reaktionen tendieren, was die Unfallgefahr erhöht.

Da Methylphenidat nachweislich eine bessere Konzentration, eine bessere Steuerung des Verhaltens und eine geringere Ablenkbarkeit bewirkt, verbessert es auch die Fahrsicherheit. Deshalb wurde zum 1. Juli 1998 in der Straßenverkehrsordnung die folgende Formulierung aufgenommen: »Wenn diese stimulierenden Substanzen bestimmungsgemäß zur Einnahme für einen konkreten Krankheitsfall verschrieben werden, besteht keine Ordnungswidrigkeit.«

Den Betroffenen sollte immer eine entsprechende aktuelle ärztliche Bescheinigung ausgestellt werden, die bestätigt, dass die Einnahme von Stimulanzien aus therapeutischen Gründen für den Betreffenden notwendig sei. Diese Bescheinigung, die nur der behandelnde Arzt ausstellen darf, der auch selbst die Stimulanzien verschreibt, sollten AD(H)S-betroffene Verkehrsteilnehmer stets bei sich haben. Ich hatte diese Bescheinigung für meine Patienten wie folgt formuliert (▶ Abb. 14.7).

---

[1] Abdruck mit freundlicher Genehmigung des Bundesinstituts für Arzneimittel und Medizinprodukte (BfArM). Quelle: Bekanntmachung über das Mitführen von Betäubungsmitteln in die Vertragsparteien des Schengener Abkommens vom 27.03.1995 (BAnz. S. 4349), zuletzt geändert durch Bekanntmachung vom 11.06.2001 (BAnz. S.14517). (https://www.bfarm.de/SharedDocs/Downloads/DE/Bundesopiumstelle/Betaeubun gsmittel/Reisen/rei se_scheng_formular.pdf?__blob=publicationFile&v=3; Zugriff am 23.01.2020).

[2] Quelle: BfArM. Abdruck mit freundlicher Genehmigung. (https://www.bfarm.de/Sha red Docs/Downloads/DE/Bundesopiumstelle/Betaeubungsmittel/Reisen/reise_andere _formu lar.pdf?__blob=publicationFile&v=3; Zugriff am 23.01.2020).

14.6 Wichtige Hinweise zum Umgang mit Methylphenidat

Bescheinigung für das Mitführen von Betäubungsmitteln
im Rahmen einer ärztlichen Behandlung
– Artikel 75 des Schengener Durchführungsabkommens –

A Verschreibender Arzt:

_____ _____ _____ (1)
(Name)   (Vorname)   (Telefon)

_____ (2)
(Anschrift)

_____ _____ _____ (3)
(Stempel des Arztes)   (Datum)   (Unterschrift des Arztes)

B Patient:

_____ (4)   _____ (5)
(Name)   (Vorname)   (Nr. des Passes oder eines anderen Ausweisdokumentes)

_____ (6)   _____ (7)
(Geburtsort)   (Geburtsdatum)

_____ (8)   _____ (9)
(Staatsangehörigkeit)   (Geschlecht)

_____ (10)
(Wohnanschrift)

_____ (11) _____ (12)
(Dauer der Reise in Tagen)   (Gültigkeitsdauer der Erlaubnis von/bis – max. 30 Tage)

C Verschriebenes Arzneimittel:

_____ (13) _____ (14)
(Handelsbezeichnung oder Sonderzubereitung)   (Darreichungsform)

_____ (15) _____ (16)
(Internationale Bezeichnung des Wirkstoffs)   (Wirkstoff-Konzentration)

_____ (17) _____ (18)
(Gebrauchsanweisung)   (Gesamtwirkstoffmenge)

_____ (19)
(Reichdauer der Verschreibung in Tagen – max. 30 Tage)

_____ (20)
(Anmerkungen)

D Für die Beglaubigung zuständige Behörde:

_____ (21)
(Bezeichnung)

_____ _____ (22)
(Anschrift)   (Telefon)

_____ _____ _____ (23)
(Stempel der Behörde)   (Datum)   (Unterschrift der Behörde)

Abb. 14.5: Formular, das im Falle einer Behandlung mit Stimulanzien bei der Reise in die Länder der Europäischen Union mitzuführen ist

Certificate
for the carrying by travellers under treatment of medical preparations containing narcotic drugs and/or psychotropic substances

A. Country and place of issue
Country: ....
Place and Date of issue: ....
Period of validity[1]: ....

B. Prescribing physician
Last name, first name: ....
Address: ....
Phone: country code, local code, number: ....
Number of licence: ....

C. Patient
Last name, first name: ....
Sex: ....
Place of birth: ....
Home address: ....
Number of passport or of identity card: ....
Intended country of destination: ....

D. Prescribed medical preparation
Trade name of drug (or its composition): ....
Dosage form: ....
Number of units (tablets, ampoules etc.): ....
International name of the active substance: ....
Concentration of active substance: ....
Total quantity of active substance: ....
Instructions for use: ....
Duration of prescription in days: ....
Remarks: ....

E. Issuing authority
Official designation (name) of the authority: ....
Address: ....
Phone: country code, local code, number: ....

....
Official seal of the authority   Signature of responsible officer

---
[1] A three month period of validity from the date of issue is recommended

Abb. 14.6: Formular, das im Falle einer Behandlung mit Stimulanzien bei der Reise in Länder außerhalb der Europäischen Union mitzuführen ist

14.6 Wichtige Hinweise zum Umgang mit Methylphenidat

Fachärztliche Bescheinigung als Anlage zur Fahrerlaubnis

Patientendaten (Name, Vorname, Geburtsdatum, Adresse)

....

Der/die oben genannte Patient/in wird mit Methylphenidat behandelt
(Handelsname des Präparats, Dosierung in mg/Tag).

Bei ordnungsgemäßer Anwendung wird die Verkehrstüchtigkeit dadurch in keiner Weise negativ beeinträchtigt, sondern verbessert.

....
Ort, Datum   Unterschrift/Arztstempel

Abb. 14.7: Fachärztliche Bescheinigung zur Stimulanzien-Behandlung als Anlage zum Führerschein

15 Wie können die wichtigsten Therapiefehler vermieden werden?

Der Weg zum Erfolg ist oft steil und steinig.
Aber Menschen mit AD(H)S haben besondere Fähigkeiten, ungewöhnliche Wege zu gehen.

Gerade für ein erfolgreiches Selbstmanagement bei der AD(H)S-Behandlung gilt es, mögliche Therapiefehler von vornherein zu vermeiden. Deshalb sollen hier im Folgenden, auf der Grundlage meiner Praxiserfahrungen, die wichtigsten Fehler aufgeführt werden, die es bei der AD(H)S-Therapie möglichst zu vermeiden gilt, um ihren Erfolg nicht zu gefährden.

Fehler Nr. 1
Die neurobiologischen Ursachen des AD(H)S sind nicht bekannt oder werden ignoriert.

Fehler Nr. 2
Die Bedeutung des sozialen Umfeldes wird unterschätzt.

Fehler Nr. 3
Die Vererbung bzw. genetische Veranlagung des AD(H)S wird nicht berücksichtigt und damit auch nicht der mögliche Einfluss auf die Therapie durch betroffene Verwandte.

Fehler Nr. 4
Eine liebevolle Erziehung allein reicht nicht. Ohne Konsequenz, Setzen von Grenzen, Mitarbeit und Vorbildwirkung der Eltern gelingt keine AD(H)S-Therapie auf Dauer.

Fehler Nr. 5
Frühzeitig auffällige Verzögerungen im Entwicklungsverlauf des Kindes werden als solche nicht erkannt oder bagatellisiert. Es wird versäumt, rechtzeitig nach ihren Ursachen zu suchen.

Fehler Nr. 6
Bei Verhaltenstherapien, Ergotherapien, Logopädie, Psychomotorik sowie anderen professionellen Lerntherapien werden die Eltern (in aller Regel) nicht mit einbezogen und zum häuslichen Üben mit ihrem Kind angeleitet.

Fehler Nr. 7
Frühsymptome eines AD(H)S werden nach dem Motto »Die Schule wird es schon richten«, »Er/sie ist halt ein Spätentwickler« oder »Lasst uns sein/ihr Anderssein akzeptieren« fehl gedeutet oder nicht ernst genommen. Dabei wird nicht beachtet, dass im Laufe der Zeit die psychische Belastung für das betroffene Kind immer größer wird, ein Gefühl der Hilflosigkeit und die Gefahr einer reaktiven Fehlentwicklung mit psychosomatisch bedingten Krankheiten entsteht.

Fehler Nr. 8
Mit der Behandlung des AD(H)S wird zu spät begonnen: Frühsymptome, wie Versagensängste, Aggressionen, Verweigerungshaltung, Rückzug, Regression und psychosomatische Beschwerden werden toleriert und falsch interpretiert, bis es dann, spätestens zum Zeitpunkt der Pubertät, zur Dekompensation des betroffenen Jugendlichen kommt.

Fehler Nr. 9
Die vielen Falschinformationen, die über die Wirkungsweise von Stimulanzien im Rahmen einer ärztlich verordneten AD(H)S-Therapie im Umlauf sind, können bei Eltern zu einer ablehnenden Haltung gegenüber einer kontrollierten Medikamentengabe führen. Anstatt seriöse, fachkundige Informationsquellen heranzuziehen, sehen Eltern z. B. Methylphenidat oder Atomoxetin als »gefährliche Psychopharmaka« an und setzen auf Alternativmethoden, die zwar einen kurzzeitigen Placeboeffekt haben können, aber die Kernsymptome des AD(H)S nicht beseitigen, wodurch kostbare Zeit für eine effektive Behandlung ihrer Kinder ungenutzt verstreicht.

Fehler Nr. 10
Die Bedeutung der »richtigen« Ernährung wird überbewertet. Von Omega-Fettsäuren, Nahrungsergänzungsmitteln und homöopathischen Arzneien werden Wunder erwartet, die sie neurobiologisch gesehen niemals erbringen können. AD(H)S ist nicht die Folge einer Nahrungsmittelallergie, sondern unter AD(H)S kann es infolge einer stressbedingten Schwächung des Abwehrsystems zur Allergie, auch gegen bestimmte Nahrungsmittel oder deren Bestandteile kommen.

Fehler Nr. 11
Die Therapie des AD(H)S wird alleine auf eine medikamentöse Behandlung reduziert. Eine ausschließliche Behandlung mit Stimulanzien wird keinen dauerhaften Erfolg erbringen! Dieser setzt eine multimodale Behandlung voraus, in der lern- und verhaltenstherapeutische Strategien, Bewegung, Stressabbau und Coaching genauso wichtige Therapiebausteine sind. Eine erfolgreiche AD(H)S-Therapie erfordert zudem ein Selbstmanagement von Seiten der Betroffenen, die dazu einer Anleitung bedürfen.

Fehler Nr. 12
AD(H)S-bedingte Teilleistungsstörungen werden übersehen und nicht als solche behandeln.

15 Wie können die wichtigsten Therapiefehler vermieden werden?

Fehler Nr. 13
Zu wenig Sport und körperliche Bewegung, beides sind wichtige Bestandteile einer Therapie zur Verbesserung der Konzentration und zum Stress- und Aggressionsabbau.

Fehler Nr. 14
Das Fehlen eines Coachs, der als ein verlängerter Arm des Therapeuten fungiert, der motiviert und hilft, die selbst gestellten Therapieziele zu erreichen.

Fehler Nr. 15
Ein Schulsystem, das den Kindern mit AD(H)S das Lernen unbewusst, aber unnötig erschwert, weil dessen pädagogische Konzepte die neurobiologischen Grundlagen des Lernens zu wenig beachten.

Fehler Nr. 16
Zu kurze Therapien, die zwar zunächst zu einer Verbesserung einzelner Symptome führen, jedoch mittel- und langfristig keinen bleibenden Erfolg bewirken. Nur eine Behandlung, die zu einer nachhaltigen Verbesserung von Selbstwertgefühl und sozialer Kompetenz führt, kann erfolgreich sein, um in der kritischen Phase der Pubertät und im Erwachsenenalter auch noch den Problemen des Alltags gewachsen zu sein.

Fehler Nr. 17
Die Unkenntnis der intellektuellen Ausstattung der Betroffenen und das gleichzeitige Übersehen ihrer guten oder sehr guten Fähigkeiten, weil die Differenz zwischen Verbal- und Handlungsteil im Intelligenztest (HAWIK) nicht beachtet und deren Auswirkung auf das Leistungsvermögen nicht bekannt sind.

Fehler Nr. 18
Mangelnde eigene Mitarbeit der Betroffenen, unklare Behandlungsziele seitens der Therapeuten sowie fehlende Anleitung und Begleitung durch die Eltern als Coach können den Therapieerfolg der komplexen AD(H)S-Problematik wesentlich mindern.

Fehler Nr. 19
Hochbegabte Kinder und Jugendliche, die in der Schule versagen, werden noch viel zu oft als unterfordert angesehen. In den meisten Fällen sind sie aber infolge ihrer AD(H)S-Problematik eher überfordert und bedürfen nach Abklärung der Ursache einer anderen Behandlung, von der sie dann auch viel mehr profitieren.

Fehler Nr. 20
Beim AD(H)S sollte für die Betroffenen nicht frühzeitig bzw. vorschnell der Behindertenstatus angestrebt werden. Stattdessen gilt es, zuerst alle eigenen Fähigkeiten mit Hilfe einer professionellen multimodalen Therapie zu mobilisieren, um ein vollwertiges Gruppenmitglied zu werden, das ständig motiviert daran arbeitet,

sein Selbstvertrauen und sein Sozialverhalten zu verbessern. Es gilt die Betroffenen nicht auszugrenzen, sondern sie integrationsfähig zu machen.

16 Leistungsstark, selbstbewusst und psychisch stabil – therapeutische Strategien und ein gutes Selbstmanagement machen es möglich

AD(H)S sollte man aus dem Entwicklungsverlauf diagnostizieren und nach inneren und äußeren Störfaktoren suchen.

Die Hauptaufgabe der AD(H)S-Therapie besteht darin, einen Übergang der AD(H)S-Problematik in eine ausgeprägte psychische Krankheit zu vermeiden.

> **Definition**
>
> Eine psychische Krankheit ist eine krankhafte Störung der Wahrnehmung, des Verhaltens, der Erlebnisverarbeitung, der sozialen Beziehungen und der Körperfunktionen.

Wie kann dieser Übergang in eine Krankheit therapeutisch mit Einbeziehung eines guten Selbstmanagement des Betroffenen verhindert werden? Hier eine Anleitung zum sofortigen Handeln:

Betroffene bzw. ihre Eltern sollten vor jeder Aufnahme einer AD(H)S-Therapie durch einen Arzt oder Psychologen zunächst ihre ganz konkreten individuellen Therapieziele schriftlich formulieren und sich überlegen, wie sie diese am besten erreichen können. Wichtig ist sodann, in festgelegten Abständen den Erfolg der eigenen Maßnahmen kritisch zu bewerten. Dies sind die ersten und wichtigsten Schritte, um zu klären, ob eine ärztliche oder psychologische Therapie notwendig ist. Damit kann jeder Betroffene bzw. jede Familie für sich sofort beginnen, auch ohne professionellen Therapeuten. Diesen benötigt man dann, wenn die altersgerecht gestellten Aufgaben trotz Anstrengung aus eigener Kraft nicht zu lösen sind.

Beispiele für selbstgestellte Therapieziele sind:

- Sich vornehmen, immer konzentriert und ergebnisorientiert zu arbeiten, dabei erfolgreich zu sein und wenig Zeit zu vertrödeln
- Sich in seinen Leistungen nach dem Motto »Heute war ich gut, morgen werde ich noch besser sein« immer verbessern zu wollen
- Eine realistische Wahrnehmung des eigenen Verhaltens und seiner Umwelt anstreben – nur eine solche hilft, richtige Entscheidungen zu treffen und kalkulierbare Risiken einzugehen
- Prioritäten setzen und dabei gezielt aktuell wichtige Aufgaben erfolgreich lösen
- Denken und Handeln mehr rationell ausrichten, beides immer wieder abwägen

- Seine Gefühle unter Kontrolle bekommen und sie steuern können
- Über sein Wissen jederzeit verfügen können
- Selbstbewusst und sozial kompetent handeln
- Sein Leben genießen können, Freunde haben und gemeinsam etwas unternehmen
- Freude am Lernen haben und mit Freude lernen, denn Erfolg setzt lebenslanges Lernen voraus

Gelingt es nicht, diese Ziele aus eigener Kraft bzw. mit Hilfe der Eltern zu erreichen, ist es nicht nur wichtig, sondern unbedingt notwendig, sich einen guten, professionellen Therapeuten und einen zuverlässigen Coach zu suchen. Der AD(H)S-Coach soll die Betroffenen unterstützen, d. h. Kinder, Jugendliche und Erwachsene anleiten und ihnen helfen, die gestellten Aufgaben auch zu erfüllen. Ein solches Coaching ist gerade für AD(H)S von großer Bedeutung, weil die Betroffenen über ein großes Potenzial an besonderen Eigenschaften und Fähigkeiten verfügen, das ohne fremde Hilfe meist unentdeckt bleibt und verkümmert. Deshalb mobilisiert dieses Coaching eine große Reserve nicht nur für die Betroffenen, sondern auch für deren Familien und darüber hinaus für die Gesellschaft. Nicht zuletzt profitiert auch das Gesundheitswesen hiervon.

Dass diese Art der Unterstützung bisher viel zu wenig angeboten und somit zu wenig genutzt werden konnte, wird jetzt immer mehr erkannt. In einem Positionspapier vom April 2013 hat der Bundesverband Managed Care (BMC) gefordert, dass das Patientencoaching im fünften Sozialgesetzbuch (SGB V) verankert und im Leistungskatalog der Gesetzlichen Krankenkassen aufgenommen werden soll (Zeitschrift »Der Neurologe & Psychiater«, DNP, 2013:14(6)). Erfahrungen aus verschiedenen Projekten haben gezeigt, dass Patienten-Coaching den Betroffenen hilft und insgesamt die Kosten im Gesundheitssystem senkt. Hauptbestandteile des Coachings sind dabei die Hilfe und Anleitung zur Änderung des Lebensstils und zum Selbstmanagement, um den Therapieerfolg zu verbessern, Folgekrankheiten zu verhindern sowie die Lebensqualität und die Selbstbestimmung zu erhöhen. Der Coach gibt den Betroffenen dabei Hilfe zur Selbsthilfe und fordert deren aktives und strukturiertes Handeln ein, ohne das Aufschieben notwendiger Aufgaben zu dulden.

Für die betroffenen Kinder und Jugendlichen werden es in aller Regel die Eltern sein, die über gute Voraussetzungen verfügen, um als deren Coach zu fungieren. Für die Erwachsenen leisten meist deren Partner oder erfahrene Mitglieder einer AD(H)S-Selbsthilfegruppe diese Arbeit. Bis jetzt besteht jedoch noch ein großer Mangel an qualifizierten Personen, um dem Anspruch dieses wichtigen Bestandteils des vielschichtigen AD(H)S-Therapieprogramms einigermaßen gerecht zu werden.

Wir befinden uns mit der erfolgreichen Therapie des AD(H)S noch am Anfang, einschließlich der notwendigen Maßnahmen zu dessen Früherkennung und Frühbehandlung. Es wird noch viel zu wenig darüber nachgedacht, welche prophylaktischen Maßnahmen möglich und erforderlich wären, damit Häufigkeit und Schwere der AD(H)S-Problematik nicht weiter zunehmen. Als ein weiteres vordringliches Problem sollte in der Erwachsenenpsychiatrie viel häufiger und intensiver bei den stressbedingten psychischen und psychosomatischen Erkrankungen nach einem neurobiologisch bedingten Zusammenhang zum AD(H)S gesucht werden. Das würde vielen psychisch Kranken helfen, schneller wieder gesund, leistungsstark und arbeitsfähig zu werden.

In Zukunft wird man immer mehr das AD(H)S als eine multidisziplinäre und gesellschaftliche Herausforderung begreifen und sein großes Potenzial für die Betroffenen und für die Gesellschaft erkennen. AD(H)S sollte nicht als eine primär genetisch bedingte Krankheit verstanden werden – stattdessen sind es seine neurobiologischen Mechanismen, die Einflüsse des sozialen Umfelds und die Stärke der Belastungen, die seine Symptomatik prägen. Hier haben die therapeutischen Strategien anzusetzen, die auch die Mitarbeit der Betroffenen in Form eines erfolgreichen Selbstmanagements voraussetzen. Ein Abgleiten in den Status einer Behinderung sollte möglichst vermieden werden. Mit Motivation auf vielen Ebenen sollte es uns gelingen, diesen Menschen zu helfen, ihr Selbstwertgefühl und ihre altersentsprechende soziale Kompetenz zu erhalten oder wiederzuerlangen. Das bedeutet für mich erfolgreiche AD(H)S-Therapie. Die dabei gewonnenen Erkenntnisse in Strategien einzubinden, meine in der langjährigen AD(H)S-Praxis gemachten Erfahrungen weiterzugeben, das war und ist mein Anliegen und Beitrag mit diesem Buch.

Literatur

Grundlegende Literatur zum Thema AD(H)S

Bösel RM (2006) Das Gehirn. Lehrbuch der funktionellen Anatomie für die Psychologie. Kohlhammer, Stuttgart.
Braus DF (2012) Ein Blick ins Gehirn. Eine andere Einführung in die Psychiatrie. 2. Auflage. Thieme, Stuttgart.
Bundesverband Managed Care (BMC) (2013) Eigene EBM-Ziffer für das Patienten-Coaching. Der Neurologe & Psychiater 14(6): 35.
Csef H (2007) Was hält unsere Kinder gesund? Protektive Faktoren als Schutz vor psychische Störungen. Paediatrie 13: 53–56.
Drtilková B et al. (1997) Klinische und EEG-Studie: Tiaprid, Clonacepam und Clonidin bei Kindern mit Tic- und komorbiden hyperkinetischen Störungen. CS. Psychiat. 93(3).
Egle UT, Hardt J, Nickel R, Kappis B, Hoffmann SO (2002) Früher Stress und Langzeitfolgen für die Gesundheit – Wissenschaftlicher Erkenntnisstand und Forschungsdesiderate. Psychosomatische Medizin und Psychotherapie 48: 411–434.
Freitag CM, Retz W (Hrsg.) (2007) ADHS und komorbide Erkrankungen. Neurobiologische Grundlagen und diagnostisch- therapeutische Praxis bei Kindern und Erwachsenen. Kohlhammer, Stuttgart.
Frieling F, Bleich S (2009) Epigenetische Faktoren – Wie beeinflussen sie die Pathogenese psychischer Störungen? INFO Neurologie & Psychiatrie 11(5): 4440–4443.
Goleman D (1997) Emotionale Intelligenz. 2. Auflage. Deutscher Taschenbuch Verlag, München.
Goleman D (2000) EQ2 – Der Erfolgsquotient. Deutscher Taschenbuch Verlag, München.
Gonzales MA et al. (2002) Methylphenidate bioavailability from two extended-release formulations. Int J Clin Pharmacol Ther 40(4): 175–184.
Hamelmann E, Wahn U, Wahn V (2006) Immunmodulation in der Allergie- und Asthmatherapie. Uni-Med, Bremen.
Herpertz-Dahlmann B, Resch F, Schulte- Markwort, Warnke A (2007) Entwicklungspsychiatrie. Biopsychologische Grundlagen und die Entwicklung psychischer Störungen. 2. Auflage. Schattauer, Stuttgart.
Kim-Studie (2014) Präventionsmodul: Kinder vor Internetrisiken schützen. Deutsches Ärzteblatt 111(18): 804.
Lehmkuhl G (2004) Aufmerksamkeitsdefizit-/Hyperaktivitätsstörung im Kindes-, Jugend- und Erwachsenenalter. 2. Auflage. Uni-Med, Bremen.
Linden M, Hautzinger M (2011) Verhaltenstherapiemanual. 7. Auflage. Springer, Heidelberg.
Myschker N, Stein R (2018) Verhaltensstörungen bei Kindern und Jugendlichen. Erscheinungsformen – Ursachen – Hilfreiche Maßnahmen. 8. Auflage. Kohlhammer, Stuttgart.
Noterdaeme M, Freisleder FJ, Schnöbel E (2000) Tiefgreifende spezifische Entwicklungsstörungen – Neue Erkenntnisse und Perspektiven. Zuckschwerdt, München.
Petermann F (2011) Kinderverhaltenstherapie. Grundlagen und Anwendungen. 4. Auflage. Schneider, Hohengehren.
Phillips H (2004) Neurochemie – Das Glückshormon. Gehirn & Geist (3): 42–47.
Resch F et al. (1999) Entwicklungspsychopathologie des Kindes- und Jugendalters. Ein Lehrbuch. Psychologie Verlag Union, Weinheim.

Revensdorfer D (1994) Psychotherapeutische Verfahren. Bd. 2, Verhaltenstherapie. Kohlhammer, Stuttgart.
Rösler M, Gontard A v., Retz W, Freitag CH (2010) Diagnose und Therapie der AD(H)S. Kinder – Jugendliche – Erwachsene. Kohlhammer, Stuttgart.
Schmidtchen S (2001) Allgemeine Psychotherapie für Kinder, Jugendliche und Familien. Ein Lehrbuch, Kohlhammer, Stuttgart.
Schulte-Markwort M, Warnke A (2004) Methylphenidat. Thieme, Stuttgart.
o. A. (2007) Das verbesserte Gehirn. Spektrum der Wissenschaft (3).
Spitzer M (2006) Lernen: Gehirnforschung und die Schule des Lebens. Spektrum, Heidelberg.
Spitzer M (2004) Nervensachen: Perspektiven zu Geist, Gehirn und Gesellschaft. Schattauer, Stuttgart.
Spitzer M (2006) Gehirn und Geist. DVD, Teil 1–4. Auditorium Netzwerk, Mühlheim.
Schulz P, Scholtz W (1999) Trierer Inventar zur Erfassung von chronischem Stress (TILS). Zeitschrift Diagnostica (45): 1–8.
Steinhausen H-C (2010) Psychische Störungen bei Kindern und Jugendlichen. Lehrbuch der Kinder- und Jugendpsychiatrie. 7. Auflage. Urban & Fischer, München.
Steinhausen HC et al. (2020) Handbuch ADHS. Grundlagen, Klinik, Therapie und Verlauf der Aufmerksamkeits-Hyperaktivitätsstörung. 2. Auflage. Kohlhammer, Stuttgart.
Sternberg RJ (1999) Erfolgsintelligenz. Warum wir mehr brauchen als IQ und EQ. Lichtenberg, München.
Tewes U (Hrsg.) (1983) Hamburg-Wechsler Intelligenztest für Kinder – Revision (HAWIK-R). Bern u. a.: Verlag Hans Huber.
Tewes U (Hrsg.) (1991) Hamburg-Wechsler-Intelligenztest für Erwachsene – Revision (HAWIE-R). Bern u. a.: Verlag Hans Huber.
Voss H, Herrlinger R (1989) Taschenbuch der Anatomie, Bd. 3. Das Gehirn. 18. Auflage. Fischer, Jena.
Wechsler D, Tewes U (1999) Hamburg-Wechsler-Intelligenztest für Kinder III (HAWIK-III). Bern u. a.: Verlag Hans Huber.
Wittchen H-U (1997) Wenn Angst krank macht. Störungen erkennen, verstehen und behandeln. Mosaik, München.
WHO – Word Health Organization (2013) Internationale Klassifikation psychischer Störungen. ICD-Kapitel V (F). Klinisch-diagnostische Leitlinien. 9. Auflage. Übersetzt und herausgegeben von H Dilling, W Mombour und MH Schmidt. Huber, Göttingen
Zentrales ADHS-Netz (Hrsg.) (2012) Diagnostik und Therapie von ADHS bei Kindern und Jugendlichen. Leitlinienbasiertes Protokoll. Hogrefe, Göttingen.

Literatur zum Weiterlesen

ADHS Deutschland e. V. (Hrsg.) (2000) Wenn die Fetzen fliegen. ADHS Deutschland e. V., Forchheim.
ADHS Deutschland e. V. (Hrsg.) (2001) Aufmerksamkeitsstörung! Was nun? Fachbeiträge zum Thema: Aufmerksamkeits-Defizit-Syndrom. 2. Auflage. ADHS Deutschland e. V., Forchheim.
ADHS Deutschland e. V. (Hrsg.) (2002) Am Abgrund. ADHS und Sucht… Was nun? ADHS Deutschland e. V., Forchheim.
ADHS Deutschland e. V. (Hrsg.) (2003) Von Anfang an anders! Früherkennung der ADHS… Was tun? ADHS Deutschland e. V., Forchheim.
ADHS Deutschland e. V. (Hrsg.) (2004) ADHS wird erwachsen… Was tun? Chancen, Risiken und Hilfen für Teenager und junge Erwachsene mit ADHS. ADHS Deutschland e. V., Forchheim.
ADHS Deutschland e. V. (Hrsg.) (2005) ADHS. Lebensweg mit Hindernissen – Was tun? Die Situation Erwachsener mit ADHS. ADHS Deutschland e. V., Forchheim.
ADHS Deutschland e. V. (Hrsg.) (2006) ADHS und Schule … was tun? ADHS Deutschland e. V., Forchheim.

ADHS Deutschland e. V. (Hrsg.) (2008) Fachbuch 2008. ADHS heute. ADHS Deutschland e. V., Forchheim.
ADHS Deutschland e. V. (Hrsg.) (2011) ADHS und Recht. Fachbuch. ADHS Deutschland e. V., Forchheim.
Attwood T (2010) Das Asperger-Syndrom. Das erfolgreiche Praxis-Handbuch für Eltern und Therapeuten. 3. Auflage. Trias, Stuttgart.
Aust-Claus E, Hammer PM (2005) Das ADS-Buch. Das Aufmerksamkeits-Defizit-Syndrom. Neue Konzentrationshilfen für Zappelphilippe und Träumer. 3. Auflage. Oberstebrink, Ratingen.
Born A, Oehler C (2023) Lernen mit ADHS-Kindern. Ein Praxishandbuch für Eltern, Lehrer und Therapeuten. 12. Auflage. Kohlhammer, Stuttgart.
Bundesgesundheitsblatt, Gesundheitsforschung und Gesundheitsschutz 5/6 (2013) Studie zur Gesundheit Erwachsener in Deutschland (DEGS) 2008–2011.
Fitzner T, Stark W (2011) ADS: verstehen – akzeptieren – helfen. 4. Auflage. Beltz, Weinheim.
Fitzner T, Stark W (Hrsg.) (2012) Genial, Gestört, Gelangweilt? ADHS, Schule und Hochbegabung. Beltz, Weinheim.
Hallowell EM, Ratey JJ (1998) Zwanghaft zerstreut. ADD – die Unfähigkeit, aufmerksam zu sein. Rowohlt, Reinbek.
Hartmann T (2009) Eine andere Art, die Welt zu sehen. Das Aufmerksamkeits-Defizit-Syndrom. 12. Auflage. Schmidt-Römhild, Lübeck.
Krafft T v, Semke E (2008) Talente entdecken und fördern. 5. Auflage. Gräfe & Unzer, München.
Krause J, Krause KH (2013) ADHS im Erwachsenenalter. Symptome, Differentialdiagnose, Therapie. 4. Auflage. Schattauer, Stuttgart.
Kretschmar A (2005) Multimodale Therapie des AD(H)S – Lebensqualität über den ganzen Tag. Kinder- und Jugendmedizin, Heft 6, Beilage.
Neuhaus C. (2003) Das hyperaktive Baby und Kleinkind. Symptome deuten – Lösungen finden. Urania, Berlin.
Neuhaus C (2002) Das hyperaktive Kind und seine Probleme. 11. Auflage. Urania, Berlin.
Neuhaus C (2007) Hyperaktive Jugendliche und ihre Probleme. Erwachsen werden mit ADS. Was Eltern tun können. 7. Auflage. Ravensburger, Ravensburg.
Neuhaus C (2023) ADHS bei Kindern, Jugendlichen und Erwachsenen. Symptome, Ursachen, Diagnose und Behandlung. 6. Auflage. Kohlhammer, Stuttgart.
Neuhaus C, Trott G-E, Berger-Eckert A, Schwab S, Townson S (2009) Neuropsychotherapie des ADHS. Das Elterntraining für Kinder und Jugendliche (ETK) ADHS unter Berücksichtigung des selbst betroffenen Elternteils. Kohlhammer, Stuttgart.
Ryffel-Rawak D (2007) ADS bei Erwachsenen. Bertoffenen berichten aus ihrem Leben. 2. Auflage. Huber, Bern.
Simchen H (2022) AD(H)S und Hochbegabung. Lern- und Verhaltensprobleme trotz hoher Intelligenz bei Kindern und Jugendlichen. Kohlhammer, Stuttgart.
Simchen H (2024) Verunsichert, ängstlich, aggressiv. Verhaltensstörungen bei Kindern und Jugendlichen. Ursachen und Folgen. 2. Auflage. Kohlhammer, Stuttgart.
Simchen H (2023) Die vielen Gesichter des AD(H)S. Begleit- und Folgeerkrankungen richtig erkennen und behandeln. 6. Auflage. Kohlhammer, Stuttgart.
Simchen H (2020) Essstörungen und Persönlichkeit. Magersucht, Bulimie und Übergewicht – Warum Essen und Hungern zur Sucht werden. 3. Auflage. Kohlhammer, Stuttgart.
Simchen H (2023) ADS. Unkonzentriert, verträumt, zu langsam und viele Fehler im Diktat. Hilfen für das hypoaktive Kind. 12. Auflage. Kohlhammer, Stuttgart.
Solden S (2001) Die Chaos-Prinzessin. Frauen zwischen Talent und Misserfolg. Bundesverband der Eltern zur Förderung hypoaktiver Kinder e. V.
Wender PH (2002) Aufmerksamkeits- Aktivitätsstörungen bei Kindern, Jugendlichen und Erwachsenen. Ein Ratgeber für Bertoffene und Helfer. Kohlhammer, Stuttgart.

Hilfreiche Websites

Blogs und Foren

www.adhs-chaoten.net
ADHS-Chaoten: Die Community für Erwachsene mit ADHS

www.adhs-anderswelt.de
Das Anderswelt Forum: ADHS-Selbsthilfe Community

http://adhsspektrum.wordpress.com/
ADHS-Spektrum: ADHS-Blog von Dr. med. Martin Winkler und Dipl.-Psych. Piero Rossi

www.ads-bei-erwachsenen.de
ADS bei Erwachsenen: Forum für Erwachsene mit ADHS

www.ads-hyperaktivität.de
ADS-Hyperaktivität: Informationen und Forum der Frankfurter ADHS-Gruppe

Informationsportale

www.adhs.info
ADHS-Info-Portal: betrieben vom Zentralen ADHS-Netz

www.web4health.info
ADHS – Web4Health: Informationen zu ADHS bei Erwachsenen und Kindern von Martin Winkler

www.ag-adhs.de
ag adhs: Arbeitsgemeinschaft ADHS der Kinder- und Jugendärzte e. V.

www.adhspedia.de
ADHSpedia: wissenschaftlich fundierte Spezialenzyklopädie, die über ADHS und verwandte Themenbereiche informiert

www.adhs-kompetenznetz.de
KOMPAS: Forschungsverbund für ADHS im Erwachsenenalter

Netzwerke und Selbsthilfegruppen

www.adhs-deutschland.de
ADHS Deutschland e. V.: Selbsthilfe für Menschen mit ADHS

www.zentrales-adhs-netz.de
Zentrales ADHS-Netz: bundesweites Netzwerk zur Verbesserung der Versorgung von Kindern, Jugendlichen und Erwachsenen mit ADHS

www.juvemus.de
Juvemus e. V.: Vereinigung zur Förderung von Kindern und Erwachsenen mit Teilleistungsschwächen e. V.

www.tokol.de
TOKOL e. V.: Verein für Menschen mit AD(H)S, Asperger-Autismus und/oder Hochbegabung und deren Angehörige

www.adhs-forum.ch
ADHS-Forum Schweiz

www.sfg-adhs.ch
Schweizer Fachgesellschaft für ADHS: Informationen zu ADHS/POS

6. Auflage 2023
254 Seiten mit 33 Abb. und 1 Tab.
Kart.
€ 37,–
ISBN 978-3-17-043556-8

AD(H)S bedeutet weit mehr als nur eine Beeinträchtigung von Konzentration und Verhalten. Seine genetisch bedingte Stirnhirnunterfunktion mit Reizüberflutung und Botenstoffmangel hat eine dichtere Vernetzung von Nervenbahnen im Gehirn zur Folge. Diese Besonderheit verleiht den Betroffenen nicht nur Nachteile, sondern auch besondere Fähigkeiten, über die sie leider bei ausgeprägter AD(H)S-Problematik nicht immer verfügen können. Eine rechtzeitige multimodale Behandlung mit individueller und problemorientierter lern- und verhaltenstherapeutischer Begleitung sowie dem Praktizieren eines Selbstmanagements kann verhindern, dass Selbstwertgefühl und Sozialverhalten in eine Negativspirale geraten, was zu Dauerstress sowie psychischen und psychosomatischen Erkrankungen führen kann. Das in der 6. Auflage vorliegende Buch zeigt Kindern, Jugendlichen und Erwachsenen, was sie tun können, damit sie nicht unter ihrem AD(H)S leiden, sondern dessen Vorteile nutzen können.

Auch als E-Book erhältlich.
Leseproben und weitere Informationen: **shop.kohlhammer.de**

2023. 165 Seiten mit 46 Abb.
und 4 Tab. Kart.
€ 33,–
ISBN 978-3-17-041408-2

Bei hochbegabten Kindern mit AD(H)S wird ihre Hochbegabung meist nicht erkannt, auch weil sie beim Intelligenztest im Handlungsteil AD(H)S-bedingt schlechter abschneiden. Mithilfe einer multimodalen AD(H)S-Therapie kann dies ausgeglichen werden. Neben dem IQ-Wert können sich auch Selbstwertgefühl und soziale Kompetenz nun deutlich steigern.
Dieses Buch gibt Antworten auf häufig gestellte Fragen und zeigt auf, wie Hochbegabung bei Kindern mit AD(H)S erkannt und gefördert werden kann. Zahlreiche Fallbeispiele aus der Praxis belegen, wie Schullaufbahn und Lebensqualität sich dadurch wesentlich verbessern.

Auch als E-Book erhältlich.
Leseproben und weitere Informationen: **shop.kohlhammer.de**